HISTOIRE

DE

L'ÉGLISE & DE LA PAROISSE

DE

SAINT-MICHEL-DES-LIONS

A LIMOGES

Par l'Abbé A. LECLER

CHANOINE HONORAIRE

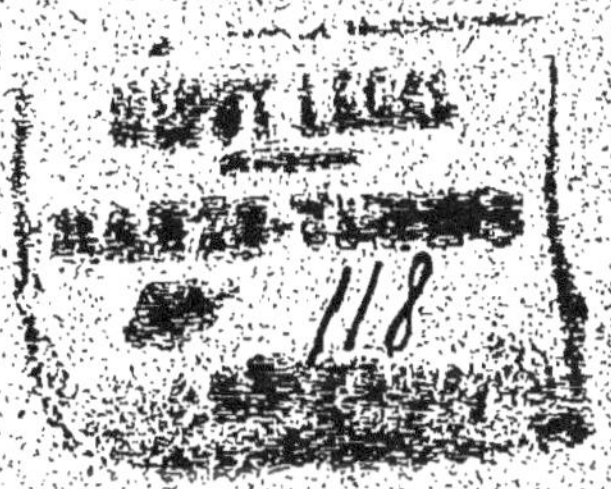

LIMOGES

IMPRIMERIE ET LIBRAIRIE LIMOUSINES

DUCOURTIEUX

Libraire de la Société Archéologique du Limousin et de la Société Gay-Lussac

7, RUE DES ARÈNES, 7

—

1921

HISTOIRE

DE

L'ÉGLISE ET DE LA PAROISSE

DE SAINT-MICHEL-DES-LIONS

A LIMOGES

Eglise de Saint Michel-des-Lions en 1836.

(Dessin de Tripon)

HISTOIRE

DE

L'ÉGLISE & DE LA PAROISSE

DE

SAINT-MICHEL-DES-LIONS

A LIMOGES

Par l'Abbé A. LECLER

CHANOINE HONORAIRE

LIMOGES

IMPRIMERIE ET LIBRAIRIE LIMOUSINES

DUCOURTIEUX ET GOUT

Libraires de la Société Archéologique du Limousin et de la Société Gay-Lussac

7, RUE DES ARÈNES, 7

1921

HISTOIRE

L'ÉGLISE & DE LA PAROISSE

DE SAINT-MICHEL-DES-LIONS

A LIMOGES

CHAPITRE PREMIER

Origine de cette église. Cimetière et chapelle primitive. On y transporte le corps de saint Loup. Eglise bâtie au XIIIe siècle. N.-D. des Arènes unie à Saint-Michel. Prieuré de N.-D. des Arènes. Cimetière et chapelle de Saint-Antoine. Lions en pierre.

Jadis, au foyer de la plupart des familles de notre pays, il était d'usage de tenir un *Livre de Raison*, dans lequel le chef de la famille écrivait le récit des événements qui intéressaient ses différents membres. Les naissances, les mariages ainsi que les décès y étaient soigneusement consignés. Les acquisitions ou les pertes éprouvées, ainsi que tout changement heureux ou malheureux, survenu dans la famille, y étaient fidèlement enregistrés. Les enfants et ensuite les petits-enfants conservaient précieusement ce registre de famille et continuaient à l'enrichir chaque année de nouvelles notes et de nouveaux récits, pour apprendre à leurs descendants ce que firent leurs aïeux et comment ils vécurent toujours honnêtes et estimés de leurs concitoyens.

Longtemps les familles ont tenu ce *Livre de Raison*. On aimait à lire ce que les ancêtres avaient fait dans les jours heureux comme dans les jours de deuil. Mais aux approches de la Révolution, les philosophes, athées ou matérialistes, ayant réussi à détruire en partie les liens sacrés qui unissaient les membres de la famille chrétienne, l'usage de tenir le *Livre de Raison* était presque abandonné.

La paroisse est aussi une famille, dont tous les membres groupés autour de l'Eglise, travaillent pour atteindre le même but. Pourquoi cette famille n'aurait-elle pas son *Livre de Raison* ? L'exemple des ancêtres, les leçons du passé qui y seraient fidèlement consignés ne pourraient qu'être utiles, à leurs descendants.

Le savant abbé Legros, né à Limoges, le 26 avril 1744, fils de Louis Legros et de Marie Lecler, fit imprimer, l'année même de sa mort, une brochure de 68 pages, in-18°, qui a pour titre : *Recherches historiques sur l'Eglise paroissiale de Saint-Michel-des-Lions de la ville de Limoges*. (Limoges, chez J.-B. Bargeas, 1811). C'est un véritable *Livre de Raison* de l'Eglise de Saint-Michel; il est reproduit dans les pages suivantes, et complété par nos propres recherches.

L'abbé Bullat, né à Limoges le 9 septembre 1764, fils de Martial Bullat et de Marie David, a aussi écrit le *Tableau ecclésiastique et religieux de la ville de Limoges*, autre *Livre de Raison* pour toutes les paroisses de la ville.

Notre désir est d'imiter ces deux enfants de Limoges, en continuant ce qu'ils ont commencé. Ce n'est pas de belles pages de littérature qu'il faut chercher, dans ce volume; il ne renferme que de simples notes, accompagnées de documents, qui conservent la tradition et sont les bases de l'histoire. On sait très bien qu'un peuple ne vit pas seulement des apports quotidiens, mais qu'il vit surtout de tradition, je veux dire de ce patrimoine religieux et moral qui se transmet de génération en génération, et qui constitue le meilleur héritage des familles. Les pages suivantes sont destinées à conserver cette tradition.

* *

Les Chroniques du pays font remonter la fondation de l'église de Saint-Michel, au milieu du VIe siècle. Ce serait après que Rorice II, évêque de Limoges eut construit l'église de Saint-Pierre du-Queyroix en 535, qu'on aurait établi un nouveau cimetière, sur la hauteur au-dessus de la ville, et qu'une chapelle dédiée à l'Archange Saint Michel y aurait été élevée.

On sait qu'au commencement de l'ère chrétienne, la ville de Limoges occupait les abords du Pont Saint-Martial, surtout la rive droite de la Vienne; la cité proprement dite fut établie à 500^m en amont sur la hauteur qui domine cette rivière, et qui conserve encore de nos jours ce nom de Cité. Ses habitants l'entourèrent de murailles au commencement du vi^e siècle. Cette nouvelle ville avait pour centre l'oratoire consacré à Saint Etienne par Saint Martial, sur les ruines d'un temple payen. C'est la Cathédrale actuelle.

A la mort de ce saint Apôtre de l'Aquitaine, il fut enseveli dans le cimetière commun, qui conformément à la loi romaine, était hors de la cité, et le long de la voie romaine. Voici le tracé de cette voie romaine qui allait de Lyon à Saintes : après avoir suivi la vallée de la Vienne elle atteignait le premier plateau occupé par la Cathédrale, où l'on a vu jusqu'à nos jours une pierre milliaire encore debout. Elle montait ensuite sur le second plateau, où était le cimetière gallo-romain dans lequel saint Martial avait été enterré, et de là gagnait le plateau occupé aujourd'hui par l'église de Saint-Michel; passait près de l'Amphithéâtre, et se dirigeait ensuite vers l'Ouest.

C'est sur le tombeau de saint Martial que furent élevés la basilique et le monastère de son nom. Les nombreux miracles opérés à ce tombeau y attirèrent des foules considérables. Le nombre des pèlerins allant toujours en augmentant et beaucoup d'entre eux voulant se fixer en ce lieu, on bâtit des maisons autour de l'église; et en peu de temps une nouvelle ville se forma à côté de la Cité de Limoges. Elle fut appelée le Château de Limoges.

Ses habitants ne tardèrent pas à transporter sur la hauteur voisine le cimetière qui était resté au milieu de leurs demeures, et c'est dans ce nouveau cimetière qu'ils dédièrent à l'Archange saint Michel, la chapelle, qui est devenue plus tard l'église paroissiale de Saint-Michel-des-Lions.

Rorice II, évêque de Limoges, sous l'épiscopat duquel se firent ces changements était le neveu de Rorice l'ancien, et appartenait, comme lui, à l'illustre famille des Aniciens, patrices romains. Elevé sur le siège épiscopal de Limoges, on ne vit jamais, nous disent ses historiens, un pasteur plus zélé, plus actif et plus vigilant. Il assista et souscrivit au concile d'Auvergne, c'est-à-dire de Clermont, l'an 535, au quatrième concile d'Orléans en

541, et envoya son archidiacre qui souscrivit pour lui au cinquiè-me concile d'Orléans en 549. A Limoges, il bâtit la grande église paroissiale de Saint-Pierre-du-Queyroix, dans la nouvelle ville auprès du tombeau de Saint-Martial.

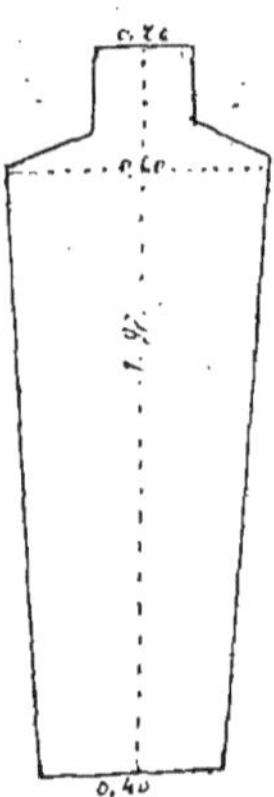

Il ne reste rien de cette chapelle primitive, dé-diée à l'archange Saint Michel, mais plusieurs fois, et surtout dans la première moitié du XIXe siècle, lorsqu'on a baissé le niveau de la place autour de l'église actuelle, on a trouvé des tombes remontant au VIe siècle. Nous même avons pu en étudier une ayant tous les caractères des sé-pultures de cette époque. Lorsque M. Pinot, curé de Saint-Michel, en 1870, voulut faire établir des cryptes pour y placer les reliques de saint Mar-tial et des autres saints, il fit creuser le sol jusqu'au solide. Là nous avons vu, à trois mètres environ du chevet de l'église, un tombeau, taillé dans le tuf dur, et recouvert d'une pierre plate, sans aucun ornement. A l'intérieur il n'y avait aucune trace de cercueil en bois, il s'y trouvait seulement, avec de la terre,

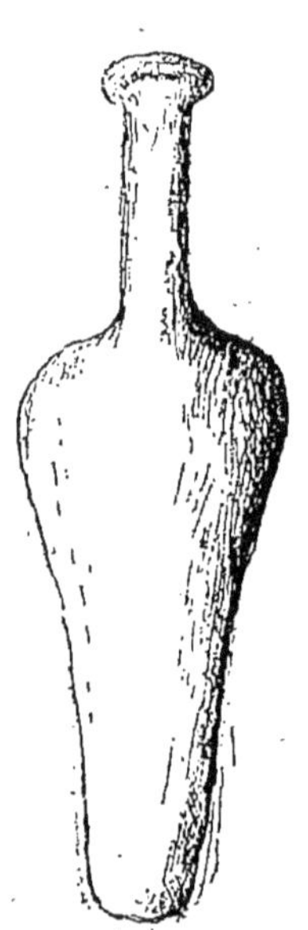

quelques restes d'ossement et une petite urne en verre. Cette urne, d'une forme très élégante et haute de 0,14 centimètres, affecte un peu la forme d'un cœur surmonté d'un col de 0,04 centimètres. La fosse taillée dans le tuf et formant le cercueil, a une longueur totale de 1 mètre 97 centimètres; sa largeur, du côté des pieds est de 0,40 centimètres, pendant qu'à la hauteur des épaules elle en mesure presque 0,60. Un carré de 0,24 centimètres de côté formait la place de la tête du défunt. Ce sont bien les caractères auxquels on recon-naît les sépultures de l'époque mérovingienne. « Ce genre de sépulture remonte au Ve siècle de l'ère chrétienne. Presque toutes les tombes de cette époque, creusées dans le tuf dur, renferment au moins un vase en terre ou en verre. Les vases en terre sont de couleur noire, avec ou sans anse, leurs dessins sont variés à l'infini et imprimés en creux. Les vases en verre sont plus rares et sont de formes différentes ».

Ce n'est pas seulement au cimetière de Saint-Michel qu'on trouve de semblables sépultures du VIᵉ siècle, dans celui de Saint-Pierre, à quelques mètres de la porte de cette église bâtie par l'évêque Rorice II, on en a découvert une semblable le 13 juin 1906. L'urne en verre qu'on y a trouvée a la forme sphérique surmontée d'un long col. On signale encore plusieurs sépultures semblables près de l'église de Rochechouart, d'autres à côté de l'église des Cars, de l'église de Marval, etc.

On ne connaît aucun fait se rapportant à la chapelle de Saint-Michel pendant le siècle qui suivit sa fondation ; il est à croire qu'elle fut pendant ce temps, une simple chapelle de cimetière peut-être une annexe de l'église paroissiale de Saint-Pierre, dont elle dépendait.

Au VIIᵉ siècle, saint Loup, qui était un des gardiens du tombeau de Saint-Martial, fut élu évêque de Limoges et reçut la consécration épiscopale le 12 mai l'an 614. Pendant qu'il était évêque, il fit don de cette chapelle du cimetière, au monastère de Saint-Martial, et depuis cette époque elle a toujours été soumise d'abord à l'ancien clergé, puis aux moines, et enfin au chapitre collégial et à l'abbé de Saint-Martial.

Saint Loup, qui signa la charte de fondation de Solignac, le 22 novembre 631, siègeait en 637, mais mourut peu après cette date, le 22 mai. Il fut enseveli, comme les évêques ses prédécesseurs, dans l'église de Saint-Martial. De nombreux miracles eurent lieu à son tombeau, des foules considérables de pèlerins y venaient de fort loin, et ce concours, qu'on remarquait surtout le 22 mai, jour de la mort et de la fête de Saint Loup, fut l'origine des grandes foires qui, depuis ont lieu à Limoges, ce jour même.

Les abbés de Saint-Martial avaient la suzeraineté du château de Limoges qui d'après la tradition leur avait été donnée par Louis le Pieux, et leurs droits furent toujours reconnus, quoique les vicomtes et les consuls y aient porté des atteintes. Les vicomtes de Limoges, qui avaient été créés vers 876, par Eudes, comte de Toulouse, dressèrent leur donjon féodal à côté de l'église de Saint-Michel-des-Lions, et celui-ci était communément appelé *la Motte*, du nom de l'éminence artificielle sur laquelle il avait été bâti. Le souvenir de l'emplacement occupé par le château des vicomtes est conservé par le nom de la place dite « de la Motte ».

Nos chroniques signalent encore d'une manière particulière l'église de Saint-Michel au milieu du XIᵉ siècle ; c'est au moment où l'abbaye de Saint-Martial fut donnée aux moines de Cluny en

1063, du temps de l'abbé Mainard. Le vicomte de Limoges, Adémar, qui faisait exécuter ce changement, y rencontra de grandes difficultés. Pour les surmonter, il fit venir secrètement à Limoges quelques religieux de Cluny, avec Hugues, leur abbé, et les fit cacher dans l'église de Saint-Michel, où ils restèrent jusqu'au moment où il fut possible de les installer dans l'abbaye.

Dans le XIIe siècle, deux incendies qui dévastèrent une grande partie de la ville de Limoges, atteignirent aussi l'église de Saint-Michel. Leur date est donnée d'une manière différente dans les différentes chroniques de cette époque. Le premier eût lieu en 1123, et le second le jour de la Nativité de Saint-Jean en 1147. Après ces incendies, nous voyons le religieux Pierre de Verteul, bibliothécaire du monastère de Saint-Martial, faisant réparer les dégats qu'ils avaient causés. Ce même religieux bâtit aussi la bibliothèque de son monastère.

Dès 1145, on remarquait que le nombre des miracles obtenus au tombeau de saint Loup augmentait de plus en plus, et que la foule des pèlerins aussi de plus en plus considérable ne cessait de venir l'invoquer. C'est à cette époque que l'on fut obligé de refaire quelques murailles de l'église de Saint-Martial, où était ce tombeau. L'évêque de Limoges, Gérald, qui gouverna le diocèse de 1137 à 1177, résolut alors de lever de terre le corps de ce saint évêque, pour l'offrir à la vénération des fidèles. Ce fut en 1158 qu'il procéda solennellement à cette cérémonie. Le tombeau de saint Loup fut ouvert, ses ossements pieusement recueillis et placés dans une châsse en cuivre doré. Ces restes précieux furent alors transférés, avec toute la pompe possible, dans l'église dédiée à l'archange saint Michel, dans le cimetière de la ville. Un autel particulier y fut érigé pour les recevoir, et la foule du peuple continua à venir l'invoquer dans cette église. C'est ce qui a encore lieu de nos jours.

L'église, réparée après les incendies signalés ci-dessus resta dans cet état pendant un siècle, mais dans les premières années du XIIIe, elle fut reconstruite presque entièrement. L'évêque de Limoges, Jean de Veyrac, qui gouverna le diocèse de 1198 à 1218 en fit solennellement la consécration le 2 juin 1213. Il est très probable que c'est à l'époque de cette consécration que l'église de Saint-Michel devint église paroissiale, car c'est à partir de ce moment qu'on trouve le nom de ses curés, dont on va voir la liste plus loin, et c'est aussi vers le même temps que l'église paroissiale de Notre-Dame des Arènes lui fut unie ainsi que la communauté des prêtres qui la desservaient.

Dans un acte de 1294, il est parlé de la communauté des prêtres de chacune de ces deux églises, et aussi de la Confrérie de Saint-Loup qui était dans celle de Saint-Michel.

L'église de Notre-Dame des Arènes était fort ancienne; on la trouve signalée dans plusieurs documents, particulièrement en 1031. Le curé de Saint-Michel-des-Lions la possédait en 1345, et elle est dite succursale de cette église en 1355, mais en 1436 elle était complètement ruinée, et il n'en restait qu'un petit cimetière.

A côté de l'église, se trouvait un hôpital, qui en 1200 est qualifié léproserie. Les aumôniers de cet hôpital étaient nommés par l'évêque de Limoges.

Le prieuré séculier de Notre-Dame des Arènes était à la nomination de l'abbé de Saint-Martial dès 1158. Voici le nom des prieurs qui nous sont connus : Etienne Reix, qui vivait en 1235. — Jean Saleis, 1282. — Martin Regis, 1301. — Bartolomeus, 1327. — Vincent Audier, 1357. — Pierre Despinet, 1360. — Jean Du-Val, 1380. — Pierre Courtade, 1390. — Jean Pabot, 1428. — Jean Julien, 1430. — Guillaume Sandelas, 1456. — Martial Dubois, 1480. — François Dubois, 1490. — Jean Gonnin, 1555. — Jean Bonnol, 1567. — Rolland Joffrenet, 1570. — Pierre de Varneresse, 1574. — Jean Benoit, 1575. — Jacques Joffrenet, 1590. — François Bonconnort, 1600. — Jacques Talois, docteur en théologie, official et chanoine de Limoges, 1630. — N.... Talois, chanoine de Saint-Etienne, 1639. — Jean Dubois, 1644. — Jean Dubois neveu du précédent, 1656. — Guinot de Ligoure, curé du Vigen près de Solignac, et est dit prieur par la résignation de Jean Dubois mais le titre de ce prieuré fut éteint, et les religieuses de Sainte-Claire furent installées dans les bâtiments qui restaient. L'église qui leur servit d'abord de chapelle existait depuis le XIe siècle, elle avait été réparée à plusieurs reprises, et fut presque entièrement reconstruite entre le XIVe et le milieu du XVIIe siècle.

Ces religieuses de l'Etroite Observance de Sainte-Claire, connues sous le nom de Clairettes, y furent installées par Anne de Maleden, fille de feu Pierre de Maleden, seigneur de Meilhac, conseiller au Parlement de Bordeaux, et de Marie de Goy. Elle porta en religion, le nom de sœur Anne Marie du Calvaire.

La chapelle du cimetière des Arènes, sous le titre de Saint-Antoine abbé, existait en 1355. Ce cimetière avait servi aux sépulcres des paroissiens de Notre-Dame des Arènes.

Cette chapelle dépendait de la cure de Saint-Michel-des-Lions en 1556. La compagnie des Pénitents gris, qui était dans l'église paroissiale de Saint-Domnolet, puis dans celle de Saint-Christophe, s'y établit en 1670.

Ces églises, hôpital, prieuré, chapelle et cimetières sont ensuite entièrement compris dans la paroisse de Saint-Michel-des-Lions. De nos jours la nouvelle paroisse du Sacré-Cœur renferme le territoire de l'ancienne paroisse de Notre-Dame des Arènes.

Les Lions en pierre qui sont à la porte de l'église de Saint-Michel, et dont l'existence est constatée par un titre antérieur à 1080, lui ont fait donner le nom de Saint-Michel-des-Lions, et cela pour la distinguer de l'église de Saint-Michel-de-Pistorie, qui était dans le bas de la ville. Il y en avait un semblable à la porte de l'église de Saint-Martial, il existe encore, ainsi qu'un quatrième qui est au portail Imbert. On en trouve un certain nombre d'autres aux portes de plusieurs églises du diocèse : à Saint-Maurice-des-Lions, Toulx-Sainte-Croix, Chambon, Jouillat, Bonlieu, etc. On en voit de semblables aux églises d'Angers, Bordeaux, Montfaucon, Verdun, Saint-Séverin à Paris ; et à l'étranger à la cathédrale de Grenade, à celle de Cordoue ; à Rome, à l'église de Saint-Laurent-hors-des-murs, etc.

On sait à quelles conjectures multiples à donné lieu l'existence de ces Lions en pierre à la porte de notre église de Saint-Michel. C'est à tort qu'on y a vu un souvenir de la domination anglaise, car cet ornement symbolique se trouve dans bien des églises du midi, où, comme à l'étranger, les Anglais n'ont jamais dominé. Bien des auteurs affirment que ces Lions servaient de support au siège des magistrats qui rendaient la justice à la porte des églises ; de là, l'ancienne formule *inter Leones* ou *apud Leones* que l'on trouve dans les actes anciens. Dans le *Glossaire* de Ducange on cite un ancien texte qui appuie cette opinion. On y lit que « les habitants de Limoges tenaient leurs assises devant les portes du monastère de Saint-Martin (peut-être mieux de Saint-Martial), et dans le cimetière de Saint-Michel ». Suivant d'autres ces Lions étaient un ornement symbolique de la porte d'entrée, dont le symbole est expliqué par ces vers du célèbre professeur et poète italien André Alciat :

Est Leo, sed custos, oculis quia dormit apertis ;
Templorum idcirco ponitur ante fores.

La gravure en tête de ce volume fait voir comment, jusque vers 1840, ils étaient placés devant le clocher, à l'extrémité des murs du petit cimetière.

Les lions de l'église de Saint-Michel ont été classés comme monuments historiques par l'arrêté suivant :

ARRÊTÉ,

Le Ministre de l'Instruction publique et des Beaux-Arts.

Vu la loi du 30 mars 1887 pour la conservation des Monuments et objets ayant un intérêt historique et artistique;

Vu l'avis de la Commission des Monuments historiques en date du 23 mai 1891;

Vu la délibération du conseil municipal de la ville de Limoges en date du 31 août 1891;

Sur la proposition du Directeur des Beaux-Arts,

ARRÊTE :

ARTICLE PREMIER. — 1° Trois lions en granit existant à l'entrée de l'église de Saint-Michel-des-Lions (Haute-Vienne);

2° Les vitraux du XVe siècle, décorant les fenêtres à l'extrémité des deux nefs latérales du même édifice.

Sont classés parmi les monuments historiques.

ARTICLE 2. — Le présent arrêté sera notifié au Préfet de la Haute-Vienne, au Maire de la ville de Limoges et au Trésorier du Conseil de fabrique de Saint-Michel-des-Lions de cette ville, qui seront responsables, chacun en ce qui le concerne, de son exécution.

Paris, le 29 janvier 1894.

Signé : SPULLER.

CHAPITRE II

Curés de Saint-Michel au XIIIe siècle. Union de la cure de Notre-Dame des Arènes. Reconstruction de l'Eglise. Prédications au Creux des Arènes. Saint-Antoine de Pardoue. Couvents des Carmes et des Augustins.

Les premiers curés de Saint-Michel dont les noms nous sont connus et qui gouvérnèrent cette église au XIIIe siècle sont :

HÉLIE MARTEAU, qui mourut en 1214 et fut enterré dans l'église.

CHATARD MARTEAU en 1228 et 1234.

THOMAS LAFON *(de Fonle)*, prêtre séculier est curé en 1244.

RAYMOND LAVILLETTE, chanoine de Saint-Junien est curé de Saint-Michel en 1279.

JEAN GERMAIN était curé de Saint-Michel-des-Lions et de Notre-Dame des Arènes le 29 juillet 1292, et aussi en 1299.

Nous donnons ainsi, en tête de chaque chapitre, la liste des curés qui ont régi la paroisse; nous avons pris leurs noms autant que possible dans des documents contemporains et originaux. Cette liste chronologique nous servira de cadre et de guide pour signaler dans les chapitres suivants tout ce qui se rapporte à l'histoire de cette paroisse.

Pendant la guerre où les fils d'Henri le Vieux se disputaient l'Aquitaine, en 1184, les bourgeois de Limoges, par ordre du vicomte Aimard, fortifièrent le château, creusèrent des fossés, relevèrent ses murailles, et pour se procurer les matériaux nécessaires, ils démolirent tout ce qui hors de l'enceinte pouvait donner abri à leurs ennemis. Sans respect pour le Lieu Saint, l'église de Notre-Dame des Arènes fut détruite. Elle était située à l'entrée de la rue des Clairettes, derrière la rue des Argentiers.

C'est après cette destruction que la paroisse de Notre-Dame des Arènes, ainsi que la communauté des prêtres-filleuls qui la desservaient furent réunies à Saint-Michel-des-Lions. On trouve plusieurs des curés de cette dernière qui se qualifient curé de Saint-Michel et de Notre-Dame. L'union de ces paroisses et de leurs communautés de prêtres est constatée par différents actes

de l'époque. Aussi on ne tarda pas à travailler à l'agrandissement, presque à la reconstruction de l'église de Saint-Michel,
pour que les habitants des deux paroisses puissent y avoir la
place nécessaire.

Lorsque Hélie Marteau, curé de Saint-Michel, eut terminé
c tte reconstruction, il demanda à l'évêque de Limoges, Jean de
Veyrac, de venir consacrer sa nouvelle église. C'est ce qui eut lieu
avec une grande solennité, ainsi qu'il est marqué dans les Chroniques de l'abbaye de Saint-Martial : 2 juin 1213. — *J. episcopus
Lemovicensis dedicavit ecclesiam sancti Michaelis, quæ est in cas-
tro Lemovicensi, ubi est corpus sancti Lupi episcopi Lemovicensis.*

Après avoir été consacrée par l'évêque de Limoges Jean de
Veyrac, le 2 juin 1213, l'église de Saint-Michel devint une église
paroissiale fort importante. Lorsqu'on la remplaça, au XIVe
siècle par celle qui existe aujourd'hui, on conserva, dans la
nouvelle construction, un mur du côté Nord, où l'on voit de nos
jours à l'extérieur plusieurs modillons de cette première église.

Un bénitier en pierre,
qui se trouve actuellement
dans le mur d'une maison
près la porte Ouest, rue
Adrien Dubouché, vien-
drait aussi, dit-on, de cette
première église.

Lorsque Hélie Marteau,
curé de Saint-Michel, mourut, un an après avoir fait
consacrer cette église, en
1214, il y fut inhumé dans
le chœur, et il eut pour
successeur un de ses pa-
rents, Chatard Marteau, qui
était probablement son neveu. Ce dernier était encore
à la tête de la paroisse en
1234.

La famille Marteau était
fort ancienne et fort estimée à Limoges. Après les
deux curés de Saint-Mi-
chel, on trouve Silvain
Marteau qui, en 1266, ache-
tait une rente sur une maison de la rue Manigne. Demoiselle
Marie Marteau, fille de feu Chatard Marteau, écuyer, épouse

de Martial Audier, laquelle, en 1299, échange avec le vicomte
de Limoges des droits de seigneurie et de propriété. Martial
Marteau, qui avant 1339 était archidiacre de la Marche dans
l'Eglise de Limoges. Valérie Marteau, épouse de Jean Bayard,
bourgeois, qui en 1382 fait un legs à la confrérie des pauvres
à vêtir. Pierre Marteau qui fonde une vicairie à Saint-Gérald
et autre Pierre Marteau, son frère, qui augmente cette vicairie
en 1388. Cette famille porte pour armes : *écartelé, aux 1er et 4e
d'azur à trois marteaux d'or 2 et 1, aux 2e et 3e de gueules à trois
fleurs de lys d'or.*

En 1400, Mathieu Vidaud devint, par son mariage, propriétaire
des biens de la branche aînée de la famille Marteau.

Les autres curés de Saint-Michel pendant le XIIIe siècle sont
Thomas Lafon *(de Fonte)* qui était un prêtre séculier et membre
de la communauté des prêtres-filleuls en 1236, avant d'être mis
à la tête de cette paroisse, où on le trouve en 1244 et 1245. Il fut
pris pour arbitre par le vicomte de Limoges et l'abbé de St-Mar-
tial dans des différends qui existaient entre eux le 29 août 1245.

Raymond Lavillette, chanoine de Saint-Junien est curé de
Saint-Michel en 1279.

Jean Germain, le 29 juillet 1292, est qualifié curé de Saint-
Michel-des-Lions et de Notre-Dame-des-Arènes. Dans un acte
de 1294, il est parlé de la communauté des prêtres de chacune de
ces deux églises, ainsi que de la confrérie de Saint-Loup. Jean
Germain était encore curé de Saint-Michel en 1295 ; cette année
il signe un acte, fait en présence de P. de Valheria, dans la
chambre ou salle de l'église de Saint-Michel, *in caminata ecclesiœ*,
qui doit être la maison curiale, le presbytère.

Bernard Ithier, le savant bibliothécaire de l'abbaye de Saint-
Martial, parle plusieurs fois, dans sa Chronique, de la paroisse
de Saint-Michel-des-Lions. Il dit, en un endroit, qu'en 1212 il fit
l'acquisition d'un beau devant d'autel pour cette église. En 1214,
il marque qu'il avait acquis une très belle chasuble qui avait
appartenu à l'ancien curé de Saint-Michel ; peut-être à Hélie
Marteau décédé cette même année.

Ce même religieux nous apprend qu'il a prêché, en 1211, au
cimetière de l'Amphithéâtre romain, (sur la place actuelle du
Champ-de-Foire). Il a écrit lui-même ce qui suit : « L'an 1211 j'ai
fait un sermon au peuple, la veille de l'Ascension, dans le cimetière des Arènes, ainsi que l'année suivante, et la quatrième et
la cinquième année ; et je prêchais dans l'Amphithéâtre le jour
des Rameaux ». Cet amphithéâtre romain, que l'on appelait alors

le *Creux des Arènes*, se nomme aujourd'hui la place d'Orsay, depuis que l'Intendant de ce nom en a fait combler l'enceinte et l'a couverte de plantations, pour la transformer en promenade publique. Le sermon prêché par Bernard Ithier en 1211, au cimetière des Arènes, a été imprimé à la fin de sa Chronique.

La bibliothécaire de l'abbaye de Saint-Martial n'est pas le seul qui, à l'époque qui nous occupe ait prêché dans l'Amphithéâtre de Limoges; on voit que saint Antoine de Padoue, gardien des Frères mineurs de Limoges en 1226, a fait de même. Après avoir prêché dans plusieurs églises de la ville, il appela le peuple à l'Amphithéâtre. L'auteur du *Livre des Miracles de saint Antoine de Padoue*, Jean Rigaud, frère mineur, et ensuite évêque de Tréguier, le rapporte ainsi :

« Une fois à Limoges, il appela le peuple à la prédication; et comme la multitude des fidèles était si considérable qu'aucune église n'était assez grande pour la contenir, il convoqua la foule sur une place très vaste, où se trouvait autrefois les palais des païens et qui s'appelle *le Creux des Arènes*, afin que les fidèles fussent plus au large pour s'installer et entendissent plus commodément la parole divine. Or, pendant que le Saint, prêchant avec le plus grand zèle, excitait par sa suave éloquence l'attention de son auditoire et le tenait comme suspendu à ses lèvres, voilà que tout à coup des coups de tonnerre se firent entendre, des éclairs se dessinèrent en ligne de feu, et la pluie commença à tomber. Les auditeurs, ayant peur de l'orage, se troublèrent et se disposaient à partir. L'homme de Dieu les rassura doucement : « Ne bougez pas de place, leur dit-il, ne craignez point la tempête : car j'espère en Celui dont l'espérance ne trompe point, que la pluie ne vous causera aucun dommage ». Le peuple obéit à la parole de l'homme de Dieu; et Celui qui lie les eaux dans les nuées (Job XXVI. 8) retint l'orage sur leurs têtes, de telle sorte qu'une pluie très abondante se répandit de toutes parts autour de la ville, sans qu'une seule goutte d'eau, après cet avertissement du prédicateur, tombât sur le peuple, qui écoutait avec attention la parole de Dieu. Le saint prêcha longuement, et, une fois le sermon terminé, les auditeurs, sortant de l'amphithéâtre, virent la terre mouillée de tous côtés par une pluie abondante, tandis que le lieu qu'ils quittaient était parfaitement sec; et ils louèrent la puissance que le saint venait de faire éclater ».

La *Chronique de Saint-Martial*, rapporte qu'en l'année 1215, à la fête de Tous les Saints, deux cloches furent fondues pour l'église de Saint-Michel.

En 1265 l'église de Saint-Michel-des Lions fut décorée de peintures, dit aussi la même *Chronique*.

En 1286, le petit cimetière qui existait entre les Lions à la porte de l'église fut transféré aux Arènes, et après ce transfert, les gens du vicomte de Limoges firent transférer sur cette place le marché aux fruits, qui se tenait au cloître de Saint-Martial.

Trois couvents de Religieux ont existé dans la paroisse de Saint-Michel, ce sont les Carmes, établis en 1260, les Augustins en 1290, et les Récollets de Saint-François en 1616.

Au milieu du XIIIe siècle, en 1260, les religieux Carmes, au nombre de trente, vinrent fonder une maison de leur ordre à Limoges. Ils s'établirent d'abord dans le local qu'avaient laissé les Dominicains au-delà du pont Saint-Martial, mais peu après ils se fixèrent dans la paroisse de Saint-Michel, près l'Amphithéâtre des Arènes. C'est là qu'en 1265, ils commencèrent à bâtir leur couvent et leur église. Cette église était vaste et fort belle. Le chœur des religieux était derrière l'autel, et ce dernier était placé sous un superbe pavillon, soutenu à une grande élévation par quatre colonnes torses entourées de feuillages, pampres, avec des figures d'oiseaux et animaux. Cinq belles statues ornaient les coins et le milieu de ce pavillon. Le chœur était entouré de tableaux qui avaient pour sujet les prophètes Elie, Elisée, ou des saints de l'Ordre. Les bénitiers placés à la porte étaient supportés par un homme, pliant sous le poids. A côté de la porte était la belle croix en pierre qui est aujourd'hui devant la chapelle de Saint-Aurélien. Le cloître était aussi fort beau; il en existe encore aujourd'hui une arcade en style gothique rayonnant, dont les meneaux du tympan portant une rosace à cinq lobes, reposent sur des chapitaux délicatement sculptés.

Le clocher fut élevé, en 1506, sur le portail de l'église.

Les confréries établies dans cette église furent celles du Scapulaire du Mont-Carmel, de saint Joseph pour les charpentiers, de saint Crépin pour les garçons cordonniers.

Le dénombrement des habitants de la paroisse de Saint-Michel, fait par M. Martin, curé de Saint-Michel, en février 1781, porte qu'à ce moment il y avait dans le couvent 9 prêtres, 1 frère, 2 domestiques et 1 pensionnaire.

Par la loi de 1791, les Carmes furent chassés de leur couvent qui fut vendu au profit de la République. Le 10 janvier, lorsqu'on y mit les scellés, étaient présents à cette opération les RR. PP. Jacques Cheyroux, prieur; Pierre-Anselme Mourier, ex-provincial; François-Florent Gayou, définiteur; Jean-Baptiste-Isidore Dupont, sous-prieur; Jacques-Tiburce Retouret; Guillaume-Xiste Cruveiller, tous prêtres et religieux profès de ladite communauté.

L'église et le couvent des Carmes, achetés par M. Juge de Saint-Martin ont été démolis; il en reste cependant quelques morceaux dans les maisons qu'on a bâties sur leur emplacement.

Les Ermites de Saint-Augustin s'établirent à Limoges dans la paroisse de Saint-Michel en 1290. Leur monastère qui était sur la route de Paris, presque en face de celui de la Visitation, fut en partie détruit pendant les troubles et les guerres en 1574. Ils en entreprirent la reconstruction en 1638. Leur église ainsi que le monastère étaient fort grands.

La *Feuille hebdomadaire de Limoges* en parle et rapporte ce qui suit : «Le 2 novembre 1782, Mgr l'évêque de Limoges s'est rendu à l'église des RR. PP. Augustins de cette ville; il avait été précédé par MM. de son séminaire; après avoir célébré la messe il a donné la Bénédiction Pontificale à une cloche, de laquelle M. d'Aine, intendant de cette généralité, et Mme d'Aine ont été parrain et marraine. Ces deux illustres personnages, qui ont toujours donné des marques authentiques de leur zèle pour la religion, ont rempli avec autant de dignité que de piété la place qu'ils occupaient dans cette auguste cérémonie. Les PP. Augustins, en reconnaissance d'un pareil bienfait, ont fait, sur le soir, de grandes illuminations, accompagnées d'un feu d'artifice sur leur terrasse, auquel Mme d'Aine et Mlle d'Aine sa fille, et d'autres personnes distinguées ont bien voulu assister : il fut bien exécuté ».

A la Révolution les lois de la persécution les firent expulser de leur communauté, qui fut vendue au profit de la République, ainsi que tout ce qu'ils possédaient. Le 12 janvier 1791, on y mettait les scellés, le procès-verbal qui en fut dressé constate la présence des RR. PP. Jean Chatrouille, prieur, Guillaume Desmons, dit Baudon, Jean Antoine Dortier, sindic, tous prêtres et religieux profès de la dite communauté, et Martial dit Jean de Brutine, profès convers.

En 1794, M. Monneron établit une manufacture de porcelaine à Limoges, dans cet ancien couvent des Augustins dont il avait fait l'acquisition au mois de septembre 1793.

Le troisième couvent de religieux établi dans la paroisse de Saint-Michel est celui des Récollets de Saint-François, dont il est parlé plus loin, en 1616, à l'époque de son érection.

CHAPITRE III

Les curés de Saint-Michel au XIVe siècle. La maison curiale. Communauté des prêtres-filleuls. Construction de la nouvelle église de Saint-Michel. Fondations de vicairies.

JEAN CHAPELLE était curé de Saint-Michel-des-Lions en 1312. HILAIRE BROTHAUD, le 8 septembre 1320.

GAILLARD DE MASLÉON *(de Masleone)*, en 1343 et 1344, était curé de Saint-Michel-des-Lions et de Notre-Dame des Arènes, deux cures qui étaient alors réunies.

MARTIAL BARDINET *(Bardineli)* était curé en 1345; il mourut en 1376. Il possédait aussi la cure de Notre-Dame des Arènes dès 1345, laquelle est dite succursale de Saint-Michel en 1355. Il faisait partie de la Confrérie de la Courtine, près l'abbaye de Saint-Martial, dont les confrères, d'après son testament, devaient venir chaque année dans l'église de Saint-Michel pour prier sur sa tombe.

Dans les terriers du XIVe siècle et dans les lièves, on trouve assez souvent la rue Pennevayre désignée sous le nom de rue de La Pérusse. Il serait intéressant de savoir si elle doit ce nom à la famille de Pérusse des Cars, ou à des religieux de l'abbaye de La Peyrouze qui auraient possédé quelques maisons près l'église de Saint-Michel.

Or, on trouve qu'en 1316, Gui de Bretagne, vicomte de Limoges, avait acquis « pour sa demeure », s'il faut en croire les *Annales manuscrites*, « la maison du couvent de Peyrusse », située sur la place Saint-Michel. La *Chronique de Saint-Martial*, n'est pas aussi précise dans ses énonciations, elle dit : *Acquisivit domum que quondam fuit fratrum de Peyroza*. Ces « frères de Peyroza » étaient-ils effectivement des religieux ? Nous sommes porté à le penser, car nous savons par ailleurs que les vicomtes de Limoges, Arthur notamment, quelque quinze ou vingt ans plus tôt, avaient eu à régler des difficultés avec la communauté de Notre-Dame de la Peyrouze, abbaye cistercienne fondée en 1153, près Saint-Jean-de-Cole (Dordogne). Le prieuré de Cole, avait avec Limoges, d'anciennes relations dont l'origine nous échappe.

D'après le chroniqueur anonyme de Saint-Martial, la maison des frères de Pérusse était auprès de la maison « La Chaminade » *juxta domum de Chaminada*. Ce dernier mot est-il un nom propre ou n'est-il pas la traduction en langue vulgaire du mot *caminata*, que les anciens textes emploient dans le sens de *presbytère*, ou *maison curiale* ? Il paraît que la maison de Pérusse, revendue un peu plus tard par le vicomte, devint la maison curiale de Saint-Michel. Dans la suite le curé l'aurait échangée contre les dîmes de Saint-Lazare, et sur son emplacement on aurait établi le siège de la Cour royale.

La communauté des prêtres-filleuls de Saint-Michel, qui faisaient le service de l'église sous la direction du curé, existait dès le XIIᵉ siècle. Il en est parlé, ainsi que de celle de la paroisse de Notre-Dame des Arènes dans un acte de 1294. Elle avait des statuts particuliers, mais ce n'est qu'au 18 mars 1372 (1373 n. st.) que ses statuts furent confirmés et approuvés par le Révérend Père en Dieu Monseigneur Aimeric Chatti, évêque de Limoges. Il est dit, dans la lettre qu'il donna à ce sujet : « Ces prêtres, de temps passé et d'ancienneté, ont formé une congrégation et entreprise accomplie de faire une communauté, sans aucun dhu et de leur authorité ». Tout ce qui regardait cette communauté fut alors réglé par la lettre épiscopale.

Les communautés de prêtres séculiers ainsi attachées aux églises paroissiales sont de fort ancienne origine. Elles semblent être un reste de groupement primitif du clergé séculier aux points de résidence, d'où il rayonnait sur la campagne. Elles sont une forme intermédiaire entre l'organisation canonique et l'organisation paroissiale moderne. Les eccclésiastiques qui composaient ces associations, à certaines époques au moins, récitaient l'office en commun. Ils vivaient des revenus de la communauté, dont une portion déterminée, un « gros », était assignée à chacun, outre le revenu spécialement affecté aux fondations qu'ils desservaient. Une seule condition, à l'origine, était réclamée pour leur admission dans la communauté : la justification de leur qualité de *filleul* de la paroisse, c'est-à-dire de leur baptême dans cette église. Plus tard, le nombre des candidats augmentant, et les revenus ne s'accroissant guère, on exigea que le futur communaliste ait déjà passé un certain nombre d'années dans les ordres et on l'obligea à une période assez longue de postulat.

Les prêtres communalistes de Saint-Michel étaient au nombre de 23 en 1500, mais ce nombre fut réduit à 12 par leurs nouveaux statuts, rédigés le 15 avril 1558. On verra plus loin, en 1689, d'autres détails sur les prêtres communalistes de Saint-Michel, et sur les messes et services qu'ils devaient célébrer.

Le tombeau des prêtres de cette communauté était, en 1684, dans l'église de Saint-Michel, devant l'autel de Saint-Joseph. La Révolution a fait disparaître cette vieille et intéressante institution.

Le 25 mai 1364 on posait la première pierre de l'église actuelle de Saint-Michel, et neuf ans après on élevait son clocher. Une inscription gravée primitivement sur une pierre calcaire, placée à la base du clocher, donne ces dates certaines. Lorsque les directeurs de la fabrique s'aperçurent que cette pierre était usée par le temps, en 1584, ils firent reproduire l'inscription sur une plaque d'airain, qui fut alors fixée, à l'intérieur, aussi à la base du clocher, près du bénitier de la porte d'entrée. Voici cette inscription :

Le fondement de la présente Eglise

A l'honneur Souverain et la vifve mémoire
Du grand Dieu Tout-puissant, en son règne éternel,
De sa Mère sacrée, et du bon Saint-Michel,
Et des Bienheureux Saints de Paradis en gloire,
L'an que l'on comptoit Mil CCC. LXIIII,
Le XXVe may, du premier fondement
Le pied de cette Eglise a prins commencement :
Que l'injure du temps jamais ne puisse abbattre.
XIX ans après, pour embellir ce Temple,
En l'an Mil CCC et IIIIxx et trois,
Par les dons du commun, et libéraux Octrois
Fust bâti ce Clocher, que chef d'œuvre on contemple.
Louez donc ce bon Dieu, qui a toute puissance :
Le premier s'employant à cest œuvre si beau,
Qu'il le conserve à soy : et son divin flambeau
Sur tous les Bienfaiteurs luise pour récompense.

Relevé par Jehan Verger et Jean Mersin (peut-être Merlin), Bayles, en l'an 1584.

Les *Ephémérides de la Généralité de Limoges* pour l'année 1765, donnent la description de cette église dans les termes suivants ;

« L'Eglise de cette Paroisse est un Edifice Gothique qui étonne et qui plaît par la forme et la légèreté de sa Voûte et surtout des Piliers qui la soutiennent. Il consiste en deux rangs de cinq Piliers chacun, qui sur la longueur soutiennent trois systèmes de travées d'une Voûte en briques. Cette voûte a environ trente pieds d'élé-

vation tant dans la Nef qu'au-dessus du Sanctuaire et le long des
deux Collatéraux. Toutes les faces de Piliers octogones sont re-
vêtues de baguettes arrondies ou de filets à vive arête qui se pro-

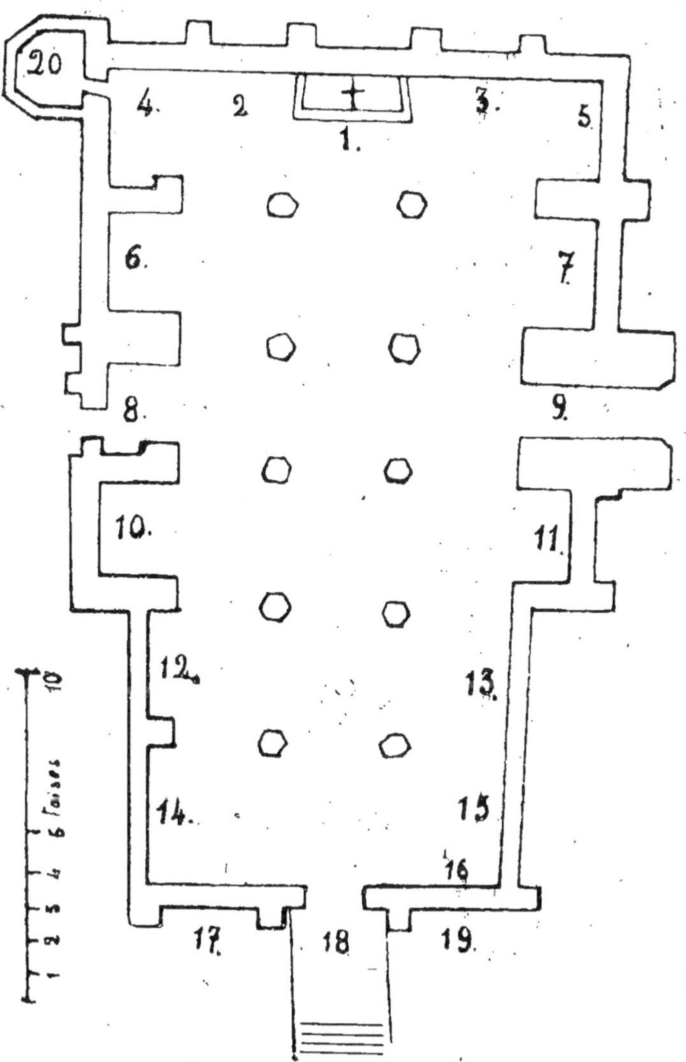

PLAN DE L'ÉGLISE SAINT-MICHEL-DES-LIONS (état actuel)

1. Autel et monument de Saint-Martial; — 2. Autel de Sainte-Valérie ; — 3. Autel de
Saint Loup ; — 4. Chapelle de Sainte-Philomène ; — 5. Chapelle de N.-D. des Carmes ; —
6. Chapelle Sainte-Anne; — 7. Chapelle Saint-Joseph; — 8. Portail Nord; — 9. Portail Sud;
— 10. Autel du Sacré-Cœur; — 11. Autel de Saint-Jean-Baptiste; — 12. Autel de N.-D. de
l'Assomption; — 13. Monument de Saint-Antoine de Padoue; — 14. Autel du Crucifix ; —
15. Fonts baptismaux; — 17. Sacristie ; — 18. Portail occidental; — 20. Chapelle de N.-D.
des Aides, démolie en 1857.

longent jusqu'à la Voûte, et s'y distribuent en ogives. Quand, après l'impression agréable du premier coup d'œil, on examine attentivement cette Architecture hardie, on est bien surpris de voir les Piliers de deux pieds et demi de diamètre, surplombés et penchants considérablement du côté des colatéraux, et enfin, nullement placés sur un même alignement.

» La longueur totale de l'Eglise est de 144 pieds, chaque travée ayant à peu près 4 toises; sa largeur est de 62 pieds, chaque Collatéral ayant 19 pieds de largeur, et la Nef 24.

» A l'extrémité de la Croisée à droite est placé le Clocher, qui par des déterminations géométriques fort sûres, a été trouvé de 210 pieds d'élévation. Mais la hauteur n'est pas le seul mérite de cette grande masse; sa composition et sa forme me paraissent aussi dignes d'attention.

» Sur une base quadrilatère, qui comprend les trois premiers étages, s'élève une tige octogone de trois étages percés de Fenêtres dans toutes les faces. Le long des quatre arêtes correspondantes aux quatre angles de la base s'élèvent aussi quatre Tourelles, qui d'abord engagées dans le massif du Clocher s'en détachent au 5e et 6e étage parce que la tige diminue. Ces Tourelles sont d'abord cilindriques jusqu'au 5e étage, ensuite elles deviennent octogones, ce qui leur donne un air de légèreté par le contraste des formes quarrées avec les formes arondies; enfin elles sont terminées par des Lanternes évidées, lesquelles surmontées de Pyramides à huit pans, accompagnent fort bien la base d'une grosse Pyramide établie sur la tige du Clocher.

» On voit par ce détail que cette construction rentre assez dans celle du Clocher de la Cathédrale dont j'ai parlé. Le Clocher de la Paroisse de Saint-Pierre est aussi exécuté sur le même dessein pris en petit. Il est peut-être plus proportionné que celui de Saint-Michel, car dans ce dernier la retraite qu'on a donnée à la base de la Pyramide l'a un peu amaigrie pour le massif qui la soutient. Comme l'Eglise de Saint-Michel est dans la partie la plus élevée de la Ville, la flèche du Clocher se découvre de loin; aussi ce Clocher est-il un des points sur lesquels on a établi les principaux Triangles de la Carte de France. »

Cette description fait exactement connaître l'Eglise et le Clocher de Saint-Michel. Ce dernier attire surtout l'attention de tout le monde, son style est le même que celui des clochers de la Cathédrale et de Saint-Pierre, mais perfectionné à certains égards, quoiqu'il leur soit inférieur sous d'autres.

On remarque dans cette Eglise le mur de la nef du côté du Nord qui est orné de corbeaux ou modillons romans. C'est que les architectes du XIVe siècle ont conservé dans leur construction, ce mur de l'église consacrée par Jean de Veyrac le 2 juin 1213.

Il est aussi bon d'observer que la dernière travée du côté de l'occident est du XVIe siècle. Le P. Bonaventure de Saint-Amable, dans ses *Annales*, dit expressément : « Cette année, 1552, l'Eglise de Saint-Michel-des-Lions fut augmentée du jardin de Lamy de Luret. »

La porte du Nord, en style gothique flamboyant, date vraisemblablement de la fin du XVe siècle.

Cette église de Saint-Michel-des-Lions a été classée parmi les monuments historiques par un arrêté du ministre de l'Instruction publique et des Beaux-Arts du 20 juin 1891, arrêté reproduit plus loin au chapitre IXe à propos du reliquaire qui y est également indiqué.

Les *Bailes de l'Edifice* de Saint-Michel sont mentionnés plusieurs fois dans les registres de la communauté des prêtres de cette paroisse, et spécialement en 1402. Ce sont probablement eux qui, un peu plus tard, sont dits Bailes de la Sacristie. On a vu les noms de Jean Verger et de Jean Mersin (peut-être Merlin), Bailes en 1587.

Les habitants de Limoges se sont toujours distingués par une grande dévotion à prier pour leurs morts. La reconnaissance que les enfants doivent à leurs parents ou à des bienfaiteurs leur en faisait un devoir, et ils ne voulaient pas les oublier lorsqu'ils avaient quitté cette terre. Beaucoup, pour s'assurer des prières après leur décès, fondaient eux-mêmes des messes à perpétuité, chacun dans sa paroisse. Ce sont ces commissions de Messes, nommées Vicairies, qui ont existé en assez grand nombre à Saint-Michel comme dans les autres paroisses, jusqu'au jour où un gouvernement spoliateur, même du bien des morts, s'est emparé de toutes ces fondations. En rappelant celles qui ont existé dans la paroisse de Saint-Michel, à différentes époques, nous feront connaître à leurs descendants ce que nos ancêtres faisaient pour leurs morts.

Voici quelques-unes de ces fondations qui datent du XIVe siècle.

Le 27 juillet 1377, Michel Corbaffi, marchand à Limoges, fonda une vicairie, pour un prêtre filleul, c'est-à-dire natif de la paroisse; elle était à l'autel de Sainte-Marguerite, et c'est le curé de Saint-Michel qui devait la conférer au prêtre désigné par le plus proche de ses parents. En 1563, ce parent de Michel Corbaffi était Peyteau, orfèvre, et en 1737 et 1739, c'était Noalhier, émailleur. Jean Cramouzaud, chanoine de Saint-Martial, nommé pour desservir cette vicairie en 1787, en fut dépouillé trois ou quatre ans après.

Le 4 juin 1378, Etienne Ruaud, marchand drapier, fondait aussi une vicairie pour être desservie par un prêtre de ses parents ou filleul de l'église. Elle était à l'autel de Saint-Jean. Si ses héritiers faisaient défaut pour désigner le prêtre chargé de dire les messes qu'il fondait, le curé de Saint-Michel devait le nommer. Le parent chargé de désigner ce prêtre était en 1624 N... Ruaud, sieur de Fayolle.

Avant 1398, il existait à Saint-Michel une fondation pour la célébration d'une messe dite Messe matutinale, à l'autel de Sainte-Catherine. Les marguilliers ou fabriciens étaient chargés de désigner le prêtre qui devait dire cette messe.

CHAPITRE IV

Les curés dé la paroisse pendant le XVe siècle. Différentes processions. Nouvelles cloches. Processionnal de 1452. Consécration de l'église. Vitraux du XVe siècle. Ermites et Recluses. Fondations de commissions de messes ou vicairies.

JEAN GRANDIS, bachelier en l'un et l'autre droit, curé de Saint-Michel, transigea avec l'abbé de Saint-Martial, le 26 septembre 1415.

AUDOIN AUDIER, bachelier en droit canon et en décrets, était curé en 1425, 1452. L'abbé de Saint-Martial en 1434, somma le curé de Saint-Michel-des-Lions de lui fournir la procuration qu'il lui devait en sa qualité d'Abbé. On voit ensuite que M. Audier, le 23 mai 1443, consentait une redevance de 3 livres sur la cure de Saint-Michel, en faveur de l'abbé de Saint-Martial. Après la bataille de Castillon, où le général anglais Talbot fut tué et son armée vaincue, en 1553, le roi de France Charles VII demanda une procession générale pour rendre grâce à Dieu de ce succès. Pierre de Montbrun, évêque de Limoges publia à ce sujet un mandement, disant que cette procession se rendrait à Saint-Martial. Le chapitre de Saint-Martial, fit opposition à cet ordre et il s'en suivit un procès ; toutefois le curé de Saint-Michel fut blâmé et condamné pour ne pas s'être rendu à cette procession.

GUY DE MONTBRUN est curé en 1453, 1454 ; bachelier en décrets, archidiacre de Combraille, et chanoine des Eglises de Limoges et d'Angoulême ; il était neveu de Pierre de Montbrun, évêque de Limoges et devint lui-même évêque d'Angoulême.

GUILLAUME DE JOUVION, protonotaire du Saint-Siège Apostolique, chanoine de l'Eglise de Limoges, doyen de Rieupeyroux au diocèse de Rodez. Il était curé de Saint-Michel en 1458-1475.

MICHEL DE JOUVION, chanoine de Saint-Etienne, curé de Saint-Michel-des-Lions et de Saint-Pierre-du-Queyroix, 1487-1494.

JACQUES DE JOUVION, bachelier en droit, chanoine de Saint-Etienne, curé de Saint-Michel-des-Lions, 1497-1499.

Au commencement du XVe siècle les paroissiens de Saint-Michel eurent beaucoup à souffrir des guerres qui désolaient le pays depuis quelques années. En 1426, Jean de Bretagne, seigneur de l'Aigle, voulant s'emparer de Limoges, s'entendit avec un des consuls de cette ville, nommé Gautier Pradeau, qui devait lui en ouvrir les portes. Mais le projet de ce traître fut découvert, et il fut condamné à mort. Les consuls et les habitants ayant été préservés de ce malheur, pour en remercier Dieu et en conserver la mémoire, établirent à perpétuité une procession générale solennelle, fixée au 27 août de chaque année, qui devait se rendre alternativement dans les églises de Saint-Pierre-du-Queyroix et de Saint-Michel-des-Lions.

La veille du jour de cette procession, elle était annoncée dans toute la ville par les tambours et un homme d'armes à cheval, armé de pied en cap, portant un grand étendard. Le lendemain les consuls, en habits consulaires, se rendaient à l'église, où ils assistaient à la grand'messe et au sermon, puis à la procession, où ils étaient précédés des sergents de ville, et suivis des religieux Récollets, Cordeliers, Jacobins, Carmes, Augustins, et du clergé de toutes les paroisses. En tête de cette procession, marchait, avec les tambours et les violons, l'homme d'armes qui l'avait annoncée la veille, et l'on parcourait ainsi en bon ordre tous les quartiers de la ville. Cette procession qui avait exactement lieu chaque année le 27 août se faisait encore en 1768.

Jean de Bretagne, seigneur de l'Aigle, pour se venger de la mort du traître Gautier, s'était emparé de quelques bourrgeois de Limoges et leur avait fait couper la tête. Il cherchait toujours le moyen de se rendre maître de la ville par surprise, mais les habitants faisaient bonne garde sur les remparts, et ils entretinrent toujours, jusqu'en 1434, des sentinelles placées au haut des clochers de Saint-Michel et de Saint-Martial de Montjauvy, afin de découvrir dans la campagne l'approche de ses soldats.

En 1431, le curé et les prêtres de Saint-Michel-des-Lions firent fondre une cloche qui a servi pendant cent vingt ans. Elle fut cassée en 1551, et on s'empressa de la faire refondre ainsi qu'on le verra plus loin.

Avant la Révolution, le beau clocher de cette paroisse était garni de huit cloches. La quatrième en grosseur fut aussi fondue au XVe siècle, à une date qui n'est pas connue. Elle portait le nom de Saint-Loup. Les autorités révolutionnaires la firent enlever et briser, ainsi que plusieurs autres. On y voyait une inscription en belles lettres gothiques, ornées de feuillages, et ainsi formulée :

✠ JHS. S. LUP : SUB. XRS : H. SONO : VENTOS. AURASQ. REPONO.
Qu'il faut traduire :

Jésus. Saint-Loup. Que le Christ vienne à notre secours. Je sonne les heures, j'apaise les vents et les tempêtes.

Un prêtre communaliste de l'Eglise de Saint-Michel, nommé Pierre Lauzelli, fit exécuter, à ses frais, en 1452, un beau *Processionnal* sur vélin, manuscrit. Il contenait des observations très curieuses sur les cérémonies de cette Eglise en ce temps-là. Ce remarquable ouvrage faisait partie, en 1892, de la Bibliothèque des manuscrits du grand séminaire de Limoges. C'est un volume de 138 feuillets qui a pour titre : *Processionnalis ordinatus secundum usum et consueludinem ecclesie sancti Michaëlis Lemovicensis.*

Le texte tout entier est accompagné de la notation musicale en notes carrées sur une portée de quatre lignes. Les lettres initiales sont en noir, bleu, jaune, rouge.

Aux litanies, saint Martial est placé au nombre des apôtres. Tous les saints de la région figurent à ces Litánies : Léonard, Alpinien, Austriclinien, Aurélien, Yrieix, Pardoux, Front, Loup, Cessateur, Eloi, Just, Junien, Gérald, etc. Sainte Valérie vient immédiatement après sainte Anne et sainte Marie-Madeleine. Il y a, au cours de l'ouvrage, de nombreuse indications relatives à la liturgie locale et à des usages d'un certain intérêt, relevés du reste par l'abbé Legros, qui a ouvert les marges de notes. Il y est parlé d'une procession de Notre-Dame de l'Aumône *(de Elemosina)*, qui avait lieu à la statue de la Vierge placée au-devant de la porte des Clairettes à l'entrée du faubourg des Arènes. Il y avait, en effet, à une date très ancienne, une Aumônerie et un hôpital.

On lit à la fin du volume cette note : *Istum librum fecit fieri dominus Petrus Lauzelli, presbiter ecclesiæ sancti Michaelis, anno Domini M. CCCC quinquagesimo secundo.*

L'Eglise de Saint-Michel dont on avait posé la première pierre le 25 mai 1364, fut construite pendant les années qui suivirent cette date. Elle était terminée depuis assez longtemps, mais n'avait pas été consacrée. Ce fut au mois de septembre 1455 que l'évêque de Limoges, Pierre de Montbrun, procéda à sa consécration avec toute la solennité convenable. C'est aussi probablement à la même époque que fut fondue la cloche dont l'inscription est ci-dessus.

Sur la fin du XVᵉ siècle l'église de Saint-Michel fut décorée de vitraux dont quelques uns existent encore, malgré les ravages qu'y pratiquèrent les Jacobins du Club de Limoges, lorsqu'ils eurent fait de cette église leur Temple de la Raison. On les voit dans les grandes fenêtres de style gothique rayonnant qui sont

au chevet de l'église. L'abbé Texier qui les a décrits dans son *Histoire de la peinture sur verre*, nous dit : « On peut hardiment, à
l'inspection des costumes et du style, décider qu'ils sont de la
fin du règne de Charles VII (mort en 1461). Il réunissent les dé-
fauts et les qualités de leur temps ; leur composition a l'avantage
d'être assez variée pour résumer les genres divers adoptés par
le XVe siècle ».

Celui de la grande fenêtre centrale au-dessus du maître autel
avait été presque entièrement détruit pendant la Révolution ; on
fut obligé, après le rétablissement du culte de murer la fenêtre.
En 1872 on y a placé le vitrail qui existe aujourd'hui. Il représente, dans sa partie supérieure, le Père Eternel entouré d'anges.
Dans les petites rosaces à droite et à gauche on a mis les armes
de Sa Sainteté Pie IX et de Mgr Duquesnay, évêque de Limoges.
Un peu au-dessous on voit saint Michel terrassant le dragon, et
au bas saint Martial, assisté de ses deux compagnons Alpinien et
Austriclinien, célébrant la sainte Messe, à laquelle assistent sainte
Valérie, saint Aurélien et autres.

Le vitrail qui est au chevet du collatéral Nord est dédié à
Saint-Jean-Baptiste. Il est du XVe siècle, mais le saint qui en
occupe la partie centrale y a été ajouté de nos jours, ainsi que les
armes de Mgr Desprez, évêque de Limoges, qui sont dans une
des petites rosaces du haut. Le reste du vitrail est couvert de
dix-huit médaillons entourant l'image en pied de Saint-Jean-
Baptiste. Chacun de ces médaillons reproduit une scène de la vie
de ce saint.

Le vitrail qui est au chevet du collatéral Sud, au-dessus de
l'autel de saint Loup, représente la Sainte-Vierge tenant l'Enfant
Jésus dans ses bras. Elle est entourée de dix-huit médaillons où
sont représentés les principaux mystères de sa vie. C'est aussi en
réparant ce vitrail du XVe siècle qu'on y a mis les armes de
Mgr Fruchaud, évêque de Limoges.

Le ministre de l'Instruction publique et des Cultes a classé ces
deux vitraux qui sont du XVe siècle au nombre des monuments
historiques, et cela par un arrêté du 29 janvier 1894, que l'on a vu
ci-devant, à la fin du chapitre Ier.

Au chevet de la chapelle qui est à l'angle Nord-Est de l'église
est un vitrail dont la partie supérieure est ancienne, et représente
saint Léonard et saint Michel. Dans sa partie inférieure qui a été
refaite en 1871, on voit saint Junien, saint Gauthier de Lesterps,
saint Israel et saint Théobald du Dorat. Une seconde fenêtre

s'ouvre dans le mur Nord de cette chapelle; on y voit saint Martial présentant à Notre Seigneur les cinq pains et les deux poissons du miracle de la Multiplication; saint Martial recevant de saint Pierre sa mission; saint Martial baptisant sainte Valérie; saint Martial averti de sa mort prochaine par Notre Seigneur Jésus-Christ.

La chapelle qui est à l'angle Sud-Est de l'église avait servi de sacristie depuis la restauration du culte; en 1870 on lui rendit sa première destination. Dans sa fenêtre du chevet on voit saint Etienne de Muret, fondateur de l'Ordre de Grandmont, arrivant dans sa solitude de Muret; saint Etienne en extase; saint Etienne bâtissant sa cabane; saint Etienne sur son lit de mort. La fenêtre du mur du Sud a un vitrail représentant saint Martial avec saint Alpinien et saint Austriclinien au milieu des habitants de la Gaule.

Pour les autres vitraux décorant l'église de Saint-Michel, voir au chapitre IXe, à la date de leur exécution.

Il existait à Limoges, au XIIIe siècle, et probablement dès le XIe, à la suite du miracle des Ardents de 994, des Ermites et des Recluses, entretenus aux frais de la commune et installés officiellement par les consuls; ils étaient charges d'offrir à Dieu des vœux et des prières pour les habitants de la ville. L'Ermite était logé près de l'église paroissiale de Saint-Martial-de-Montjauvy; nous aurons à en parler plus loin. Parlons d'abord des Recluses.

Non loin des Arènes, et tout près du monastère des Grands Carmes, dans la paroisse de Saint-Michel-des-Lions, était une Recluse, qu'on appelait, à cause du voisinage de ce couvent, *Recluse des Carmes.* La plus ancienne mention que nous en trouvions remonte au XIVe siècle : le 7 septembre 1362, Barthélemy Audier, fils de Jean Aduier, fait son testament dans lequel on remarque différents legs pieux; et, entre autres, « il donne trois gros tournois d'argent à la Recluse des Arènes ».

Depuis cette époque jusqu'au milieu du XVIIIe siècle, le Reclusage des Carmes ou des Arènes a été occupé presque sans interruption. C'était là, comme pour l'Ermitage de Montjauvy, une institution municipale. Les consuls de Limoges choisissaient, nommaient et installaient solennellement la Recluse. Ils lui fournissaient son costume, qui consistait en robe, manteau et chaperon; ils lui faisaient porter les aliments nécessaires, le garde-porte de Manigne et de Boucherie devait lui fournir, de quinze en quinze jours une charge de bois, etc. La cérémonie de l'installation de la Recluse des Carmes était assez curieuse, comme on le verra plus loin pour Catherine Guillot en 1517.

La plus ancienne Recluse des Carmes dont nous connaissons le nom est Marthine Martelle ou Marteau, de la famille qui a donné deux curés à l'église de Saint-Michel-des-Lions en 1214 et 1228. Elle mourut après avoir honorablement rempli la mission que les Consuls du château de Limoges lui avaient confiée, le 9 mars 1496. Une note du calendrier de l'ancien *Registre Consulaire* en fait mention en ces termes : « Le 9 de ce mois de mars l'an 1496, est passé de vie à trépas Marthine Martelle, Recluse, et le 10 du dit mois elle a été ensevelie à Saint-Michel. Plusieurs de Messieurs les Consuls assistèrent à son enterrement, et pour sa sépulture donnèrent la somme de cinquante sols. »

Elle fut remplacée au Reclusage des Carmes par Jeanne de La Garde (1497-1516). C'est le dimanche 9 avril 1497 qu'eut lieu l'installation de cette nouvelle Recluse.

« Qu'il soit mémoire à tous, lisons-nous dans les *Registres Consulaires*, que le 9 avril 1497, bonne et honnête femme Jeanne de Lagarde, veuve de Jacme de Lavigne, chapelier de Limoges, qui fut installée par Messieurs les consuls dans leur R clusage près les Carmes, ainsi qu'on le voit plus amplement au Livre rouge du consulat, et au registre de la Cour de mesdits seigneurs; auquel R clusage la dite de Lagarde a vécu bien honorablement, sans aucun reproche, l'espace de 18 ans et plus, et jusqu'au mardi, 23 décembre dernier, et dans le dit Reclusage, est allée de vie à trépas Depuis lequel jour mesdits seigneurs font diligence pour trouver quelque femme de bien, pour la mettre Recluse à la place de la défunte. »

. Dans la note suivante, du calendrier du vieux registre consulaire elle est appelée Jeanne de la Roche : « Ce jour de dimanche, l'an 1497, fut mise Rceluse Jeanne de la Roche, relicte de Jacme de la Vinha, femme dévote et honnête, par Messeigneurs les Consuls de ladite année, en grande honneur et belle et honnête compagnie. Jeanne de La Garde (ou de La Roche), mourut après dix-neuf ans de solitude le mardi 23 décembre 1516. Voir au chapitre suivant la Recluse, Catherine Guillot.

Dans le cours du XVe siècle il y eut à l'église de Saint-Michel huit fondations de messes ou vicairies pour les défunts.

Le 15 octobre 1402, vénérable et discret Martial Bardini, bachelier ès-lois, fils de Jean, fonda une vicairie appelée du Saint-

Esprit, à l'autel de Sainte-Marguerite, pour le salut de Martial Bardini, son oncle paternel, dont il était l'exécuteur testamentaire.

Le 17 avril 1411, Jean Pommayrat ou Pomeyrol, curé de Roussac, en fonda une à l'autel de Saint-Jean ; elle devait être desservie par un prêtre de la paroisse.

Peu avant 1413, Martial A. La Mothe en fonda aussi une qui devait être desservie par un prêtre de la communauté.

Avant 1425, Pierre Chanalier, ou Chevalier, le jeune, avait fondé une vicairie à l'autel de Saint-Jacques.

Bernard Boniffaci, avait fait de même avant 1430, époque à laquelle on constate l'existence de sa vicairie.

En 1478, Barthélémi Frenchol fonda une vicairie à l'autel de Saint-Jean ; elle était appelée la Thomassine. Les membres de la famille Baillot du Queyroix, ses héritiers, y ont nommé les titulaires jusqu'en 1781, époque à laquelle André-Martial Baillot, seigneur du Queyroix, y nommait Martial Peyroche, chanoine de Limoges.

Le 25 mai 1482, Antoine Gayou, prêtre de la communauté de Saint-Michel, en fondait une à l'autel de Saint-Jean, pour le prêtre de ses parents le plus proche, ou à son défaut pour un prêtre de la communauté. Nous avons son testament de ce jour, dans lequel on trouve d'intéressants détails : il veut que Mathieu Gayou son neveu, soit chargé de la vicairie qu'il fonde, lorsqu'il sera prêtre. Il lui donne, pour la vicairie, un bréviaire en parchemin, plus sept douzaines (de feuilles) de parchemin, dont la moitié pour former un missel, et l'autre moitié sera vendue pour faire faire ce missel, où seront les offices des dimanches et des féries. Il donne à la communauté des prêtres une vigne située sur le chemin de Saint-Junien, et veut que le revenu en provenant soit d'abord employé à l'achat d'un calice en argent. Il lui lègue aussi les livres de sa bibliothèque, etc., etc.

Notons enfin la vicairie fondée, avant 1490, par Jacques Servières, dit Mousnier, choriste de la cathédrale. Il veut qu'elle soit desservie à l'autel de Sainte-Anne, et que ses plus proches parents en nomment le titulaire.

CHAPITRE V.

Les Curés de Saint-Michel au XVIᵉ siècle. Les Ostensions. Croix de Ber-
mondet. Prestations de Serment. La Mise au Tombeau. Croix Gallichier.
Les Recluses. Processions. Cloches. Confrérie du Saint-Sacrement.
Troubles causés par les calvinistes. La Ligue. Les fondations:.

JEAN CHOUMY, vers 1500. On ignore l'époque exacte où il a
siégé. Il était mort avant 1540.

GUILLAUME JOUVIOND, bachelier en droit 1509, abbé commendataire de Saint-Martin-lez-Limoges, curé de Saint-Michel de
1523 à 1542. Mourut en mai 1544.

MARIEN *alias* MICHEL JOUVIOND, chanoine de l'Eglise de Limoges ; 12 juin 1550.

FRANÇOIS BARNY, bachelier en droit canon, curé de Saint-
Michel, reçoit dans son église la Confrérie du Saint Sacrement
établie le 6 juin 1556.

JEAN ROBIN nommé en 1559, résigne en 1561 en faveur du
suivant.

GUILLAUME ROBIN, nommé en 1561.

PIERRE DUBOIS. En septembre 1579, faisait une transaction
avec Mathieu Dubois, son neveu.

PIERRE VERNERESSE. 1588-1589.

GUILLAUME BOYER, nommé en 1593. Donna procuration pour
résigner entre les mains de l'abbé de Saint-Martial le 29 juin 1594.

ANTOINE JASSE, natif de Limoges, bachelier en droit, nommé
par le vicaire général de l'abbé de Saint-Martial, le 27 juillet 1594.

GASPARD VERNAJOUX, licencié en droit, curé le 5 septembre
1594. Il est dit assesseur de l'official général et curé de Saint-
Michel le 9 août 1605.

En 1507, mourut un prêtre de Saint-Michel, nommé Jean
Coussac. Il fut inhumé dans l'Eglise, près de la porte Nord, où
est maintenant l'orgue. Son épitaphe reproduite ici, était à côté
du bénitier qui est à cette porte. Elle a été détruite pendant la
Révolution.

> L'an mil cinq cens et sept, fut inhumé,
> Sous cette tombe, icy devant
> Un prestre, Jean Coussac nommé,
> Qui, par son dernier testament,
> Sur ses biens, entièrement,
> Fonda le vin des Messes, en condition,
> Qui en prend, avant département,
> Doit sur sa tombe une Absolution.
> *Requiescat in pace.*

A partir du commencement du XVIe siècle la grande fête de l'Ostension des reliques des Saints, qui s'ouvrait à Limoges le mardi de Pâques et à des époques indéterminées, eut lieu tous les sept ans, ainsi qu'il est pratiqué à Aix-la-Chapelle. Elle fut célébrée en 1512, 1519, 1526, 1533, 1540, etc. Il n'y en eut pas en 1547, car à ce moment la peste ravageait le pays, et une partie de la population de Limoges avait abandonné la ville.

Jusqu'à nos jours, ces fêtes ont toujours été célébrées tous les sept ans, ainsi que cela fut fixé à cette époque.

On a vu plusieurs fois dans l'église de Saint-Michel un cérémonie assez singulière, par laquelle des plaideurs venaient prêter serment sur l'autel et les reliques des Saints. Le serment que les justiciables se déféraient les uns aux autres, au cours des procès, et celui qui était demandé aux accusés par les juges dans certaines circonstances, était prêté soit dans l'église de Saint-Michel-des-Lions, voisine du palais de justice, soit au petit oratoire de Saint-Antoine, dans le cimetière des Arènes. Le choix de ce dernier s'explique par cette circonstance (dont nous ne connaissons pas l'origine), que le serment était le plus souvent requis sur les restes de saint Antoine. Or cette petite chapelle, comme l'église de Saint-Michel, possédait des reliques de ce saint.

Il existe à ce sujet un curieux témoignage dans un des registres du notaire Dupin. Un marchand, Martin Verthamond, était en procès avec Jean Gergot, son ancien associé. Il demandait que ce dernier et sa femme prêtassent serment « sur l'autel et bras de Monsieur Sainct-Anthoine, au cimetière des Arènes, garni de hostie sacrée et autres relicques, messel et eau bénite », qu'ils lui avaient loyalement déclaré tous les gains du commerce commun. Le serment fut prêté le 24 septembre 1529, dans l'oratoire du cimetière, en présence de deux notaires qui en dressèrent l'acte. On signale de semblables prestations de serment en 1584 et en 1614.

Le 15 juillet 1513, la cour du Parlement de Paris prononça un arrêt contre les assassins de Pierre Bermondet, seigneur du Boucheron (commune d'Oradour-sur-Vayres), conseiller du roi et lieutenant général du Sénéchal de Limoges. Le seigneur du Boucheron avait été attiré à Saint-Laurent-de-Cérès (canton de Saint-Claud, Charente) par le vicomte de Rochech.uart, sous prétexte d'y terminer ensemble des différends qu'ils avaient au sujet de leurs propriétés, et il y fut assassiné par les gens du vicomte de Rochechouart. Cet arrêt fait connaître en détail pourquoi et comment fut perpétré ce meurtre. Aussi est-il bon de faire observer, que trois siècles après cet assassinat, des historiens, en donnant pour cause de ce crime une légende de la *main coupée*, n'ont produit qu'un roman absolument contraire à la vérité et à ce que constatent tous les documents contemporains.

Les assassins, ainsi que le vicomte de Rochechouart, furent condamnés à mort; mais si les premiers subirent la peine qui leur était infligée, celui qui les avait dirigés ne put pas être arrêté:.

Le même arrêt condamna la Maison de Rochechouart à des amendes en faveur de la veuve et des enfants du défunt, ainsi qu'à diverses fondations. Une grande croix de pierre fut érigée sur le lieu même de l'assassinat, et une autre fut élevée à Limoges, en face du Présidial et de la porte Nord de l'église de Saint-Michel, au lieu où le vicomte de Rochechouart aurait été exécuté si on avait pu l'arrêter. Cette dernière croix a existé à Limoges jusqu'en 1779; elle était ornée de bas-reliefs représentant le meurtre de Pierre Bermondet..

Quelques années après l'assassinat du lieutenant-général du Sénéchal de Limoges, le vicomte de Rochechouart qui, croit-on, s'était réfugié à l'étranger, et n'avait pû être arrêté, fut présenté au roi, en habit de pénitent, un jour de Vendredi-Saint, comme Sa Majesté allait faire son bonjour à la chapelle de Bourbon. Il obtint sa grâce, à condition de satisfaire exactement à tout l'intérêt civil de l'arrêt de condamnation et à tout ce qui en dépendait, le roi ne lui remettant que la vie. Ce qui fut ponctuellement exécuté, et l'on tient que cette affaire a coûté plus de 200,000 écus à la maison de Rochechouart. Ainsi le vicomte dût la vie à une grâce royale, et l'arrêt fut exécuté pour tout le surplus. De nos jours encore, les rois d'Espagne ont conservé l'habitude de grâcier, le jour du Vendredi-Saint, quelques prisonniers condamnés. C'est ce que faisaient anciennement les rois de France.

L'Eglise de Saint-Michel s'enrichit en 1530 d'une très intéressante *Mise au Tombeau*, connue jusqu'à nos jours sous le nom de Monument. « C'est de 1420 à 1450, que les sculpteurs imaginèrent ces étonnantes *Mises au Tombeau* faites de grandes figures groupées autour d'un sarcophage », dit M. E. Male dans l'*Art Français à la fin du Moyen Age*. Or celles qui à Limoges, étaient à Saint-Michel et à Saint-Etienne, étaient des copies de celle de Saint-Pierre-du-Queyroix, que Paule Audier, à son retour de Jérusalem, en 1421, fit exécuter pour cette église, et qui semble être la plus ancienne que l'on connaisse en France. L'auteur des *Ephémérides* de 1765, et l'abbé Bullat, vicaire de Saint-Pierre, qui l'on vue avant la Révolution, nous en ont laissé la description, et ils constatent que celle de Saint-Michel est à peu près semblable.

« La Figure du Christ mort est étendue sur un linceuil soutenu des deux extrémités par Nicodème et Joseph d'Arimathie; en face la Sainte-Vierge, les Marie, la Magdeleine et saint Jean sont occupés de ce grand événement qui les attriste. La figure du Christ a quelque mérite, ainsi que les têtes des autres personnages. »

Ce *Monument* ou *Mise au Tombeau* était à Saint-Michel dans la chapelle au bas de l'église, du côté de l'Evangile, et à côté on lisait l'inscription suivante :

« Ceste Chapelle, ensemble la représentation du Sépulchre et Resurrection nostre Seigneur Jésus-Christ, ont faict faire et edifier Martial Romanet, et Peyronne Saleys, sa femme, du consentement de Messieurs les Curé et fabricateurs de la dite Eglise, et esleu en icelle leurs sépultures, où ils ont fondé une Messe chaque jour, selon l'office d'icelui, avec une Collecte des Trépassés, et, pour iceulx, une Absolution à la fin de chascune Messe; et tous les Lundis se dira la Prière pour les fondateurs d'icelle; et sera ladite Messe sonnée de la plus grosse Cloche de la preste Eglise, par treze coups tout incontinent que Mâtines seront sonnées, et Messrs Ptres de Communauté sont tenus dire lade Messe par chascun jour lesdts treze coup frappés; et pour ce faire, lesdits Fondateurs on donné chascun an à lade Communauté, Rentes et Cens suffisans, tant en argent, qu'en blé, et à la fabrique quatorze soulx de rente annuelle, pour faire sonner lesd. treze coups; et mesd. Srs de ladite Communauté, fabricateurs, se sont obligés faire les choses susd. comme apert par Lettres sur ce reçues par Maîtres Jehan Petiot, et Barthélemy Texier, notaires royaux. Le XXIIe jour de Apvril, l'an mil cinq cens XXX.

» Ceux qui cette Epitaphe lisés, priez Dieu, pour les Trépassés ».

Les figures des fondateurs y étaient saillantes du mur, en buste, une du côté de l'Evangile, et l'autre vis-à-vis. L'autel était tourné du côté du Nord. On y voyait aussi les armes des Romanet, et celles des Saleys. Les armes des Romanet sont *d'argent au che-*

*vron de gueules accompagné de trois branches de romarin, posées
2 en chef et 1 en pointe. Celles des Saleys sont d'or à l'arbre (saule) de
sinople sur une terrasse d'argent ».*

Ce *Monument* n'existe plus. Il fut grandement dégradé vers le
milieu du XVIIIe siècle, par une effraction que firent en cette
Chapelle des prisonniers, dont les cachots y étaient adossés, et
qui se sauvèrent par là. Depuis, on ne l'avait pas fait réparer. On
le détruisit même entièrement. Les figures de ce *Monument* étaient
toutes en terre de brique, cuite au four.

Outre les trois *Mises au Tombeaux* des églises de Limoges indi-
quées ci-dessus, il en existait de semblables au moins dans six
autres églises du diocèse, qui sont : Saint-Junien, Aixe, Eymoutiers, Les Salles-Lavauguyon, Saint-Gence et Peyrilhac.

En 1531, on voyait une belle croix, dans un petit jardin de
l'ancien Palais de justice, joignant l'Eglise Saint-Michel, lequel
jardin a été pris pour agrandir les prisons ; il s'étendait de l'Eglise
à la rue des Fossés. On lisait sur cette croix l'inscription suivante :

> Je suis le vray arbre de vie,
> Bon à planter en tout verger :
> Qui de mon fruit aura envie,
> Si en preigne, sans nul dangier.
> On me fit planter et hancter
> L'an mil cinq cens trente et ung.
> Ce fut Hélie Gallichier
> Qui duhem[t] me fit dédier.
> Et parfaire, au mois de Juing.

Un Hélie Gallichier était Consul à Limoges en 1525. C'est
probablement lui qui, six ans après cette date, fit planter cette
Croix. Elle fut enlevée et mise près de la porte occidentale de
l'Eglise lorsqu'on démolit l'ancien Palais pour bâtir le nouveau,
auquel on travaillait encore sur la fin de 1780. A la mort de Martial
Galichier, époux de Marie Verthamond, riche bourgeois et marchand du château de Limoges, qui était probablement le fils
d'Hélie Galichier, il fut dressé, en 1581, un inventaire de ce qu'il
laissait. Cet inventaire constate que Martial Galichier, possédait
encore « une maison, sise derrière l'église de Saint-Michel » avec
le jardin où était la croix, nommée croix Galichier.

Un titre de 1535, fait mention d'un petit Cimetière, situé dans
ce lieu, derrière l'Eglise, du côté de la rue des Fossés.

Avant la fondation de la Confrérie du Saint-Sacrement, dont
il est parlé plus loin en 1556, il en existait une dans l'Eglise de
Saint-Michel dès le XIIe siècle. On la retrouve ensuite au com-

mencement du XVIᵉ siècle. Nous voyons le 7 juin 1516, les consuls du château de Limoges lui céder, pour la somme de dix

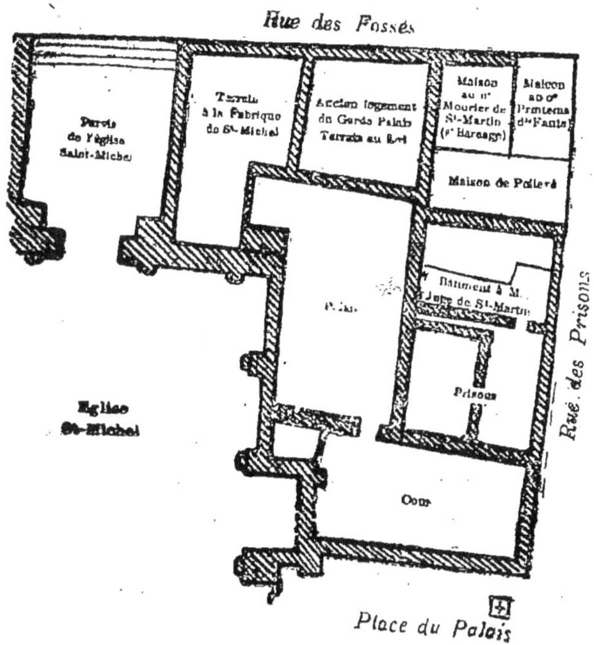

livres tournois, monnaie courante, un emplacement près du jardin
qu'elle possédait déjà : « Cédons et transportons, disent-ils dans
l'acte, à sages hommes maître Jehan Debelestes, notaire et praticien de Limoges, Pierre Ticay, Jacques Peyrac, marchands de
Limoges, bayles de la Frérie du Corps précieux de Notre Seigneur
Jésus-Christ, qui se fait en l'Eglise paroissiale de Saint-Michel-des-
Lions de Limoges, illec présents, et pour eux et Bartholome
Gadaud le jeune, aussi bayle de ladite Frérie, absent, et pour
ladite Frérie, certaine place publique, sise et située auprès du
Croz de l'Arène, entre le verger de ladite Frérie et la place publi-
que du Croz, de la longueur qu'est à présent ledit verger ».

Cette Confrérie primitive s'est peut-être fondue dans celle de
1556, qui a dû en être comme une continuation.

Après la mort de la Recluse des Arènes, Jeanne de Lagarde, en
1516, les consuls du château de Limoges cherchèrent une autre
femme de bien pour la remplacer. Voici comment, dans leurs

registres, il nous font connaître la nouvelle Recluse, ainsi que les cérémonies de son installation :

« Et parce qu'il avait été dit et remontré à Messieurs les consuls par plusieurs gens de bien, que honnête femme Catherine Guillote, veuve de Jean de Las Cousturas, et fille naturelle et légitime de feu honorable maistre Rillaud Guillot, licencié ez-lois, avocat, quand il vivait à Limoges, était une femme de bien, dévote, de bonne vie et d'honnête conversation, laquelle demande et fait requête à mesdits seigneurs, de la mettre Recluse audit Reclusage, pour y vivre et finir ses jours saintement, offrant, comme elle offre de faire ce qui est accoutumé de faire.

» Après avoir entendu cette requête, mesdits seigneurs s'informèrent de la bonne vie et conversation honnête de ladite Catherine Guillotte et lui accordèrent et voulurent qu'elle fût Recluse du Reclusage de Limoges.

« C'est pourquoi, aujourd'hui, dimanche de la Passion, 29 mars 1517, après que messieurs eurent fait avertir et inviter plusieurs gens de bien de la ville à se rendre au Consulat, à huit heures du matin, pour venir à l'honneur de ladite dame Recluse, et après qu'ils furent assemblés audit Consulat, on vit arriver ladite Catherine Guillote, venant de sa maison, en son habit de veuve accoutumé, bien accompagnée de gens de bien, et d'un grand nombre de femmes de bien et de condition qui s'étaient rendues chez elle. Et Messieurs les Consuls la reçurent en leur Consulat. C'est là où elle laissa ses vêtements ordinaires, et elle se revêtit de l'habillement, manteau et chaperon que Messieurs lui avaient fait faire à leurs frais. Dudit Consulat elle fût conduite par Messieurs François Audier et Peyr Pétiot, Consuls de Limoges, suivis de Messieurs les Consuls et d'une multitude de peuple, en bon ordre, à l'Eglise paroissiale de Saint-Michel. A l'entrée de cette Eglise était Vénérable personne maître Guillem Jouviond, licencié en décrets, chanoine de Limoges, et chapelain de ladite Eglise, en chappe et en aube, accompagné de ses vicaires, assisté de diacre et sous-diacre en cortibaut et des prêtres de cette Eglise.

» Le chapelain ayant reçu de mesdits seigneurs les Consuls la dite dame Recluse, celle-ci se mit à genoux, et fit vœu et promesse de chasteté entre les mains du seigneur chapelain. Après cela, la prenant par la main il la conduisit au grand autel, à côté du banc des Bayles de la Confrérie du Corps de Dieu, où était un tapis étendu, sur lequel se mit et se prosterna ladite dame Recluse. Et après que Messieurs de l'Eglise eurent dit le *Veni Creator*, on dit la messe du jour avec colecte du Saint-Esprit et en grande sollen-

nité ; puis le sermon, devant le dit autel par M. Maistre Antoine de
La Cassaigne, licencié en décret, assesseur de M. l'Official de Limoges. Et pendant la messe, ladite dame Recluse resta prosternée
au même endroit.

» Lorsque l'office fut terminé, mondit seigneur le chapelain
bénit la dame Recluse. Et ensuite l'ayant prise par la main, et
son vicaire d'autre part, accompagnés en bon ordre de Messieurs
les Consuls, ils la conduisirent en procession solennelle audit
Reclusage. Et là, après l'absolution générale donnée par mesdits
seigneurs de l'Eglise, ils se retirent en chantant le *Te Deum lauda-*
mus à leur Eglise de Saint-Michel, et mesdits seigneurs Consuls
en leur Consulat. Ladite dame Recluse prie Dieu pour tous.
Amen. Jésus ».

Catherine Guilhot ne persévéra pas dans l'état de Reclusage
qu'elle avait demandé et accepté ; elle y fut remplacée par Anne
Angelaud. Voici comment les Consuls eux-mêmes rapportent ce
changement : « Comme est avis que Messeigneurs nos prédécesseurs consuls de l'année qu'on comptait 1517, finissant en 1518,
et le 29e jour de mars, informés de la bonne vie et conversation
honnête de Catherine Guilhot, lui eussent conféré et donné l'état
en religion du Reclusage de ladite ville et par eux induite et mise
en la possession d'icelui Reclusage, les solennités requises obser-
vées, laquelle Guilhot après ce ne voulut faire résidence au Reclusage et disait ne pouvoir résister à plusieurs tentations et troublements de nuit qui lui survenaient. De quoy iceulx Consuls
avertis lui firent remontrer et prier par des gens de bien de résider,
comme elle y était tenue en ce Reclusage. Mais d'obéir ne tint
compte, et bien que par le Prévôt de la ville et autres nos prédécesseurs et officiers lui fut réitérablement et gracieusement
remontré, après plusieurs injonctions et admonestations à elle
faites, de résider audit Reclusage, elle rendit les clefs d'icelui à
Jehan Deboscheys, Consul, notre compagnon, comme le tout
peut apparaître par le procès sur ce fait.

» Pour quoy nous, Consuls modernes, de cette présente année
1520, pour le profit de la chose publique, voulant pourvoir à ce
que dit est, après mûre délibération du conseil, amplement informé de la dévotion singulière et vie honnête de Anne Angelaud,
veuve de feu Michei Charle, dit Nyot, praticien de Limoges, à
icelle avons baillé les draps de dévotion et habit de Recluse, en
la maison du Consulat, le vendredi devant la fête de Pentecôte
dernière passée, 25e de mai l'an susdit. Et elle partit dudit Consulat ledit jour, accompagnée de plusieurs gens de bien, tant hommes que femmes de ladite ville, et conduite au-devant le portail

de l'Eglise paroissiale de Saint-Michel-des-Lions, de ladite ville, au-devant duquel portail elle fut reçue par vénérable et scientifique personne frère Jehan Gigonnet, docteur ez-droit, religieux du couvent des Augustins de Limoges, en procession, accompagné des autres prêtres de ladite Eglise; et par ledit Gigonnet, conduite au-devant du grand autel d'icelle, qui célébra la messe en solennité, et fît le sermon authentique. Et, ce fait, fut ladite dame Recluse, conduite, en la présence et compagnie de nous, jusqu'au dit Reclusage, près le couvent des Carmes de Limoges, en procession et cantiques honnorables ».

La Recluse Anne Angelaud mourut en 1523. Après sa mort, l'ancienne Recluse, Catherine Guilhot, dite aussi Guillotte, n'ayant plus peur « des tentations et des troublements de nuit », fut réintégrée à sa place au Reclusage.

Sur la fin d'octobre 1559, une Recluse dont on ne dit pas le nom, étant allée de vie à trépas, les Consuls élurent pour la remplacer Marie Araing. Revêtue des habits de Recluse, elle fut conduite de la maison du Consulat jusqu'au couvent des Carmes, par Jean Alesme, Consul et prévôt, accompagné des autres Consuls, allant deux à deux, avec leurs chaperons; et devant eux leurs six « gagiers », avec leurs bâtons, suivis d'un grand nombre d'hommes et de femmes de la ville. Après qu'on eut chanté, dans l'église des Carmes, une messe solennelle du Saint-Esprit, la dite Recluse fut menée en procession jusqu'à son Reclusage. Là on lui montra quelle devait être sa manière et façon de vivre. « Et ce fait, les Consuls s'en retournèrent à la maison commune ».

En 1563, Marie Araing étant morte, les Consuls s'assemblèrent le 1er avril, qui était un dimanche et firent l'élection d'une autre Recluse, dont le nom a été laissé en blanc dans le registre. On lui donna la robe de Recluse accoutumée dans la chambre du conseil.

On verra plus loin les autres Recluses, au XVIIe et au XVIIIe siècle.

La ville de Limoges souffrit beaucoup en 1532 de la peste et de la disette. Les *Registres consulaires* donnent quelques renseignements sur ce qui se passa à ce moment. Cette année, disent-ils, « Règna la susdite peste en la susdite ville, l'espace de sept moys.

» Item, est à noter que, au moys d'avril suivant, le froid commença à serrer comme avait fait les années précédentes. Quoy voyant mesdits seigneurs (les Consuls), se délibérairent exhorter le peuple à dévotion; par quoy trouvèrent moyen que messieurs les chanoines de l'Eglise cathédrale firent une procession générale, sortant de ladite Eglise le jeudy XVIII dudit moys, en grosse dévotion, portant l'Ymage de N.-Dame et de monsr Saint

Marc. A laquelle assistèrent mesdits s^rs les Consuls, et firent porter par six de leurs gaigiers six torches avec les armes de la ville. Et entra ladite procession en ladite ville jusqu'au monastère de Monsieur Saint Martial, où fut faite une prédication exortative de se retourner à Dieu.

« Item, le XXe dudit moys, fut faicte une procession par les prêtres des deux paroisses Sainct-Pierre et Sainct-Michel, lesquels vinrent au lieu Dessoubz les Arbres à Sainct-Martial, et de là yssirent, avec leur croix d'argent, en bel ordre. Laquelle fut dicte *Procession piteuse*, car premièrement la suyvaient les pauvres devant dits, qui vivaient de l'aumône ordinaire, laquelle était distribuée en argent. Et après ceux-là, suivaient les pauvres de l'hôpital qui pouvaient aller ; entre lesquels était porté ung *Ecce Homo* de boys et le crucifix de l'hôpital ; qu'estoit une très grande pitié de le voir. Lesquels pauvres se mettoient de genoux par tous les carrefours de la ville, et crioient, joinctes mains, à haulte voix, à Dieu miséricorde, en pleurant. Laquelle chose fut de grand efficace, car beaucoup de gens en eurent compassion. Qu'est une chose agréable à Dieu, et est de croire que lesdits pauvres furent ouys de Dieu, car estoient grand nombre, jusqu'à seize ou sex-sept cens, et comme il est dit *impossibile est orationes mullorum non exaudiri* ».

L'année 1533 était pour le diocèse de Limoges une année d'Ostension. Il faut remarquer, qu'à cette époque la solennité de cette fête était définitivement fixée tous les sept ans. Cette année, les habitants du pays, qui depuis longtemps souffraient beaucoup des intempéries des saisons, et de la disette, presque de la famine qui s'en suivaient, redoublèrent de ferveur et de prières près des reliques de leurs saints protecteurs. A l'ouverture de cette Ostention le beau temps se déclara, une amélioration se fit sentir partout ; le prix du blé diminua, aussi la reconnaissance publique attribua ce changement à l'intercession de saint Martial.

Les Consuls de Limoges parlent aussi du chef de Saint-Loup conservé dans l'Eglise de Saint-Michel : « Durand ladite Ostension du chef de Saint-Martial, disent-ils dans leur Registre, se faisait à Saint-Michel l'Ostension semblable du chef de Saint-Loup et à Saint-Aurélien du chef de Saint-Aurélien, avec plusieurs autres Reliques. Pourquoy le dix^e jour du moys de juing, par Hélies du Boys, Loys Bénoist, Mathieu du Boys, Héliot Beneist, François Rogier, Jehan Maledent, Léonard La Gorce et François Teysseul, consulz de la ville de Limoges, furent visitez en la chapelle de Saint-Aurélien, les ossements dudit saint, reposant dans propre châsse, où fut trouvé escript : *Hic sunt ossamenta sancti Aureliani, qui fuit archiepiscopus Lemovicensis et successor beatissimi Marcialis immediatus*; et en la présence de plusieurs gens de bien de la dite ville, tant d'église que d'autres, furent cloz dans ladite châsse, et les clefz après rompues; estant prieur de Saint-Cessadre et Sainct-Aurélien messire François du Molin au Roy, illec présent. Et, pour amplier et décorer lesdites Ostensions et esmouvoir le peuple à dévotion, furent jouez par grant appareil le mistère de Saincte-Barbe et de Théophile par personnages, durant IX jours. »

Le curé de Saint-Michel-des-Lions (probablement Guillaume de Jouviond, qui mourut en 1544), et les Prêtres de la Communauté de cette Eglise firent faire en 1544, les stalles, ou chaires du chœur, pour célébrer plus commodément le service divin. Une inscription gravée sur une plaque de cuivre jaune, attachée à un des pilliers du chœur, du côté de l'épitre, près de la place du curé attestait ce fait. Elle a été enlevée pendant la Révolution; mais voici une copie de cette inscription, qui en avait été faite avant sa destruction.

> L'an quarante IIIIe mil cinq cens,
> Les Curé et Prebstres de céans,
> Par commune distribution,
> Des biens chacun sa portion,
> Selon sa qualité et pouvoyr,
> Firent faire, pour se asseoyr,
> Et vacquer au Service divin,
> Ces Sièges, que voyez ainsin.

Ces stalles qui furent réparées vers 1770, furent détruites pendant la Révolution. Celles qu'on y plaça après la restauration du culte venaient de la Cathédrale et avaient été faites en 1789.

En 1545, Jordain Petiot, et son fils Gerauld Petiot, fondèrent une vicairie dans l'Eglise de Saint-Michel, à l'autel de la Sainte-Croix; c'est peut-être celle qui est dite du Crucifix, et pour en conserver le souvenir, ils firent placer, au bas de la tour du clocher, près du bénitier, l'inscription ci-dessous, gravée sur une plaque de cuivre jaune. Cette plaque a été enlevée pendant la Révolution.

Dans cette inscription publiée dans les *Ephémérides* de 1765, on a lu le nom des fondateurs Penot; ce qu'ont répété les abbés Texier et Legros, tout en observant qu'il fallait peut-être lire Petiot comme l'a fait l'abbé Nadaud. La preuve que la lecture de Nadaud est la bonne, est fournie par les armes qui sont gravées au bas de l'inscription, ce sont bien celles de Petiot, bour-

Registre de la Confrérie du Saint-Sacrement de Saint-Michel-des-Lions.

geois et marchand de la ville de Limoges, elles sont *d'azur au chevron d'or accompagné de trois étoiles de même, au chef cousu de gueules à trois pigeons d'argent.* Quelques branches de cette famille ont transposé dans leurs armes les pièces et les émaux indiqués ci-dessus.

> Cy gist Maistre Jordain Petiot.
> Homme discret et bien dévot.
> Aussi Gerauld Petiot, son Fils,
> Lequel fonda, par bon advis
> Une Chapelle, ou Vicairie,
> A l'honneur de Dieu et Marie :
> Et pour ses Parens Trépassés,
> Il la dota de biens assés,
> Et voulsist céans estre servie
> Et de Ornemens bien garnie,
> A l'Autel de la Sainte Croix.
> Aussi ordonna Messes troys
> Estre dicte la Sepmaine
> Avec l'Absolucion plaine
> Par son Vicaire ou Commis :
> L'une le Lundi *de Mortuis,*
> Du Sainct Esperit Mercredy,
> Et de Marie le Sabmedy.
> La présentacion appartient
> A son héritier plus prochain,
> La collution et institucion
> Et toute aultre disposicion,
> Au Recteur et Curé de céans.
> Dictes tous, tant petits que grants,
> *Pater noster,* ou *De profundis,*
> Leurs âmes soient en Paradis.
> Amen.   1545.

C'est en 1551 que fut refondue la seconde cloche dont il a été parlé, sous l'an 1431. Ces deux époques sont constatées par l'inscription suivante qu'on y lisait en caractères gothiques :

✠ IHS. MARIA.

> *Sancte Michael, Archangele, deffende nos in prelio,*
> *Ut non pereamus in tremendo judicio.*
> *Benedicite Sacerdotes Dni Dno,*
> *Benedicite servi Domini Domino. — (Daniel 3).*

Six vingtz ans sont (en 1431) que premier je fus faicte
Aux despens des Curés et Prestres de Sainct Michel,
Et depuis cassée et reffaicte, aux mesmes despens,

> Par Lemaistre qui m'a au double augmentée et fondue
> En Febvrier mil cinq cens cinquante et ung.
> *Te Deum laudamus.*

Cette cloche n'existe plus, elle a été enlevée et cassée pendant la Révolution.

La huitième des cloches qui étaient dans le clocher de cette Eglise, avant la Révolution, avait été fondue dans le cours de ce XVIe siècle. C'était la plus petite, et elle servait à sonner les messes. On y lisait ce qui suit en lettres gothiques de ce siècle :

> *Sancle Micael, ora pro nobis*
> *Te Deum laudamus*

Cette cloche n'existe plus.

L'Eglise Saint-Michel dont la première pierre avait été posée le 25 mai 1364, et qui avait été consacrée au mois de septembre 1455, fut agrandie en 1552. Le P. Bonaventure de Saint-Amable dit en effet, dans les *Annales*, qu'en cette année « l'Eglise de Saint-Michel-des-Lions fut augmentée du jardin Lamy. » C'est-à-dire, que pour donner plus d'étendue à l'église on prit une partie du jardin de MM. Lamy de Luret, dont la famille existe encore à Limoges ; mais elle n'occupe plus la maison qui joint l'église du côté du midi. On construisit alors la dernière travée du côté de l'occident, qui évidemment est du XVIe siècle.

Le portail du Nord, en style gothique flamboyant date vraisemblablement de quelques années avant ce dernier agrandissement de l'Eglise ; il doit être de la fin du XVe siècle.

La Confrérie du Saint Sacrement établie dans l'église de Saint-Michel-des-Lions en 1556, semble être la suite ou peut-être une transformation d'une autre Confrérie existant dans cette même église antérieurement à cette date. Cette Confrérie primitive est nommée tantôt Confrérie *Corpus Domini*, tantôt Confrérie du Corps précieux, nom que prend aussi celle de 1556. Il en est parlé ci-dessus à la date de 1516.

Les membres fondateurs de la nouvelle Confrérie du Saint-Sacrement réunis au couvent des Pères Augustins de Limoges, en rédigèrent les statuts, que nous donnons ici, et les firent transcrire en tête de leur beau registre sur vélin, que la Confrérie garde encore aujourd'hui.

A la première page de ce registre on trouve une très jolie miniature, œuvre de Pierre Raymond, peintre-émailleur de notre ville, que nous reproduisons ici. Elle représente la Cène, ou l'institution du sacrement de l'Eucharistie, le jour du jeudi saint. Outre les apôtres qui entourent la table, aux côtés de Jésus-Christ, le peintre a représenté un jeune enfant, que le Divin Maître retient sur ses genoux, Peut-être est-ce saint Martial, le futur apôtre du Limousin, car nous lisons dans sa vie, qu'étant encore jeune, il fut présent à la Cène le jeudi saint.

La Confrérie du Saint-Sacrement de la paroisse de Saint-Pierre-du-Queyroix fit exécuter, en 1556, pour sa chapelle, un vitrail d'une grande dimension, représentant la Cène. Pierre Raymond fut chargé d'en peindre l'image sur le livre des comptes. » Et on lit dans ce livre : « *Item*, à Pierre Raymond pour avoir fait le portrait de la vitre de la Cène au présent livre : 3 livres 11 sols ». Chacune de ces deux Confréries voulut avoir une copie de cette Cène ; celle du registre de Saint-Michel nous reste encore, mais depuis assez longtemps, celle du registre de Saint-Pierre, rendue si précieuse par la destruction du vitrail, a été arrachée du livre des comptes, et volée par un amateur inconnu.

Le registre de la Confrérie de Saint-Michel a une seconde miniature, probablement du même peintre, qui représente les armoiries des vingt-quatre fondateurs de la Confrérie en 1556. Nous la reproduisons un peu plus loin, à la suite des statuts de la Confrérie dont voici le texte :

A l'honneur de Dieu Père, Fils et Saint-Esprit, de la benoîte vierge Marie, Anges, Archanges, Saints et Saintes et Cour célestielle de Paradis. En considération de la grande et immense charité et amour que Dieu a porté et porte à l'humain lignage, d'avoir institué le Saint Sacrement de l'autel, se manifester à nous journellement en esprit et en vérité jusqu'à la consommation du siècle, n'avons chose en ce monde plus digne d'honneur, louange et adoration. Combien que la créature n'ait moyen de rétribution, toutefois en toute humilité de foi et amour et espérance, désirant nous préparer à reconnaître tel infini bien, y avoir plus fervant amour et dévotion à ce Saint Sacrement mémorial de notre rédemption, salvifique doux et benin, soubs le bon plaisir de tous supérieurs, seigneurs constitués en dignité ecclésiastique et séculière, a été constituée, créée et ordonnée une Compagnie fraternelle, aimable, sous le nom et titre du Précieux Corps et Saint Sacrement de l'autel, pour être célébrée, desservie, et entretenue comme s'ensuit :

Premièrement que en ladite Compagnie et Frairie seront vingt quatre personnages, parrochiens et demeurant en la présente paroisse de Saint-Michel-des-Lions, de la présente ville de Limoges, et ne pourra ledit nombre de vingt-quatre être augmenté, et l'ung d'entre eulx, selon le nombre cy-après inscrit, chacun en son ordre, sera le principal de la Frairie, et sera nommé par les autres de ce nom, Père, auquel oz actes de la dite Frairie porteront honneur et révérence filiale en toute honnêteté et modestie.

Les dits vingt-quatre personnages reçus en la dite Frairie et Fraternité sont cy-soubs escrits selon leur tour et ordre, au sort qui en a été fait, tant pour le Père que pour le Bayle de la présente année et autres subséquentes, jusques à douze ans prochains, lesquels finis, le premier Père sera le premier Bayle, et le premier Bayle, Père, et ainsi ce sera perpétuellement tant qu'il plaira à Dieu maintenir la dite Frairie.

Père

1. — Sire Joseph Lascure, bourgeois et marchand.
2. — Mre Symon Descoustures, juge de la garde des scaulx.
3. — Mre Pierre Martin, conseiller ou siège présidial.
4. — Joseph Doyneys, marchand.
5. — Pierre Segond, marchand.
6. — Mre Jehan de Beaubreuil, advocat audit siège.
7. — Estienne Féline, marchand.
8. — Mre Martial Gadaud, le jeune, procureur audit siège.
9. — François Dubouscheis, marchand.
10. — Claude Rouard, marchand.
11. — Mre Jehan de Julien, receveur des tailles en Haut-Limousin.
12. — Martial Martin, marchand.

Bayle

13. — Mre Jehan Biays, élu pour le Roi en Haut-Limousin.
14. — Guillaume Aubusson, marchand.
15. — Mre Joseph Baignol, procureur audit siège.
16. — Hélies Benoist, marchand.
17. — Mre Léonard Descoulx, procureur audit siège.
18. — Jehan Yvernaud, marchand.
19. — Pierre Mosnier, marchand.
20. — Mre Jehan Martin, procureur audit siège.
21. — Sire Jehan Lascure, bourgeois et marchand.
22. — Sire Pierre Saleys, bourgeois et marchand.
23. — Mre Jehan Petiot, procureur du Roy audit siège.
24. — Jehan du Monteil, marchand.

Lesquels sus nommés ont fait le serment l'un à l'autre de tenir les statuts de ladite Frairie, procurer honneur et proffit d'icelle et desdits confrères, éviter le dommage et obéir ez Père et Bayle qui sont et seront par chacun an en tour comme dessus, et commenceront pour l'an prochain ledit Joseph Lescure pour Père et le dit Biays pour Bayle.

Lesdites Frairie et Fraternité se célébreront en ladite église paroissiale de Saint-Michel-des-Lions, le jour de la Fête-Dieu par chacun an.

Lesdits confrères et chacun d'eulx seront tenus la vigile de ladite Fête-Dieu se assembler en la maison dudit Père, après que les menestriers que ledit Bayle sera tenu envoyer par la ville, seront passés; et illec prendront ledit Père et le conduiront aux Vespres qui se diront en ladite église, ladite vigile, par les prêtres d'icelle église, et sera tenu ledit Père fournir lesdits confrères chacun de chapeau d'herbes et fleurs.

Lesdites Vespres dites, seront dites Matines jusques aux Laudes, auxquelles assisteront tous lesdits confrères, et après reconduiront ledit Père en sa maison, qui pourra leur donner la collablion de pain et vin sans autre chose; et illec conféreront ensemble des affaires de ladite Frairie, et par celui d'eux qui sera advisé seront admonestés des admonestations chrétiennes et fraternelles pour soy estre préparé ou préparer au lendemain à recevoir le précieulx corps notre Seigneur et faire leurs pasques, et d'être modeste au service divin.

Le lendemain, jour de ladite Frairie, après que lesdits ménestriers seront comme dessus passés par la ville pour convoquer lesdits confrères, seront tenus iceulx confrères, et chacun d'eulx, se trouver en la maison du dit Père pour s'en aller en compagnie à ladite église. Après la messe de la paroisse qui se dira au plus matin, se mettront lesdits confrères au chœur d'icelle église, chascung au rang dessus escript, sans entreprendre l'ung sur l'autre, mais par actes extérieurs exhiberont toute humilité et dévotion, et montreront leur unité sans préjudicier ni scandaliser personne.

Estant dans ladite église, sera faite la procession par la paroisse, à laquelle sera le poille et pavillon du précieulx corps de Dieu, porté par quatre prêtres de ladite église, qui auront leur acoustrements de diacres et deux autres prêtres en soubsdiacres encenseront audevant ledit *Corpus Domini*, et pour ce faire seront lesdits six prêtres stipendiés aux dépends de ladite Frairie; et suyvront ladite procession lesdits confrères, avec grands flambeaulx de cire jusqu'à deux livres de cire, où seront affigés petits panoncaulx au nom de Jésus.

Précéderont lesdits confrères le précieulx corps notre Seigneur qui sera porté à la dite procession, et iront après les prêtres; et revenant de ladite procession, laisseront lesdits flambeaulx entre les mains dudit Bayle; toutefois pourront retenir leurs panonceaulx et les garder chascung en sa maison.

Ouïront la grand'messe qui sera dite après ladite procession, iront offrir à leur dévotion, selon l'ordre escript. Et sera appelé un religieux ou séculier docte en bonne science qui prêchera après ladite offrande.

La dite messe dite, iront les dits confrères de six en six recevoir le précieulx corps notre Seigneur, ayant chacun un flambeaulx de deux onces, cire, attendant les ung les autres sans pouvoir partir et laisser la compagnie sinon par nécessité urgente, auquel cas sera demandé congé audit Père. Et amprès sortiront par ensemble et iront offrir à Saint-Martial et d'illec iront à la maison dudit Père.

Ledit Père sera tenu avoir fait préparer à dîner auxdits confrères en sa maison, ou autre lieu commode et honnête, de vin et viandes honnêtes sans user d'excès et superfluite, et lui sera baillé par chacung confrère cinq sol pour ledit repas.

Audit dîner sera appelé ledit religieux ou séculier qui aura prêché à ladite messe, et durant partie d'icelui parlera de l'excellence du Saint Sacrement et exhortera les confrères à vraie foi, amour et espérance divins.

L'autre partie du dîner lesdits confrères parleront et conféreront ensemble de cette grande grâce en toute humilité et dévotion, sans pouvoir tenir autres propos. Sur la fin du dîner, le Père qui aura fait le dîner, envoiera au Père subséquent à lui, son chapeau, pour signe que l'année ensuivant il devra faire le semblable.

Ce fait, grâces rendues à Dieu, ils pourront regarder aux affaires de ladite Frairie. Et après se retirer avec honneurs et réverences les ungs aux aultres, jusqu'à l'heure de Vêpres, qu'ils seront tenus à aller à la maison dudit Père le conduire aux dites Vêpres, et icelles dites reconduire en sa maison.

S'il y avait aucun différent entre anciens desdits confrères, seront tenus à prendre jugement par les autres et majeure voix à laquelle ledit Père présidera et conclura à la majeure, sans aucune supportation et faveur, et en toute justice et équité prononcera ce qui aura été arrêté et conclu.

Par chacung an, le dimanche après la Fête-Dieu, lesdits confrères feront célébrer une Messe haute au grand autel de ladite église, après la Messe de la paroisse, avec absolution générale pour les trépassés, qui sera faite sur les sépultures dudit Père, et auront, durant ladite Messe et absolution chacun un flambeau de demi-livre cire, que ledit Bayle fera faire aux dépends de la Frairie.

Et pour tout ledit service divin fait par lesdits prêtres de ladite église, leur sera distribué par ledit Bayle aux dépens de la Frairie, pour les Vêpres de la vigile de ladite Fête-Dieu, à chacun des prêtres qui y assisteront 3 deniers, aux dites Matines à chacun, 3 deniers, à la Procession du jour de ladite Fête 3 deniers, aux Vêpres dudit jour, 3 deniers, à la Messe du dimanche ensuivant, 3 deniers, et à la dite absoute 2 deniers, ce outre les grandes messes pour lesquelles sera distribué à part.

Chacun desdits confrères sera tenu par chacun an, le mardi de la Pentecôte payer et bailler audit Bayle, qui sera en l'année selon ledit rang et ordre susécrit, la somme de dix sols, jusqu'à ce que autrement ladite Frairie sera dotée et y sera par lesdits confrères autrement pourvu; lequel argent sera employé par ledit Bayle à faire faire lesdits flambeaulx, panonceaulx, service di vin, et payer lesdits ménestriers. Et à la fin de l'année rendra compte au Bayle nouveau qui le manifestera aux confrères, la vigile de la Fête-Dieu, qu'ils se assembleront en la maison dudit Père pour y ordonner ce qu'ils verront être à faire.

Sera mis ung courrier, ou serviteur fidèle et homme de bien, pour convoquer lesdits confrères quand besoin sera et faire les diligences qui lui seront ordonnées par ledit Bayle, lequel serviteur sera stipendié aux dépens de ladite Frairie, ainsi que par lesdits confrères il sera advisé par chacun an ayant égard au service qu'il aura fait, dont ledit Syndic certifiera la compagnie.

Advenant le décès d'aucun desdits confrères, ledit Bayle sera tenu faire en advertir, par ledit courrier, les autres frères vivants, qui seront tenus, sur le serment qu'ils ont fait, se trouver aux honneurs de l'enterrement et sépulture de tel décédé, auquel porteront lesdits Père et Bayle, ou deux autres en leur absence, chacun un flambeau de deux livres cire, avec les armoiries de ladite Frairie. Et le corps inhumé, procéderont les présents à élire un autre personnage au lieu du décédé, en une chapelle de ladite église, et ce de personnage honnête sans reproche et bien sentant de la foi. Et à ladite élection seront préférés les enfants ou héritiers du décédé, s'ils le veulent accepter et en font requête.

Le premier jour de la fête ensuivant sera tenu ledit Bayle faire célébrer en ladite église une messe haute *de Corpore Christi* pour ledit confrère dernier décédé, avec un absoute générale sur son tombeau, aux dépens de ladite Frairie. Et seront tenus lesdits confrères se trouver à ladite messe et absolution s'ils n'ont juste empêchement, et à ces fins seront sommés par ledit courrier le jour précédent, qui les avertira de l'heure à laquelle se célèbre ladite messe; et durant ladite messe et absolution auront chacun un flambeau de demi-livre cire, que ledit Bayle fera faire aux dépens de la Frairie.

Et parce que pour l'homologation de l'institution de ladite Frairie faudra faire quelques frais, a été advisé et arrêté que chacun desdits confrères mettra entre les mains dudit Bayle la somme de cent sols, qui sera tenu en rendre compte comme dessus, et fera tous frais nécessaires.

Se sont réservé et réservent lesdits confrères d'ajouter, augmenter ou diminuer auxdits statuts ainsi qu'il sera par eux, ou majeure et plus saine partie advisé, arrêté et conclu. Et pour faire mettre en forme lesdits statuts et articles, les faire homologuer et donner ordre aux affaires de ladite Frairie ont été commis et nommés par lesdits frères, M^res Pierre Martin, Symon Descoutures, Jehan Biays et Jehan Lescure.

Fait au couvent des Augustins de Limoges, après avoir ouï la messe du Saint-Esprit, ensemble, le dimanche septième jour du mois de juin l'an mil cinq cent cinquante-six.

Et advenant le 19e jour dudit mois de juing, lesdits M^res Pierre Martin conseiller, Biays esleu, Jehan Lascure marchand, Martin et Descoulx, procureurs à ce commis en présence des notaire royal soussigné et témoins ci-après nommés, ont dit, déclaré et donné entendre ce que dessus, à Mre François Barny, bachelier en droit canon, curé, Léonard Peyroche, Jehan Barnon, Jehan Tonneau, Jehan Merlin, Martial Michel, Jehan Saleys, Jacques Fiquet, Symon de Beaubreuil, Paul du Puynège, Pierre Biays, Michel Muret, Martial Monisme, Jehant Clément dit Cibot, Léonard de las Mailheras, Martial du Masbatent, Joseph Doyneys, Léonard Gauvain, Martial Duboucheys, Mathieu du Vignaud, Jehan Dounier, Jehan de la Porte, Albert Blanchard, Pierre de Teysseulh, Pierre Turpinas, Mathieu Theulier, Grégoire du Masbouchier, Jehan Baccon, François Guibert, Jehan et Noël Bardinet, Jehan Varachau, Jehan Michel, Martial Brugeyroù, Jacques Gaschoux, Jacque Malherbaud, et Guillaume Broubaud, prêtres de ladite église paroissiale de Saint-Michel-des-Lions, assemblés en icelle capitulairement pour ledit affaire, lesquels après avoir le tout vu et considéré, ont dit et déclaré l'avoir agréable, l'ont loué, approuvé et accordé le contenu aux dits articles, en ce qui les concerne et peut toucher, qu'ils feront le divin service. Accordent les lieux susdits aux dits confrères, et leurs successeurs comme actes dignes de bons et fidèles paroissiens. Remerciant lesdits confrères, priant Dieu de les maintenir en prospérité et augmentation du divin service. Dont acte a été concédé ce requérant par moi notaire royal soussigné, en présence de M^ro Jehan Chounat, procureur de Saint-Ybard et Jehan Serbier, cordonnier d'Aixe, témoins connus et à ce appelés et requis, ledit jour.

Des Vignes, not. roy.

Et pour ce que ci-dessus a été advisé et arrêté que pour l'homologation et institution de ladite Frairie, et faire faire les dits poile et pavillon, chacung des dits confrères fournira et avancera la somme de cent sols, A été aussi advisé et arrêté que pour l'avenir, tous autres qui seront reçus en la dite par le décès d'aucun desdits confrères, bailleront chacun d'eux semblable somme de cent sols pour leur entrée en ladite Frairie, après qu'ils auront été élus par la forme que dessus; si non qu'ils soient fils ou héritiers des dits confrères décédés, auquel cas bailleront seulement la somme de cinquante sols pour ladite entrée. Lesquelles sommes seront employées en réparations, au profit augmentation du divin service de ladite Frairie, ainsi qu'il sera advisé par lesdits confrères.

Martial Benoist, licencié en droits, chanoyne, official et vicaire général temporaliter de Révérend Père en Dieu, Monsieur l'Evesque de Lymoges, savoir faisons que après avoir vu l'érection et l'institution de la très dévote frairie, soubs le nom de notre Seigneur Jésus-Christ et Sacrement de l'autel, pour estre célébrée en l'église parrochiale de Saint-Michel-des-Lions de la ville de Limoges par chascung an, avec les articles sur l'observance d'icelle, le consentement fait et presté par les curé et prestres de ladite église de Saint-Michel, cy-dessous escrits. Ouy sur ce le procureur général dudit Seigneur Evesque; et que avons trouvé ladite frairie estre à l'honneur de Dieu et du Saint Sacrement, n'y avoir aucune chose dérogant à la foy et notre Mère Sainte Eglise. Nous inclinant à la supplication desdits confrères tant pour eux que leurs successeurs, de l'autorité et pouvoir à nous par mondit Seigneur l'Evesque donnés. Avons approuvé, loué, confirmé et autorisé la dite érection institution et création de ladite frairie, avec les articles susdits; et par la teneur des presentes approuvons, louons, confirmons et autorisons pour être tenus et gardés inviolablement par lesdits confrères et leurs successeurs en ladite frairie, sans leur être donné par lesdits curé, prêtres et autres de ladite paroisse aucun trouble, ni empêchement; et à ce comme bien et duement fait, interposons notre décret et autorité judiciaire, et ordonnons le sceau de mondit Seigneur l'Evesque pour majeure fermeté être mis et apposé. Donné et fait au prieuré conventuel de Saint-Gérald de Limoges, l'an mil V cent cinquante six, le XIIIe jour du moys de février, en présence de M^{res} Philippe Raymbaud, vicaire des grandes vicairies en l'église de Limoges et François Fouscaud, clerc, habitant audit prieuré, tesmoingts à ce appelés.

M. BENEDICTI.

Le quatorzième jour du moys de juin mil six cent vingt-trois, Messieurs les confrères estant assemblés en la maison de Monsieur Pétiot, Père de la frérie, a été par eux arresté qu'il sera de nouveau ajousté aux statuts de ladite frérie, ci-dessus insérés, l'article d'eux signé qui s'en suit;

Scavoir qu'à l'advenir tous lesdits sieurs confrères, au premier dimanche de chaque moys, recevront le Saint-Sacrement ensemble, dans une chapelle de Saint-Michel, sur l'heure de sept heures du matin, depuis la feste de Pasques, jusqu'à celle de Saint-Michel, et depuis celle de Saint-Michel jusqu'à la susdite de Pasques à huit heures précisément. A ces fins le premier frère qui sera Monsieur le conseiller Martin, commencera le premier dimanche du moys de juillet prochain faire dire dans ladite chapelle, une messe par un religieux, ou tel autre prestre que lesdits sieurs adviseront; et après lui les autres confrères consécutivement et suivant le rang qu'ils tiennent à la procession, continueront aux mois suivants, comme ils ont accoutumé de faire le jour de la feste Dieu. Fait à Limoges lesdits jour, moys et an que dessus.

Les membres de la Confrérie du Saint Sacrement, entre autres œuvres de charité ne manquaient jamais d'employer toute leur influence pour éviter ou pour terminer les discussions et les procès, ainsi que l'ordonnent leurs statuts. Nous en trouvons un exemple dans l'acte suivant, qui nous montre quinze membres de cette confrérie, réunis le 10 septembre 1649 dans la sacristie de Saint-Michel, pour mettre fin à un procès par une transaction.

Le notaire Villard en a rédigé l'acte en ces termes :

« Le dixième jour du mois de septembre mil six cent quarante-neuf, à Limoges, avant midi, dans la sacristie de l'église paroissiale de Saint-Michel-des-Lions, ont été présents MM. Maître

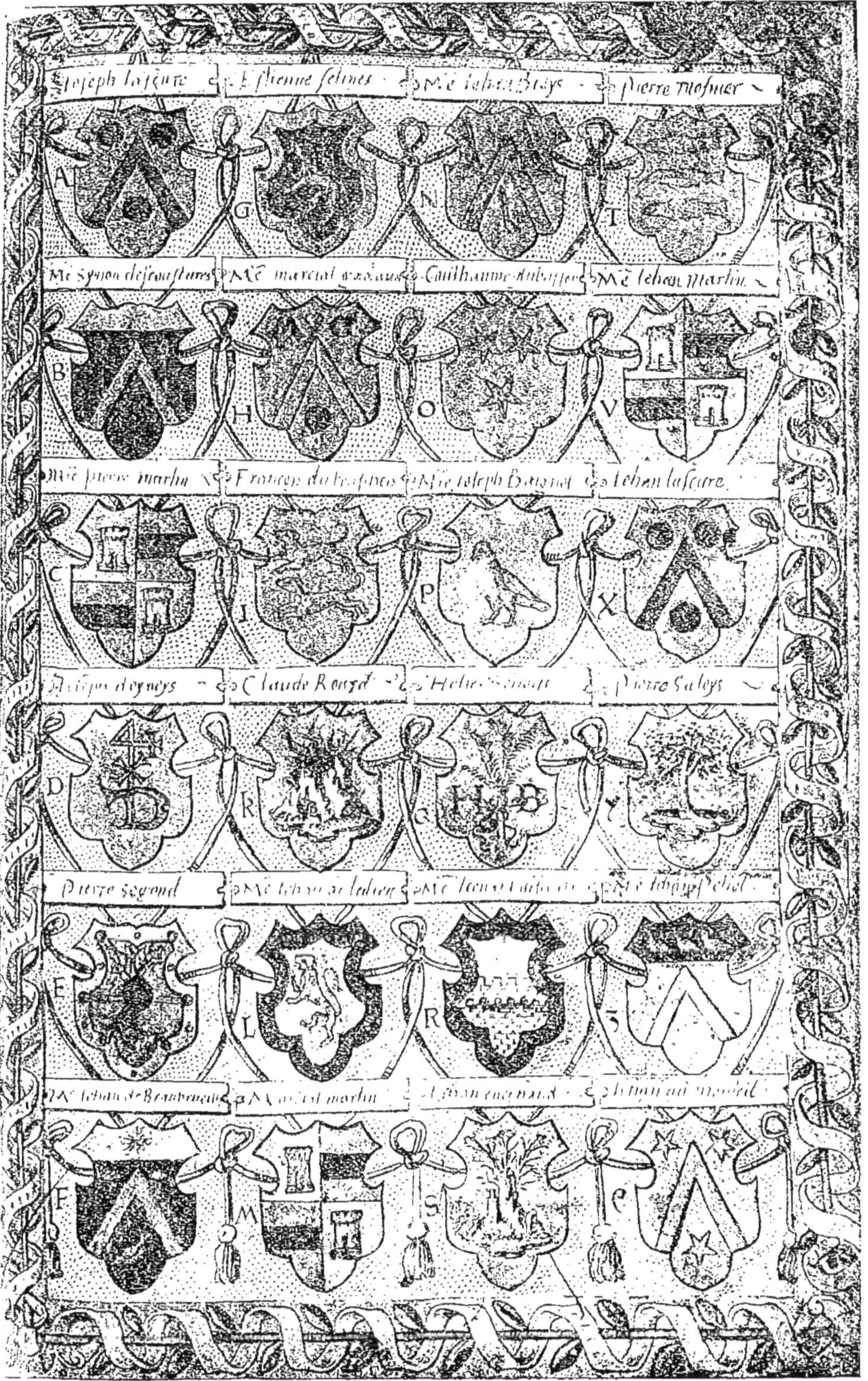

Registre de la Confrérie du Saint-Sacrement de Saint-Michel-des-Lions.
Armes des vingt-quatre fondateurs (1556)

Jehan Peyrière, premier président au présidial de Limoges, et seigneur du Vignaud; Jacques Martin; Joseph Descoutures; Jean Des Flottes, conseiller du roi et juges magistrats audit siège; Jacques Martin sieur de Surzoux; Etienne Maleden et Pierre Ardy, trésoriers généraux de France en ladite généralité; Jacques de Petiot, juge royal dudit Limoges; Jehan Beaubreuil, juge prévôt en la dite juridiction; Pierre Debort, receveur du talion, Joseph Baignol, avocat en parlement;.... Rouard, conseiller du roi et eslu en l'élection dudit Limoges; Léonard Chastagnac, bourgeois et Pierre de Petiot sieur de Masbouchays,

» Confrères de la frair'e du *Corpus Domini*, qui se célèbre en l'église de Saint-Michel-des-Lions, pour eux et leurs successeurs d'une part;

» Et maître Joseph Descordes, notaire royal de ladite ville et auditeur des comptes, et autre Joseph Descordes audit siège présidial de laaite ville, pour eux et leurs successeurs d'autres part.

« Comme soit ainsi que tant ledit sieur Bagniol, que sieur Pierre Saleys ayant poursuivi, tant en la cour présidiale de la présente ville, que en la cour du parlement de Bordeaux, lesdits sieurs Descordes et feu Jean Descordes frère dudit auditeur des comptes, en qualité d'héritiers et lieutenants de feux Jean, Joseph, et Martial, frères, leurs pères et oncles pour avoir payement d'une rente constituée.......... »

Au moment où ce procès allait continuer, les membres de la Confrérie du Saint-Sacrement remplirent les fonctions d'arbitres, et firent accepter aux deux parties une transaction qui y mit fin.

Dans cet acte, le notaire qualifie de « Confrères de la frairie du *Corpus domini* » les quinze personnes nommées dans cet acte. C'est ce qui a fait croire à quelques uns, que cette Confrérie était différente de celle du Saint-Sacrement. Ce qui n'est pas, puisqu'on trouve ces quinze noms sur la liste des membres de la Confrérie du Saint-Sacrement, liste reproduite ci-après. Dans ses statuts on voit que cette Confrérie prend aussi le nom de « Confrérie du Précieux Corps ».

Les *Registres Consulaires* de Limoges rapportent qu'en « 1670, mourut M. Reculès, consul, qui était de la Grande Confrérie du Saint-Sacrement de Saint-Michel, ce qui donna occasion de contestation entre Messieurs les Consuls et les Confrères de ladite Confrérie pour porter les cordons du drap mortuaire. Il fut résolu que Messieurs les Consuls porteraient lesdits cordons avec Messieurs du Présidial, à l'exclusion desdits Confrères. Ce qui fut exécuté ».

Le registre de la Confrérie du Saint-Sacrement de la paroisse de Saint-Michel contient le beau frontispice reproduit ici, qui conserve les noms et les armes des vingt-quatre fondateurs. Plus loin il donne aussi le nom de ceux qui leur ont succédé. Nous réunissons ici toutes ces indicatins en suivant l'ordre établi dans le tableau;

A. — Joseph Lescure, porte pour armes : *D'or au chevron de gueules accompagné de trois roses de même.* — Premier Père dans la frairie et l'un des fondateurs. Il a eu pour successeurs : Martial Lescure. Autre Martial Lescure, Pierre Lescure, Jean Chatenet lieutenant général, Chastenet, sieur de Beauvait, son fils, Pierre Hardy, trésorier de France, Martial Maleden de la Borie, trésorier de France, Simon Maleden, écuyer, seigneur de Feytiat, son petit fils.

B. — Simon Descoutures, fondateur. — *De gueules au chevron d'or, accompagné de trois épis de blé de même, au chef cousu d'azur au soleil d'or.* — Jean Lescure, Maleden, sieur de Chatreis, trésorier. Antoine Rommanet, lieutenant particulier, Jean Rommanet, sʳ de Saint-Priest, L. P. Rommanet, sieur de Saint-Priest, son fils, Veyrier, sieur du Breuil, élu en sa place.

C. — Pierre Martin, conseiller au Présidial, fondateur. — *Écartelé aux 1ᵉʳ et 4ᵉ d'azur à la tour d'argent, aux 2ᵉ et 3ᵉ d'or à la fasce de gueules.* — Michel Martin, président, son fils, Antoine Martin, président, son fils, Chastagnac, grand-prévôt. Chastagnac, grand prévôt, son fils.

D. — Joseph Doyneys, fondateur. — *D'azur à la croix haussée, fichée dans la lettre D et portant au centre la lettre X, le bras senestré recroiselé et le bras dextre joint au sommet de la tige, le tout d'or.* — Louis Boulestey, Jean Boulestey, Louis Boulestey, Descoutures, avocat du roi. Descoutures, sieur de Loudoynas, fils, Jean Crouchaud, procureur,

E. — Pierre Segond, fondateur. — *D'or à l'arbre de sinople, chargé au milieu du tronc d'une rose de gueules, sur une terrasse de sinople; à la bordure d'azur à douze besants d'or.* — Bonaventure Segond, fils, Jean Segond, fils, Segond, sʳ de Villedart, descendu du fondateur, Pierre Segond et Joseph Segond, Etienne Segond, chanoine, et Joseph Segond.

F. — Jean de Beaubreuil, fondateur. — *De gueules au chevron d'or, accompagné en chef de deux yeux d'argent, et en pointe d'un pigeon de même.* — Jean de Beaubreuil, Jean de Beaubreuil. Léonard de Beaubreuil, avocat du roi au domaine, descendu du fondateur, Hyacinthe de Beaubreuil, son neveu, a eu sa place.

G. — Etienne Félines, fondateur. — *De gueules au lion d'or, à la bordure d'azur chargée de treize étoiles de sable.* — Jacques Félines, Pierre Bagnol, Jean Bagnol, Pierre Bagnol, Joseph Bagnol, avocat. Bagnol, sieur de Lavaud, son petit fils, Noalhiers, des Arènes, Noalhiers des Arènes, fils.

H. — Martial Gadault, fondateur. — *D'or au chevron d'azur, surmonté d'un cœur de sinople entre les lettres M. G. de gueules et une rose de même en pointe.* — Martial Gadault, Jean Gadault, Martial Gadault, Jacques Baillot, espicier, Jacques Baillot, contrôlleur, fils, Baillot, contrôlleur, son neveu, Jean Baillot, fils du susdit, décédé sans enfants ni héritiers, Jean-Baptiste Texandier, seigneur de Laumônerie, greffier au Bureau et eslu au lieu dudit s^r Baillot.

I. — François Duboucheys, fondateur. — *D'azur à deux levriers d'argent, passants, l'un sur l'autre, accompagnés en chef d'une étoile d'or.* — Jean Chastagnac, Pierre Chastagnac, Joseph de Douhet, Jean Deschamps, Etienne Maleden, trésorier, Pierre Maleden L'Hardy du Puytison, trésorier de France.

K. — Claude Rouard, fondateur. — *D'argent, au rocher au naturel ardant de gueules, sur une terrasse de sinople.* — Claude Rouard, Jacques Guybert, Pierre Guybert, Guillaume Vertamond, président des eslus, Vertamon, s^r de Malagnac, trésorier de France. Son fils. Son frère, s^r Descordes.

L. — Jean de Julien, fondateur. — *De sinople au lion d'argent, à la bordure de gueules chargée de onze besants d'or.* — Hélies de Reculès, conseiller au présidial. Jean de Reculès, conseiller, son fils, Pierre de Reculès conseiller son fils, Reculès fils du susdit. Rouard, sieur du Masbaurianne, son beau-frère.

M. — Martial Martin, marchand, fondateur. — *Ecartelé, aux 1er et 4e d'azur à la tour d'argent, aux 2e et 3e d'or à la fasce de gueules.* — Jean Martin, Léonard Rouard, Rouard, eslu, Rouard, avocat, Rouard du Treuil, son fils.

N. — Jean Biays, fondateur. — *D'azur au chevron d'or, accompagné de trois bâtons noueux d'argent.* — Jean Biays, François Chastagnac, marchand, Pierre Chastagnac, marchand. Autre Chastagnac, marchand, son fils, Joseph Biays, descendu en droite ligne de Jean Biays fondateur.

O. — Guillaume Aubusson, fondateur. — *D'azur à trois étoiles d'or, 2 et 1.* — Jacques Aubusson, Jean Chastagnac, receveur, Pierre Chastagnac, trésorier, fils, Chastagnac, sieur de Combat, neveu. Chastagnac de Lignac, son fils.

P. — Joseph Bagnol, fondateur. — *D'azur au pigeon d'argent.* — Albert Bagnol, Jacques Martin, lieutenant criminel, sieur de

Surzou. De Douhet, sʳ du Puymoulinier, De Douhet, De Roche, son fils et arrière-neveu du sieur Martin, Philippe de Douhet, sieur de Lagorse et de Surzol.

Q. — Héliet Benoist, fondateur. — *D'or à deux branches (de buis) de sinople, accostées des lettres H. B. de sable, le tout lié d'un ruban de gueules.* — Aymeric Benoist, Léonard Descoux, Guillaume Baillot, Pierre Delort, receveur du taillon, Delort, sieur de Courdelas, son fils.

R. — Léonard Descoux, fondateur. — *D'azur à la muraille crénelée d'argent, maçonnée de sable, à la bordure de gueules chargée de treize boucles d'or.* — Jacques Baillot, Garreau, conseiller au présidial, Pierre Bagnol, Jacques Lamy, sieur de Luret, accesseur en la maréchaussée, clerc de Joseph Lamy, son père, reçu à sa place.

S. — Jean Yvernaud, fondateur. — *D'or au rocher d'argent sur une terrasse de sinople, duquel naissent trois branches de lis de sinople fleuries d'argent.* — Estienne Yvernaud, Martin Baillot, Bertrand Cassagnes, Léonard Laguorce, Jacques Petiot juge de la ville, Marc-Antoine Petiot, assesseur au siège présidial, Jacques de Petiot, sieur de Gain, son fils.

T. — Pierre Mousnier, fondateur. — *D'azur à trois poissons d'argent, posés en fasce, l'un sur l'autre.* — Jean Mounier, Petiot, juge de la ville, Jean de Petiot, sieur du Masboucher, Pierre de Petiot, sieur du Masboucher, trésorier de France, son fils, Bernard de Petiot, trésorier de France, son fils.

V. — Jean Martin, fondateur. — *Ecartelé aux 1ᵉʳ et 4ᵉ d'azur à la la tour d'argent, aux 2ᵉ et 3ᵉ d'or à la fasce de gueules.* — Jean Martin, le jeune, son fils, Jacques Martin, conseiller, son fils, François Martin, sieur de la Bourgade, conseiller au présidial, son fils, François Martin, sieur de la Bourgade, conseiller au présidial, son fils, descendu tout en droite ligne du fondateur, Joseph Martin, sieur de ... gnor, son fils.

X. — Jean Lascure, fondateur. — *D'or au chevron de gueules, accompagné de trois roses de même, 2 en chef, 1 en pointe.* — Maureil Lescure, Jean des Flottes, Jean des Flottes, conseiller, son fils, Léonard des Flottes, conseiller, sieur de l'Echoisier, son fils.

Y. — Pierre Saleys, fondateur. — *D'or à l'arbre (saule) de sinople.* — Pierre Saleys, Léonard Saleys, Pierre Saleys, Saleys, sieur du Masrome, décédé sans enfants, descendus du fondateur, N.... conseiller élu à sa place.

Z. — Jean Petiot, fondateur. — *D'azur au chevron d'argent, accompagné de trois molettes de même, au chef cousu de gueules à trois pigeons d'argent.* — Jean Petiot, lieutenant criminel, Vincendon, conseiller au présidial, Simon Descoutures, avocat du roi, Joseph Descoutures, conseiller, son fils, Simon Descoutures, sʳ du Bost, avocat du roi au présidial, son fils, Jean-Pierre Rogier des Essarts, son petit fils, lieutenant général.

✠ Jean Dumónteil, fondateur. — *D'azur au chevron d'argent accompagné de trois étoiles d'or.* — Joseph Descoutures, Jean Peyrière président au présidial, Michel Peyrière, sʳ du Vignaud, président, son fils, Jean Peyrière, président, son fils.

On verra, à la date de 1816, la nouvelle formation de cette Confrérie du Saint-Sacrement dans l'église de Saint-Michel.

Vers le milieu du XVIᵉ siècle l'hérésie calviniste se répandait peu à peu à Limoges et dans les environs, et causait des divisions et des troubles, parmi les habitants. Le Père Bonaventure de Saint-Amable, rapporte que « les partisans de cette secte malheureuse mirent en pièces les images de la Vierge et de Saint-François qui étaient posées sur le premier portail des Pères Cordeliers ; et cette même année 1560, le 4ᵉ jour du mois de juillet, ils brisèrent l'image de la Vierge-Marie, assise au coin de l'église et place Saint-Michel-des-Lions, et portèrent sa tête, par dérision, sur le pilory de ladite ville. Mais le lendemain qui était le lundi, les prêtres, avec le peuple fidèle assemblés en grand nombre, ayant remis ladite image, criaient à genoux et avec larmes miséricorde pour l'outrage fait à la Mère de Dieu,

» Les prêtres de Saint-Michel, voyant la dévotion du peuple, mirent en délibération de faire procession par la ville environ les sept heures du soir, et portèrent une image de la même Vierge, pour la faire triompher de ses ennemis, quoique non pas celle qui avait été déshonorée.

» Un grand nombre de gens armés s'assembla et suivit la procession. Il y eut un charpentier nommé Grosserais, qui fut tué à la place Saint-Michel, sans savoir par qui, si non qu'on l'attribuat aux Luthériens.

» L'image de la Vierge ayant été remise avec honneur en son lieu, un chanoine de Saint-Etienne nommé Claude Texier, curé de Chansat, fit bâtir une chapelle, où ladite image est renfermée. »

Cette chapelle qui était un hors d'œuvre à l'angle Nord-Est de l'église de Saint-Michel a existé jusqu'à nos jours. Une confrérie dite de Notre-Dame-des-Aidie s'y réunissait, ce qui lui fit donner le nom de Chapelle de Notre-Dame-des-Aides. Voir au chapitre suivant les réparations qu'elle y fit faire en 1610. Quelques familles y ont eu un droit de sépulture. On lit en effet dans les registres paroissiaux de Saint-Michel l'acte suivant : « Le 6 avril

1768 a été inhumé dans la chapelle de Notre-Dame-des-Aides, et dans ses tombeaux, Joseph, décédé hier faubourg Montmailler, âgé de trois ans, fils de messire Martial Baillot, seigneur de Gain, et d'Estivaux, président trésorier de France et de dame Catherine Baillot du Queyroix, son épouse. Ont assisté à l'inhumation les parents qui ont signé avec nous. *Signé* : Baillot d'Estivaux, Baillot du Queyroix, Dupuy, vicaire. »

En 1811 les Pénitents bleus faisaient leurs exercices dans cette chapelle. Nous y avons vu plusieurs confréries et corporations de métiers y tenir leur réunion le jour de leur fête patronale, et cela jusqu'en 1855. A cette époque elle fut cédée à la ville de Limoges en échange d'une maison située, près du clocher, laquelle sert de salle pour les catéchismes, et d'habitation au sacristain. La ville l'a ensuite fait démolir, en 1857, pour donner plus de largeur à la voie publique.

Quant à la statue de la Sainte-Vierge qui avait été mutilée par les calvinistes et pour laquelle la chapelle avait été bâtie en 1560, elle est encore conservée et on la voit dans l'église de Saint-Michel, dans la chapelle la plus proche de la sacristie. Plusieurs lui donnent maintenant le nom de Notre-Dame des Carmes.

Un acte du 20 décembre 1586 nous donne une indication intéressante relative à la vente d'un banc dans l'église de Saint-Michel. Par cet acte, Anne Nadaud et Antoine Nadaud cèdent à Guillaume Foucaud le banc leur appartenant, situé dans la nef, près la chapelle de Sainte-Catherine, moyennant cinq écus sol. On estime que le prix de cette cession doit représenter au moins 167 francs de notre monnaie actuelle. Le prix de cette vente et les clauses minutieuses insérées dans l'acte, semblent prouver que la cession d'un banc d'église était à cette époque chose assez importante.

Voir plus loin une semblable vente en 1608.

La date 1586 est gravée sur une pierre dans le mur à l'extérieur du chevet de l'église; il est probable qu'elle garde le souvenir d'une réparation ou reconstruction de ce mur.

En 1589, la paroisse et l'église de Saint-Michel eurent beaucoup à souffrir pendant les troubles qui firent tant de victimes en France. Lorsque le roi Henri III tomba sous le poignard de Jacques Clément, le 2 août 1589, il laissait la couronne à un prince protestant, le roi de Navarre. Les catholiques ne pouvaient voir dans le fils de Jeanne d'Albret que le chef du parti Huguenot. En Limousin, comme ailleurs, beaucoup qui avaient hésité jusqu'alors se déclarèrent ouvertement pour la Ligue.

A Limoges les habitants et les autorités mêmes étaient divisés en deux camps. Les Ligueurs voulurent s'emparer de la ville et pour y réussir ils cherchèrent à transformer l'église de Saint-Michel en citadelle pour s'y établir. Le dimanche 15 octobre, le chant des Vêpres était à peine terminé que des hommes en armes, y arrivèrent, et peu après commencèrent les hostilités contre ceux qui s'opposaient à leur dessein. Dans une première rencontre, près de l'église, le consul Pinchaud fut tué d'un coup d'arquebuse, et plusieurs autres blessés.

Quelques temps après on vit les Ligueurs au nombre de 120 environ, sortir de l'église, pour aller se joindre à leurs partisans dans d'autres quartiers. Ils avaient à leur tête un vicaire de la paroisse, Jérôme Blanchard, qu'ils forçaient de marcher devant eux, revêtu d'une aube et d'une étole, portant une grande croix et criant : *Vive la Croix et la Liberté.* Ayant bientôt rencontré leurs adversaires, on se battit. Il y eut encore des blessés, et ils furent obligés de se réfugier de nouveau dans l'église, dont ils avaient fait un corps de garde. On ne tarda pas à les y investir en s'emparant des maisons voisines, du palais de justice, et autres bâtiments où l'on mit une forte garnison. Le lendemain, à 9 heures, on proposa de parlementer, ce qui fut accepté. Le parlementaire qui n'avait pas réussi dans sa mission, ne revint pas à Saint-Michel, et se cacha ; quelques autres, découragés par l'insuccès, l'imitèrent, et ceux qui étaient restés dans l'église purent sortir un peu après sans recevoir de mauvais traitements. Cependant, on prit les plus compromis, et on les exécuta le lendemain, mardi, 17 octobre 1589, sur la place où avait été tué le consul Pinchaud. Ils furent considérés par les catholiques comme des martyrs ; cinquante ans après, Collin, dans sa *Table Chronologique*, mentionne ces événements en ces termes : « 1589, Grands excès et funestes vengeances exercés sous le prétexte de service du roi, contre plusieurs catholiques zélés que l'on fit mourir le 17 octobre » (I).

Il y eut dans l'église de Saint-Michel, pendant le XVIe siècle un certain nombre de fondations de Vicairies ou Commissions de Messes. Voici celles qui nous sont connues.

Pierre Gautier, de la paroisse de Compreignac, en avait fondé une avant 1503.

<hr>

(1) M. Louis Guibert, dans une étude intitulée : *La Ligue à Limoges*, reproduite à la fin du tome III des *Registres Consulaires de Limoges*, a fait le récit de l'entreprise des Ligueurs en octobre 1589.

Marguerite Chambon, fille de Guillaume, bourgeois, et de Mariotte Vedrenne, veuve de Jean Lapine, le jeune, licencié ez-lois, en fondait une le 30 août 1503 à l'autel de Notre-Dame d'Abondance. Son plus proche parent ou héritier devait en désigner le titulaire.

Avant 1507, Jean Garnier en avait fondé une à l'autel de Notre-Dame-la-Joyeuse.

Le 9 mars 1512 (vieux style), Clémence Auréliand en fondait une à l'autel de Saint-Pierre et Saint-Paul. Les Fabriciens, ou Bayles de la Fabrique, y nommaient.

Avant 1520, Michel Tharaud en avait aussi fondé une.

Il y a la vicairie dans la chapelle du Monument, en 1530, dont il est parlé ci-devant.

Le 5 février 1538, Jean Chambon, bourgeois, héritier de Marguerite Chambon, femme Lapine ou La Pignière, licencié ez-lois, en fondait une à l'autel de Sainte-Marguerite, jadis du Rosaire ou du Chapelet.

Tevène Massigoune en fonde une le 17 août 1526.

Mathieu de Vigenaud, prêtre, en avait fondé une avant 1532 à l'autel de Sainte-Barbe.

Jordain et Gérald Petiot, en 1545, firent la fondation dont il est parlé ci-devant.

Anne Dubois, veuve de Jean Lapine, licencié ez-droit, en avait fait une avant 1552 à l'autel de Notre-Dame d'Abondance.

Avant 1555, Pétronille des Cars, veuve de Pierre Charzot, en avait fondé une à l'autel de la Sainte-Trinité, ou de Sainte-Radegonde.

Thive Bilharde, femme de Benoit, apothicaire, faisait une semblable fondation en 1574.

CHAPITRE I

Curés de Saint-Michel pendant le XVIIᵉ siècle. L'orgue. Une nouvelle
cloche. Le clocher frappé de la foudre. Compagnies de Pénitents L'horloge. Chapelle de Notre-Dame des Aides. Récollets de Saint-François.
Clocher et Cloches. Peste de 1631. Louis XIII à Limoges. Châsse de Saint-
Loup. Réparations au clocher. Religieuses des Filles de Notre-Dame, de
la Visitation, de Sainte-Claire. Nouveau tabernacle et candélabre. Deux
nouvelles cloches. Les Reliques en 1666. Service pour la marquise de
Sainte-Aulaire. Recluse des Carmes. Prêtres communalistes. Fondations
de messes

Henri Martin, conseiller et aumônier du roi, était curé de
Saint-Michel en 1622 et en 1627. Il fut aussi prieur conventuel
de l'Artige jusqu'en 1632.

Pierre du Verdier, 1639 et 1662, bachelier en droit canon,
chanoine de l'église royale de Saint-Martial, fut aussi prieur de
Saint-Hilaire, diocèse de Poitiers. Il donna sa démission en faveur
du suivant.

Jacques Barny, 1662 et 1676, docteur en théologie, prit
possession en 1662, et fut curé jusqu'au 1ᵉʳ novembre 1676. Il fut
aussi prévôt de l'église collégiale et séculière d'Eymoutiers, et
abbé du Dorat; il mourut au Dorat le 3 janvier 1700, et y fut
inhumé dans l'église.

Gilbert Urion, docteur en théologie, prêtre de l'Oratoire,
était curé de Saint-Michel en octobre 1676; il mourut le 6 septembre 1684.

Noel Drouhet, docteur en théologie, secrétaire de Mgr
d'Urfé, évêque de Limoges, fut nommé par lui curé de Saint-
Michel. Il avait ce titre en 1685 et 1686. L'abbé de Saint-Martial,
Jacques de Courtavel de Pézé, qui n'avait encore reçu ni ses
bulles ni son institution canonique, nomma pour curé à Saint-
Michel Charles de Mannoury, gentilhomme Normand. Il s'en
suivit un procès qui dura près de trois ans, et dans lequel figure
encore Martial Moulinier, qui contestait la valeur des titres des
deux précédents. Par arrêt contradictoire du Grand Conseil,
Mannoury fut maintenu. Mais peu après, en septembre 1689, il
permuta avec Jean Bernesche de Cantenat, chanoine théologal de

l'église de Lizieux en Normandie, qui lui-même permuta d'abord après avec Pierre Baillot.

PIERRE BAILLOT, né à Limoges le 25 mars 1656, était fils de Martial Baillot seigneur du Queyroix et de Maledent, procureur du roi au siège présidial de Limoges, juge de la Salle Episcopale et de la chatellenie d'Isle, consul de Limoges, et de Suzanne Allegraud. Il avait dix frères ou sœur, parmi lesquels on trouve Marguerite et Catherine, religieuses au couvent de Nevers, Marie et Thérèse, religieuses de Sainte-Claire à Limoges.

Pierre Baillot fut docteur en théologie et curé de Saint-Michel-des-Lions, dont il prit posssession le 17 juin 1690, après avoir permuté le 13 du même mois avec M. Jean Bernesche de Cantenat pour son prieuré de Saint-Laurent du Theil, ordre de Saint-Benoit, paroisse d'Asnières, aujourd'hui canton de l'Isle-Jourdain (Vienne). Il fut aussi prieur de La Fayette, conseiller de la Chambre Ecclésiastique de Limoges, député du diocèse à l'assemblée générale de France à Paris en 1720. Dans l'acte suivant on voit sa nomination comme abbé commendataire : « Aujourd'hui, 11e du mois de janvier 1721, le Roy étant à Paris, bien informé des bonnes vie, mœurs, piété, suffisance, capacité et autres vertueuses qualités du sieur Pierre Baillot, prêtre du diocèse de Limoges, et voulant pour ces considérations le gratifier et traiter favorablement, Sa Majesté lui a, de l'avis de Monsieur le Duc d'Orléans, régent, accordé et fait don de l'abbaye de Notre-Dame-la-Nouvelle-lez-Gourdon, ordre de Citeaux, diocèse de Cahors, qui vaque à présent par le décès du sieur Roumegane d'Aymar ».

Il avait aussi été nommé chanoine de la cathédrale de Limoges le 23 avril 1695, par la résignation de Jean Gadenat (Cantenat).

Il a écrit la relation d'un voyage à Paris, et le compte-rendu de la mission dont il était chargé : « Monseigneur l'Evêque et Messieurs de la Chambre Ecclésiastique, dit-il, me firent l'honneur de me députer, le 6 mars 1720, et de me donner une procuration datée du même jour, pour obtenir quelque modération considérable sur les impositions dudit Clergé accablé de dettes, de surcharge de décimes et de pauvreté. — Je partis, accompagné de mon valet, le 11 du mois de mars 1720. Je pris deux chevaux de louage jusqu'à Orléans, dont je fis marché à raison de 20 sols pour chaque cheval et 40 sols à l'homme à pied qui me suivait pour ramener les chevaux, tant pour sa nourriture que pour sa peine. — Le 11 mars 1720 je fus dîner à Razès, il m'en coûta pour moi, mon valet et les deux chevaux 3 livres. Le soir je fus coucher à Morterol...... Le 21 août, je me rendis à Limoges et remis les chevaux qui m'ont conduit de Poitiers.... »

A Limoges, il fut élu administrateur de l'Hôpital général en 1735, l'année même de sa mort; les Registres paroissiaux conservent l'acte suivant :

« Le 9e décembre 1735 a été inhumé dans cette église Messire Pierre Baillot, prêtre, docteur en théologie, abbé commendataire de l'abbaye de Notre-Dame-la-Nouvelle-des-Gourdons, curé de la présente paroisse de Saint-Michel-des-Lions, décédé hier à sept heures du matin, après avoir reçu les sacrements de la Sainte-Eglise. Ont été présents à son enterrement Messieurs les parents soussignés : Baillot de Lavalette, Baillot de la Chapelle, Turain, vicaire de Saint-Michel ».

Dans son testament, qui est du 13 octobre 1713, on lit : « Je donne et lègue à Messieurs les bailes de Saint-Loup de l'église de Saint-Michel, qui seront en charge lors de mon décès, la somme de 200 livres, pour être employée à la décoration de l'autel de Saint-Loup, suivant qu'il sera destiné par mes héritiers bas nommés, payable ladite somme immédiatement après mon décès ».

L'église de Saint-Michel-des-Lions possédait, en 1600, un orgue qui avait besoin de grandes réparations. L'acte suivant, que nous devons à l'obligeance de M. l'archiviste du département, va nous faire connaître les membres de la fabrique de Saint-Michel à cette époque, le « maître faiseur d'instruments » de Limoges, les réparations qu'il allait exécuter, et le prix qu'elles lui étaient payées.

Sachent tous présents et advenir que, aujourd'hui souscrit, pardevant le notaire soussigné et présents les témoins cy-bas nommés, ont été présents et constitués en droit honorables messieurs maîtres Michel Martin, conseiller du roi, notre sire, président en la sénéchaussée du Limousin et siège présidial de Limoges, Jehan Baignol, aussi conseiller du roi audit siège, sire Léonard Saleys, bourgeois et marchand audit Limoges, et Jehan Pabot, procureur audit siège, tant en leurs noms propres et privés que comme marguilliers et fabriqueurs de l'église paroissiale monsieur Saint-Michel-des-Lions de la dite ville de Limoges pour eux et leurs successeurs fabriqueurs d'une part. Et Jehan Guilhot, maître faiseur d'instruments, habitant ladite ville, aussi pour lui et les siens d'autre part.

Lesdits sieurs fabriqueurs, de leur gré et volonté, ont convenu et accordé avec ledit Guilhot ce qui s'ensuit : C'est à savoir que ledit Guilhot a promis et s'est obligé envers lesdits sieurs marguilliers, garnir le clavier, bâtiment, saumier et portevent de l'orgue de ladite église Saint-Michel, de sept jeux de flûtes, toutes neuves, ayant en chaque jeu trente-huit flûtes, dont le parement sera d'étain: lesdits sept jeux consistant, à savoir : le premier le plain jeu, le second, le petit plain jeu, le tiers, autre petit plain jeu, le quatrième le jeu de flûte. Je cinquième, le jeu de fiffre, le sixième, les cimballes, les aubois et grosse flûte. Lesquels sept jeux garnis entièrement de ce qui leur sera né- cessaire, et faire sonner les deux grosses flûtes qui sont de présent au parement d'iceux orgues, iceux faire couvrir entièrement et serrer de tous côtés d'aiz de bois seiches; faire mettre au parement desdits orgues au lieu des flûtes qui ne servent que de parement, et aux lieux qui sont vides, des panneaux de bois en façon de flutes, de la façon de celles qui sont à l'orgue de Saint-Pierre-du-Queyroix de la présente ville. Remettre lès soufflets et tout ledit orgue en du et bon état, et faire en plate peinture les armoiries tant de ladite fabrique que desdits fabriqueurs, pour les apposer audit orgue, en fournissant par lesdits fabriqueurs l'or qui sera nécessaire pour ladite peinture. Et les flûtes qui sont de présent audit orgue d'étain et de plomb, réservé les deux grosses, seront délivrées audit Guilhot lorsqu'il commencera à travailler audit orgue, pour s'en aider et servir comme bon lui semblera, en ce que le dit Guilhot sera tenu remettre audit orgue pareille quantité de flûtes d'étain, que cy seront trouvées d'étain, de pareille étofe d'étain ensemble pareille quantité des autres flûtes que y seront de plomb, le tout de même grandeur et de même poids, et outre les autres flûtes qu'il faudra et fournira pour parfaire les dits sept jeux entièrement, le tout à la mesure que dessus, et le tout avoir fait et dressé dans la prochaine fête de Pentecoste prochainement venant et ce moyennant le prix et somme de cent quinze écus; de laquelle somme lesdits fabriqueurs ont baillé et payé content, réellement et de fait, audit Guilhot, présent et recevant la somme de vingt escus, en quarts d'escus, dont il s'est contenté, et d'icelle quitté lesdits fabriqueurs. Et les quatre vingt quinze écus restant, iceux fabriqueurs seront tenus payer et bailler audit Guilhot acceptant, en faisant la besogne, en ce que toutes choses qui seront nécessaires auxdits orgues pour les rendre parfaits de tous points au dit et ordonnance de maîtres experts audit état, seront fournies aux dépens dudit Guilhot, réservé du ferage y nécessaire et l'or des susdites armoiries qui sera fourni aux dépens desdits fabriqueurs seulement et non autre chose. Et pour assurance de ce que dit est, s'est présenté en sa personne Jacques Gramaud, marchand sainturier de ladite ville, lequel de son gré et volonté s'est constitué plege et caution pour ledit Jehan Guilhot, pour l'assurance de ladite somme de deniers, et autres choses que ledit Guilhot aurait prises et reçues et pour la restitution d'icelles sommes de deniers et de tout ce qu'il prendra desdits orgues seulement, et ce solidairement l'un pour l'autre, et chacun d'eux seul pour le tout, renonçant au bénéfice de division, discution et ordre, en ce que ledit Guilhot sera tenu, comme a promis, l'en relever indemne et garder de dommage à peine de tous dépens, dommage et intérêts,

Et ce que dessus lesdites parties ont promis tenir et accepter de point en point, et à faute de ce, faire emander, etc., Et concédé Lettres en forme. es présence de Mre Jehan Clément, procureur au siège présidial de Limoges, et Pierre Brunier, maître sainturier habitant dudit Limoges.

Fait audit Limoges en la maison dudit sieur Martin, président, heure de quatre heures après midy, le second jour de novembre mil six cents. Ledit Guilhot, n'a su signer.

Signés : Martin, J. Baignol, J. Granaud, L. Saleys, Brunier présent. Clément présent, J. Pabot *(Archives départementales* E. 16,204, n° provisoire).

Les Registres paroissiaux de l'Eglise de Saint-Michel-des-Lions sont aujourd'hui déposés à la Bibliothèque communale de la ville de Limoges. Il y en a aussi un double au greffe du Tribunal. Ils contiennent les actes de baptême, de mariage et de sépulture des habitants de la paroisse. On y trouve aussi quelques autres actes, soit de prise de possession de la cure, soit de différentes cérémonies ou événements qui intéressent la paroisse. Ces Registres commencent en 1603 et vont jusqu'à 1791.

En 1603, on fit fondre pour cette église une cloche, qui était la cinquième, par rang de grosseur, sur laquelle on lisait ce qui suit en capitales romaines. Cette cloche a été prise pendant la Révolution.

✠ IHS. MARIA.

Buccinale in neomenia tubâ, in insigni die solemnitalis vestre. Psalm. 80.

A été mon Parrin François Chastaignat; Et Maraine Catherine Rouard, femme de B. Cassaignes. Année 1603.

Le jour de Saint-Marc, 25 avril 1604, il y eut un grand tonnerre à Limoges; la foudre tomba sur le clocher de Saint-Michel, et y fit une grande ouverture au-dessus de la cloche qui sonne les heures. La brèche était de cinq à six pieds en carré. La girouette fut emportée et le cadran brisé, outre cela, le feu du ciel fit beaucoup de dégât dans l'Eglise, où il brûla les chapes de velours rouge, et la Véronique qui était dans la sacristie. Dans un coffre au-dessous, d'autres chapes, de damas blanc, qui servaient pour les fêtes de Notre-Dame, n'eurent aucun mal. De plus il fit une marque, dans une pierre, près de l'armoire des Fonts baptismaux, où l'on tenait les saintes huiles; et cette marque, dit le P. Bonaventure, ressemble à une patte de lièvre. La même année les Marguilliers ou Fabriciens de cette Eglise firent réparer le clocher, et mettre un cadran neuf à l'horloge.

On a trouvé dans les décombres du clocher de Saint-Michel après le terrible accident de 1810, dont nous parlerons plus loin, une plaque de cuivre jaune, sur laquelle est gravée l'inscription suivante, en minuscules romaines mal conformées :

« L'année mil six cents six, au mois de septembre, estant Fabriqueurs de la présente Esglise Sainct-Michel Mrs M^tres Jacques Martin, lieutenant général criminel de la présente ville, Guillaume Nicot, Gabriel Labrousse et Jehan Roux, prévost, bourgeois et marchans de ladicte ville; la pointe de ce présent clocher, esbranlée par la foudre, a esté réparée par leur diligence et ayde des Paroissiens. Loué soit Dieu (1) ».

(1) Cette plaque est au Musée national Adrien Dubouché.

Cette réparation fut-elle faite par suite de l'accident, arrivé en 1604 ou d'un nouveau, arrivé en 1606 ? C'est ce qu'on ne peut savoir, l'inscription ci-dessus n'en disant rien.

En 1605, au mois de juillet, il y eut à Limoges et dans tout le Limousin, des pluies si extraordinaires qu'on se vit sur le point d'essuyer les plus grandes calamités. Pour les détourner on eut recours aux prières publiques; on fit des processions particulières dans les différentes paroisses, puis une procession générale qui s'assembla dans l'Eglise de Saint-Michel-des-Lions. Le vénérable Bernard Bardon-de-Brun, prêtre de cette ville, s'y trouva dans un costume très pénitent, et on attribua à ses prières la cessation de ces pluies qui causaient un véritable déluge.

On a vu, à la date du 20 décembre 1586, la vente d'un banc, placé dans la nef de l'Eglise de Saint-Michel, un acte du fonds Périère, notaire à Limoges, nous révèle la vente d'un autre banc placé à l'extrémité Sud de cette nef, dans la partie dont elle avait été augmentée en 1552.

« Le 3 avril 1608, à Limoges, en la maison de M. Jehan Biays, avocat au siège présidial de ladite ville, environ 8 heures du matin, a été présent et personnellement établi Bertrand Chouzy, fils de feu Léonard Chouzy et son héritier, Mᵉ charpentier de la dite ville, lequel, de sa bonne volonté, a vendu, cédé, quitté et perpétuellement transporté à dame Janette Desflottes, veuve de feu Jacques Barbou, vivant, Mᵉ imprimeur de ladite ville, présente et acceptant, savoir un banc et place dans ladite Eglise de Saint-Michel-des-Lions de ladite ville, et au lieu appelé le Bastiment neuf, qui a appartenu audit feu Chouzy et les siens, confrontante par le devant au banc de Guillaume Lacquayre, et par le derrière au banc des héritiers de feu Jehan Merly, et joignant ladite muraille de part et d'autre, sauf de mieux le confronter; et ce, moyennant le prix et somme de 12 livres tournois, que ladite Desflottes a payé et bailhé comptant audit Chouzy présent, en espèces de quars d'escutz et autre bonne monnaie, bien nombrée et bien comptée, en présence dudit sieur Mᵉ Jehan Biays, avocat audit siège présidial, et Symon Poncet, marchand, témoins à ce appelés et requis ».

Dans le courant du XVIIᵉ siècle et au XVIIIᵉ, dans ce dernier surtout, il n'y avait, pour ainsi dire, pas un seul chef de famille, à Limoges, qui ne fut membre de quelque confrérie à laquelle, avant lui, son père, son grand père, ses ancêtres avaient appartenu, et qui, de son vivant, ne fit admettre au nombre des associés au moins un de ses fils. L'enfant tenait tout particulièrement à honneur cette admission. Grands et petits avaient pour leur confrérie un zèle incroyable. Or, les compagnies de Pénitents étaient de beaucoup les plus nombreuses de toutes les confréries limousi- nes; la ville de Limoges en a eu jusqu'à sept, dont plusieurs sur la paroisse de Saint-Michel. On distingue ces compagnies par la couleur de leur habit; ce sont, d'après leur rang d'ancienneté les Noirs, les Bleus, les Blancs, les Gris, les Feuille-morte, les Rouges, et les Violets.

La première association de ce genre, fut celle des Pénitents Noirs, fondée par Bernard Bardon de Brun, né à Limoges en 1564. Elle fut définitivement constituée en 1598, et se réunissait dans l'église paroissiale de Saint-Michel-de-Pistorie. On sait qu'un décret du 18 août 1792 supprima en France toutes les Confréries, aussi bien celles des Pénitents que les autres. Après la Révolution, lorsque cette Compagnie put être réorganisée, elle fut attachée à l'église de Saint-Pierre-du-Queyroix.

La seconde est celle des Pénitents Bleus, qui fut établie dans l'église paroissiale de Saint-Paul-Saint-Laurent en 1598. Après la Révolution, l'église de Saint-Michel-des-Lions lui donna asile; elle y était réorganisée et fonctionnait dès 1802. Elle parut un mo- ment devoir retrouver son ancienne prospérité; mais la chute du gouvernement de la Restauration fut le signal de sa décadence, elle devint en peu d'années la moins nombreuse. On admirait en- core, aux processions, son magnifique voile de croix en velours bleu crépiné d'or; il avait été acheté à Lyon en 1845 et coûtait seize cents francs. La facture du fabriquant le désigne ainsi; « Un voile velours bleu de roi, tout soie, brodé en or, orné de cinq glands et galon tout or fin, crépiné de grains d'épinard et à tor- sade ». Mais après cette date de 1845, une douzaine de confrères seulement marchaient à sa suite.

Les registres et papiers de cette compagnie qui sont conservés à Saint-Michel, avec tout le matériel; les procès verbaux de récep- tion de confrères vont du 7 avril 1803 au 11 mai 1851. Le livre des recettes et des dépenses des visiteurs des malades s'arrête au 29 janvier 1860. Les exercices de la compagnie avaient cessé plus de dix ans avant cette date à l'époque où fut démolie la chapelle de Notre-Dame-des-Aides; toutefois on la vit aux processions jus- qu'en 1865 ou 1866. La dernière élection d'officiers date du 5 dé- cembre 1847. Furent nommés ce jour-là, prieur, M. Rouffignac, prêtre; sous-prieur, M. Bernard, père; assistant, M. Jean-Baptiste Audoin. M. Martin du Gravier, syndic perpétuel, était mort la même année; cette perte fut vivement ressentie par la confrérie, et il ne fut pas remplacé dans cette dignité. Mgr Berteaud, évê- que de Tulle, faisait partie des Pénitents Bleus, qui avaient, depuis la Révolution, compté parmi leurs confrères beaucoup de personnes appartenant à des familles connues du pays; des Lafo rest, des Châtenet, des Meytadier, des Martin, des Guingand de Saint-Mathieu, des de Vaucourbeil, des Boisses, des Chapoulaud, des Montégut, etc. Le nom du colonel Mourier, depuis général et baron de l'Empire, figure sur un *Catalogue* des Pénitents Bleus, conservé à Saint-Michel, et qui paraît être des premières années du siècle. Les listes d'associés portent cent quarante à cent cinquante noms sous la Restauration; on n'en trouve plus que quarante à cinquante sur celles de 1835 à 1845. Plusieurs pièces imprimées pour les Pénitents Bleus portent l'écu royal et une gravure qui est censé représenter saint Jérôme assis devant un pupitre et lisant. La confrérie était sous l'invocation « de Saint-Jérôme et de l'Assomption de la Sainte-Vierge ». Elle avait conservé le titre de Compagnie Royale. — C'était à ses frais que chaque année à Noël, la crèche de Saint-Michel était établie et ornée,

Les Pénitents Blancs furent fondés vers 1604, dans la paroisse de Saint-Julien-Sainte-Affre. Après la restauration du culte, ils s'établirent dans l'église de Sainte-Marie, d'où ils se retirèrent pour aller à Saint-Pierre où ils ont subsisté jusqu'en 1851.

C'est encore l'église de Saint-Michel qui après la Révolution reçut les Pénitents Gris. Cette compagnie fondée vers 1610, dans l'église de Saint-Christophe, s'établit peu après, en 1611, dans la chapelle de Saint-Antoine au cimetière des Arènes. Après leur nouvelle organisation on leur donna dans l'église de Saint-Michel, la tribune placée au-dessus de la porte d'entrée ouvrant sur la place de la Préfecture, à l'endroit même où l'on a construit le nouvel orgue. On leur donna aussi une chapelle du même côté. Aucune compagnie ne s'était retrouvée, au lendemain de la Révolution, plus florissante et plus nombreuse; elle eut de deux cent trente à deux cent quarante membres. Dans les dernières années de la Restauration elle descendit au-dessous de ce chiffre, et en 1851, elle gardait à peine cinquante associés. Les registres du trésorier mentionnent en 1864, trente-quatre cotisations acquittées. Les Pénitents Gris parurent en public pour la dernière fois, en 1868, le jour des obsèques d'un de leurs anciens prieurs, M. Fromant, ex-avoué. Le matériel des Pénitents Gris est conservé à Saint-Michel. Un des confrères, M. Gérard, conserve leurs livres et papiers.

Les Pénitents Feuille-Morte, furent établis en 1615 dans l'église de Saint-Martial de Monjauvy. Leurs fondateurs sont huit prêtres : Mathias Magnon, Léonard Fournier, Antoine Farne, Pardoux Rebière, Léonard Belut, Léonard Baresge, Bernard Arasse,

Jean Cheysson, et un bourgeois Jean Lemoine. Le bref qui confirme l'institution des « Pénitents de la Miséricorde couleur feuille-morte, sous l'invocation de Sainte-Marie-Madeleine » est du 13 septembre 1619. Leurs statuts interdisaient aux confrères d'entrer dans les cabarets et les tavernes, et de jouer aux cartes ou aux dés « à peine de dix sols d'amende pour la première fois, à la seconde de vingt sols, et pour la troisième fois d'être chassés de la compagnie. Il leur était enjoint de visiter tous les premiers dimanches du mois les hôpitaux et les prisons, d'y faire « une charité proportionnée à leurs ressources », d'aller voir les confrères malades, et de « les assister, pendant leur maladie, de toutes sortes de secours spirituels et temporels, s'ils en ont besoin ». — « Tous les associés, est-il écrit dans un autre article, vivront en paix, union et charité, comme de bons chrétiens, se prévenant les uns les autres par toutes sortes de marques d'une vraie affection et évitant entre eux tout sujet de querelle et de contestation. Que s'il leur survenait quelque différend, ils tâcheront de se réconcilier au plus tôt, sans avoir recours à d'autres voie qu'à celle de médiation du conseil de la compagnie ». C'est aussi dans l'église paroissiale de Saint-Michel-des-Lions, que les Pénitents Feuille-Morte reçurent l'hospitalité au commencement du XIXe siècle ; ils la quittèrent cependant quelque temps après pour s'installer à Saint-Aurélien ; ce choix de la chapelle de la boucherie s'explique par le grand nombre de bouchers qui appartenaient à cette compapagnie. Les Pénitents Feuille-Morte, dont la sacristie de Saint-Aurélien conserve les registres de 1814 à 1865, et le matériel, se soutinrent, grâce à la fidélité des habitants du quartier aux anciennes pratiques de dévotion ; ils n'eurent jamais un nombre de confrères aussi élevé que la compagnie des Pénitents Gris, mais ils subsistèrent plus longtemps. En 1865, trente-un membres, payaient encore la cotisation ; le dernier scrutin pour l'élection des officiers avait eu lieu l'année d'avant, et c'est un boucher, Aurélien Cibot, dit le Chantre, qui avait été désigné pour remplir les fonctions de prieur.

Les Pénitents Rouges furent fondés vers 1660. Le curé de Saint-Aurélien et de Saint Cessateur Jean Goudin, obtint l'autorisation de Mgr de la Fayette et fut leur principal organisateur. Un arrêté du Présidial de Limoges du 13 mai 1662, approuva aussi leur établissement. Ils se réunissaient dans l'église de Saint-Cessateur. Après la Révolution, ils se sont réunis dans l'église de Saint-Pierre-du-Queyroix pour leurs exercices qui cessèrent en 1862.

La Compagnie des Pénitents Violets, ou du *Stabat*, est la

septième qui ait existé à Limoges, mais elle n'a pris naissance qu'après la Restauration du culte. Auparavant c'était une simple confrérie du *Stabat* qui était dans l'ancienne paroisse de Sainte-Félicité. Elle trouva l'hospitalité dans l'église de Sainte-Marie, étant autorisée par un bref de Pie VII, du 13 avril 1805 et s'éteignit après trente ans à peine d'existence. Comme les autres compagnies, elle fit imprimer un Manuel de prières qui a le titre de *Manuel contenant les offices, prières et règlements à l'usage de la Confrérie des Pénitents de l'Annonciation, de l'Incarnation de N.-S. J.-C. dits Pénitents violets, ou du Stabat, établis dans l'église succursale de Sainte-Marie en la ville de Limoges.* Dédiée à Mgr Marie-Philippe du Bourg, évêque de Limoges. Imprimé à Limoges chez Martial Ardant, en 1808.

Il est permis de regretter les compagnies de Pénitents de notre ville comme une des institutions les plus bienfaisantes et les plus populaires du passé ; c'est un devoir de l'histoire locale de conserver leur souvenir, et de rendre témoignage de leurs vertus, de leurs services, de leur grandeur.

Dans l'acte suivant nous voyons les fabriciens de l'église de Saint-Michel en 1610, charger le maître horloger, Jehan de Montégut, des soins de l'horloge « afin que ce soit au contentement des habitants de ladite présente ville ».

Le unzième jour de juin mil six cent dix, à Limoges, en la maison du notaire soussigné, avant midi, a été présent et personnellement établie Jehan de Montégut, maître horloger, demeurant en la présente ville, lequel de sa bonne volonté a promis et s'est obligé à honorables messires Jehan Desflottes sieur des Bordes, Guillaume de Verthamon, président en l'élection de la présente ville et Joseph Lamy, avocat au siège présidial, faisant tant pour eux que pour honorable messire Simon Descoutures, avocat du roi, auquel ils ont promis faire ratifier, et aux fabriqueurs et marguilliers de Saint-Michel-des-Lions, d'entretenir l'horloge de ladite église, icelui mettre en devoir et en point, durant quatre années à venir, à commencer du jour et date des présentes, et finissant les dites quatre années en même et semblable jour, moyennant la somme de vingt-cinq livres pour une chacune des dites années, ce pour lesdites quatre années la somme de cent livres, laquelle somme de vingt-cinq livres se payera un chacun an, savoir la moitié à la Saint-Jean-Baptiste et l'autre moitié à la fête de Noël. Et moyennant ledit payement, d'entretenir ladite horloge afin que ce soit au contentement des habitants de ladite présente ville, sans néanmoins qu'il soit tenu au cas où il adviendrait cas fortuit de rupture de ladite horloge, ou pièce importante d'icelle, si ce n'est de la remettre en payant (étant payée par les fabriciens), ni de fournir de cordage pour l'entretenement d'icelle ; laquelle horloge il sera tenu de rendre en fin desdits quatre ans en même état qu'elle est fournie, et close avec les serrures et clefs qui lui ont été délivrées par lesdits sieurs fabriqueurs.

Et ce que dessus les partis ont promis tenir..... en présence de messieurs Jehan Byays, avocat et de Me Léonard Rouard, greffier criminel à ce appelés et requis.... (Fonds Périère, notaire. — 11 juin 1610).

On a vu au chapitre précédent, à la date du 4 juillet 1560, la construction de la chapelle dite de Chansat, ou de Notre-Dame-des-Aides, ainsi que les différents événements qui en ont marqué l'existence. En 1610, cette chapelle avait besoin de grandes réparations, la pièce suivante nous apprend comment les membres de la Confrérie qui s'y réunissaient les firent exécuter à leurs frais.

Comme soit ainsi que la chapelle de Notre-Dame-des-Aydes en l'église de Saint-Michel de Limoges ayant grand besoin de réparations, les confrères de la frérie qui se célèbre en ladite chapelle assemblés, ont baillé charge à Me Jehan Martin, procureur au siège présidial de Limoges, l'un desdits confrères, de faire réparer la couverture de ladite chapelle, lui promettant qu'il sera remboursé des frais qu'il fera, sur les rentes et revenus échus et à échoir, lui baillant pouvoir de faire rendre compte aux bailes passés ou avenir jusqu'à son remboursement. Néanmoins avons statué et arrêté que dorénavant, les dix livres que le Roi de ladite frérie baille chacun an pour la collation des confrères seront employées pour acheter du plomb qui sera mis en la couverture de ladite chapelle, trois jours avant la fête de Notre-Dame d'août, savoir une platine de plomb de la valeur de ladite somme de dix livres, jusqu'à ce que ladite chapelle sera parachevée de couvrir de plomb, parce que la tuile n'y peut durer, et ladite chapelle serait bientôt ruinée s'il n'y était ainsi pourvu. Et en cas que celui qui sera Roi baille ladite somme de dix livres en quelque autre usage ou façon que ce soit, alors que ce fut du consentement de tous les confrères ou par autre statut contraire, il sera tenu de payer une autrefois pour ladite couverture, car le présent statut est si saint et nécessaire qu'il ne pourra être révoqué pour quelque cause que ce soit. Enjoignons au baile qui sera cette année, d'y tenir la main à l'emploi de ladite somme en la forme susdite, et en cas qu'il ne le ferait, ni les autres confrères, messieurs de la fabrique de l'église le pourront poursuivre et faire faire, en ce aussi qu'ils seront tenus de faire un canal de plomb pour transporter les eaux de la grande couverture de l'église afin qu'elles ne tombent pas sur celle de ladite chapelle. Et pour plus grande fermeté de ce que dessus, le présent statut a été signé desdits confrères qui se sont trouvés présents.

Fait en ladite chapelle, à l'issue de la messe le huitième jour de Notre-Dame de décembre mil six cent dix, ès présence de François Dépéret, natif de Séreilhac et Robert Sany, natif de la ville d'Aixe, témoins connus, à ce appelés et requis qui ont signé ces présentes.

Certey, J. Martin, Vernejoul, Progent, Verges, Devaulx, M. Perrat, Mathieu-Charles Ranciat, P. Charle Morin, Bardonnaud, Doineys, J. Roinaud, Depéret présent, R. Sany présent, Périère notaire royal. (Fonds Périère, notaire. — 8 décembre 1610).

Le couvent des Frères Mineurs Récollets de Saint-François fut établi dans la paroisse de Saint-Michel le 14 avril 1616. Cette

année une maladie contagieuse qui fit beaucoup de victimes à
Limoges, fut cause qu'on eut recours au zèle de quelques religieux Récollets de Sainte-Valérie, pour assister les malades à
la mort. On logea ces religieux dans une maison appelée le bâtiment de la Bayardère, qui leur fut ensuite donnée en témoignage
de reconnaissance, pour en faire une maison de retraite pour de
vieux religieux, maison qui porterait le nom de Saint-François
et serait indépendante de celle de Sainte-Valérie, ayant un gardien particulier. Pendant quelque temps ce fut un hospice dont
le gardien du couvent de Sainte-Valérie était supérieur.

Les religieux habitèrent ce couvent jusqu'à la Révolution, qui
les en chassa par application du décret de 1791, et le vendit au
profit de la République. Il était situé sur la place dite aujourd'hui
de l'Ancienne Comédie. Il fut acheté par M. Roulhac du Rouveix.
L'église devint une salle de spectacle jusqu'en 1840, et la maison
des bains publics. On y mit ensuite une école communale. De
nos jours, sur son emplacement, on a construit les bâtiments
de la Bibliothèque communale et du cours complémentaire de
jeunes filles.

C'était dans cette église de Saint-François qu'était la congrégation du tiers-ordre ayant pour patrons saint Bonaventure et
sainte Elisabeth. Les médecins faisaient aussi célébrer à Saint-
François la fête de saint Côme et de saint Damien, et les orfè-
vres celle de saint Eloi.

Quelques temps avant la Révolution le bâtiment avait été
réparé et avait reçu une nouvelle disposition ; les frais en furent
en partie couverts par la vente d'une très grande plaque en cuivre qui gênait au milieu du pavé de l'église et la somme de 900
francs qu'on donna au dernier gardien pour avoir accompagné le
corps de M. de Maulmont, jusqu'à l'église paroissiale de sa terre
où il avait demandé à être enterré.

Au moment de la suppression des ordres religieux en 1791
le P. Darsonval, en était gardien, et avait trois religieux avec lui,
qui refusèrent le serment.

Sur un des arceaux d'un des clochetons qui entourent la flèche
du clocher de Saint-Michel, on voyait la date 1617, ce qui porte
à croire qu'à cette époque, ce clocheton avait été reconstruit,
ou au moins qu'il y avait été fait quelque réparation.

En 1621 fut fondue la grosse cloche de Saint-Michel. Dans les
registres paroissiaux de cette année, on trouve cette note : « Le
18 juillet 1621 a été bénite la grande cloche de Saint-Michel, à
deux heures après midi, par Monseigneur l'Evêque de Limoges,

et pour icelle a été parrain M. Michel Martin, président au siège, et marraine dame Catherine Marand, femme du receveur Mousnier. — J. Devillard. »

Cette cloche était la plus grosse des huit cloches que possédait la paroisse avant la Révolution. On verra plus loin qu'elle a été refondue en 1814. On y lisait l'inscription suivante en lettres capitales romaines modernes :

✠ IHS MARIA.

La Fabrique m'a faict faire en l'an 1621.

Parrain noble Michel Martin, Conseiller du Roy, et Président de Limoges, Marraine Damoyselle Catherine Marrand, Femme de Monsieur le Receveur Mousnier.

Sancte Michaël, ora pro nobis.

Claude Duboys et Remy Rozier mon faicte,
l'an 1621.

Deux ans après on en fit fondre une autre, qui, par la grosseur, était la troisième de celles qui existaient avant la Révolution. Elle a été prise ou détruite à cette époque. Son inscription était en caractères romains majuscules et ainsi rédigée :

✠ JESUS MARIA,

Je suis faicte pour S. Michel-des-Lions de Limoges. L'an 1623, Parrin, noble Antoine Martin, Conseiller du Roy, président au Siège de Limoges, fils de feu Monsieur le Président,

Marrine, Damoiselle Guabrielle de Chastanet, femme de noble Jehan Decordes, Conseiller du Roy, et son Lieutenant Général de Limousin, E Siege Presidial.,...

Le reste de cette inscription manquait ; il y avait encore deux lignes et demie autour de la cloche, mais les lettres qui devaient la composer n'y étaient pas marquées ; ou elles étaient mal venues à la fonte, ou on les avait enlevées après. De sorte qu'on ne pouvait rien y lire malgré quelques lettres un peu apparentes.

Un soir du mois de septembre 1630, la peste éclata subitement dans la paroisse de Saint-Michel, au faubourg des Arènes. Un étranger, venu on ne sait d'où, descendu à l'hôtellerie des *Trois-Anges*, y succombait atteint de ce mal. Le lendemain et les jours suivants, furent constatés, à cet hôtel des *Trois Anges* et dans les maisons voisines, plusieurs autres décès ; le foyer pestilentiel du mal se propageait d'une maison à l'autre dans tout le faubourg.

Pendant l'hiver le fléau parut se ralentir un peu ; mais au printemps de 1631, le mal augmenta et sévit avec une force nouvelle. Les décès journaliers se comptaient quelquefois par centaines et les cercueils manquèrent pour ensevelir un si grand nombre de morts.

L'Ostension septennale des Saintes reliques, qui était cette année, s'ouvrit comme d'usage, le dimanche d'après Pâques ; c'était le moment où la peste sévissait avec le plus de fureur. La fête, d'ordinaire si joyeuse, fut cette fois silencieuse et morne : un petit nombre de fidèles s'agenouillèrent éplorés devant les saintes reliques.

Le mois de mai fut désastreux. La mortalité allait toujours croissant. La disette vint s'y ajouter aux misères de la situation, et les vivres commencèrent à manquer. Les autorités prirent toutes les mesures possibles pour venir au secours des malheureux et des pestiférés ; en déléguant même deux prêtres ou religieux spécialement chargés de l'assistance et de la consolation des malades ainsi que de l'administration des sacrements. Ce furent les révérends Pères François et Albert religieux Récollets qui reçurent cette mission. D'ailleurs, disent les chroniques, « pour la santé de l'âme, des prêtres s'offrirent volontairement, comme aussi des religieux Jésuites, Récollets et autres ». Ces généreux prêtres savaient que solliciter la mission de servir les pestiférés était briguer une mort presque certaine ; ils n'écoutèrent que la voix de la conscience. Le seul couvent des Petits-Carmes de la Réforme de Sainte-Thérèse perdit six de ses membres. On estime, disent les chroniques, qu'il mourut de la peste dans la ville, Cité et faubourgs de Limoges 20.000 personnes.

Dans les églises de Saint-Pierre et de Saint-Michel, qui seules avaient pu continuer régulièrement le service, on fit au mois d'août de nouvelles supplications générales et des processions, auxquelles assistaient tous les consuls de la ville ; et ce fut à la suite de la procession faite le 16 de ce mois, jour de la fête de saint Roch, que le fléau cessa et que bien des habitants qui avaient abandonné leurs maisons pour se retirer à la campagne, revinrent à Limoges.

C'est à l'occasion de ce grand événement que fut fondée à Limoges la Confrérie de Saint Roch ; la procession qui de nos jours encore a lieu dans plusieurs paroisses, le jour de la fête de ce saint, n'est qu'une commémoration de celle de 1631.

Le 9 novembre 1632, Louis XIII, roi de France et de Navarre arrivait à Limoges, au retour de son voyage à Toulouse. Ce jour le temps était très mauvais, et il tombait une forte pluie. C'est pour cela qu'il ne voulut pas être reçu avec tous les honneurs et les grandes réjouissances que l'on avait préparés. Il entra par la porte Manigne, où lui furent présentées les clefs de la ville; puis placé sous un riche dais, porté par quatre consuls ayant des robes de velours avec les chaperons de damas, il fut conduit à Saint-Martial. Mais là, l'Evêque de Limoges, Mgr François de la Fayette, et l'abbé de Saint-Martial Pierre du Verdier, étant en désaccord pour cette réception, le roi ne visita pas l'abbaye et alla descendre au logis du Breuil.

Le lendemain il devait partir pour se rendre directement à Paris. Avant de se mettre en route, il voulut entendre la messe dans l'Eglise de Saint-Michel-des-Lions; elle fut dite par un de ses aumôniers, et Mgr de La Fayette, évêque de Limoges y assista en habits pontificaux, ainsi qu'une douzaine de prêtres de Saint-Pierre-du-Queyroix qui s'y rendirent en procession.

Le 11 mai 1645, mourut à Limoges, à l'âge de 70 ans, et en odeur de sainteté, le Vénérable François Rivet, prêtre de la communauté de Saint-Michel-des-Lions. Il avait vécu pendant douze ans sur un grabat où le retenaient ses infirmités, on allait le voir comme un spectacle du ciel plutôt que de la terre. Plusieurs personnes qui s'étaient recommandées à lui dans de grandes affaires, attribuèrent à ses prières les succès qu'elles eurent. Mgr de La Fayette évêque de Limoges le visita aussi plusieurs fois pendant sa maladie. Il fut inhumé dans l'église de Saint-Michel, devant le grand autel, à l'entrée du chœur. Il fut accompagné à sa sépulture par les pénitents noirs de la congrégation desquels il faisait partie. C'est aussi dans cette église que l'on fit son oraison funèbre.

Cette même année 1645 on fit faire à Paris une nouvelle châsse pour les Reliques de saint Loup, M. Jean Jabraud, prêtre de l'église Saint-Michel, avait légué pour cela 300 livres. Les Bayles de la Confrérie de saint Loup firent la quête dans la ville pour compléter la somme nécessaire. Cette châsse en argent pesait 54 marcs et était de la valeur de 2,500 livres. Après qu'on eut transféré les reliques du saint dans cette nouvelle châsse, les religieux Carmes déchaussés acquirent l'ancienne en 1663, pour y mettre le corps de saint Eugène, roi et martyr, qu'ils avaient reçu de Rome depuis peu. Cette dernière était de fonte émaillée.

La châsse de saint Loup et les coupes d'argent qui contenaient le chef de ce saint ont été enlevées et détruites pendant la Révolution, comme on le verra plus loin.

On fit des réparations considérables au clocher en 1651, ainsi que l'atteste l'inscription suivante :

« L'année 1651 et au mois de septembre estans Fabriqueurs de la présente Eglise et Paroisse de St-Michel-des-Lions, Messrs Mres Leonard Desflottes, Conseiller du Roy au Présidial de Limoges ; Guillaume de Verthamond, trésorier général de France, en la présente généralité ; Pierre Descoutures advocat en la Cour et Presidial de la présente ville, et Léonard Constant aussy advocat, le présent clocher a été grouetté et simanté depuis le pied jusques à la pointe, les Quartiers se trouvant despris et entrouverts par la succession des temps, et à cause des pluies et orages, qui avaient descharné et emporté le simant qui avoit esté mis lor de l'estructure et bastisse d'icelluy, la dite réparation a été faicte par leurs so[i]ngs et diligences et les contributions des gens de bien. Loué soict Dieu ».

Cette inscription était gravée sur une plaque de cuivre rouge attachée au sommet de la flèche, d'où elle fut enlevée et portée loin par la foudre en 1810 (1).

Une autre inscription assez semblable à la précédente, avait été mise sous la boule qui terminait le Clocher en 1666, lorsqu'on y fit des réparations :

« L'an 1666, au mois de septembre, étant Fabriqueurs de la présente église de Saint-Michel Mrs... etc. La pointe de ce présent clocher, ébranlée par la foudre a été réparée par leur diligence et aide des paroissiens. — Loué soit Dieu ».

Quatre maisons de religieuses ont existé dans la paroisse de Saint-Michel, ce sont : les Filles de Notre-Dame établies en 1634, les sœurs de la Visitation en 1642, les Clairettes en 1659, et les sœurs de la Croix en 1811.

Les Filles de Notre-Dame s'établirent en 1634 dans la paroisse de Saint-Michel, dans la rue qui porte encore aujourd'hui leur nom, au-dessous du Portail-Imbert. Jeanne de Lestonac, six ans avant sa mort, envoya à Limoges, pour cette fondation, Suzanne de

____
(1) Elle est au Musée national Adrien Dubouché.

Briançon de Verteillac. Cette Mère, avec une de ses nièces et cinq autres religieuses, arrivèrent le 20 décembre 1634. Les religieuses Carmélites qui à ce moment se transportèrent dans leur nouvelle maison du faubourg Manigne leur vendirent celle qu'elles laissaient au prix de 22.000 livres. Leur premier soin fut de construire les classes et le pensionnat. MM. Hardy, trésorier général de France, et Ardillier, frère d'une religieuse de ce nom, les secondèrent et les facilitèrent pour élever promptement ces constructions. La pieuse marquise de Linars, qui acheva ses jours dans la communauté, subvint généreusement à une partie des frais.

Dès les premiers jours les élèves y vinrent très nombreuses. Le pensionnat des demoiselles était des mieux tenus et jouissait d'une réputation bien méritée, ainsi que la classe gratuite pour les pauvres. En 1647, elles étaient 13 religieuses. Plus tard, en février 1781, on voit par le dénombrement des habitants de la paroisse fait par M. Martin, curé de Saint-Michel, qu'à ce moment elles étaient 63 religieuses et 2 tourières.

Pendant la première République elles furent dispersées et le gouvernement s'empara de tout ce qu'elles possédaient.

Lorsque la persécution eut cessé, elles se réunirent et formèrent deux groupes : la Mère Juge de Saint-Martin, dans un ancien local des Ursulines, et la Mère Pénicaud, dans la maison Landouge. Peu après elles appelèrent la Mère Gonneau, qui tenait un pensionnat à Rochechouart, pour se mettre à leur tête et rétablir leur ordre. Elles achetèrent alors une partie des bâtiments des anciennes Carmélites au faubourg Manigne, où elles se cloîtrèrent.

Plus tard, elles firent construire le beau et vaste établissement de la rue Pétiniaud-Beaupeyrat, et s'y fixèrent en octobre 1856. La troisième République est aussi venue les chasser de ce nouveau monastère; elle l'a ensuite, par adjudication du 31 juillet 1906, vendu à son profit pour la somme de 230,000 livres.

Un couvent de religieuses dites Filles de la Visitation Sainte-Marie s'établit dans la paroisse de Saint-Michel en décembre 1643. Elles venaient de la maison de Lachatre en Berri. Les classes et le pensionnat de jeunes filles qu'elles ouvrirent furent fort bien tenus et très estimés. Quelques années avant la Révolution elles étaient quarante-huit religieuses de chœur et six converses, dont la plupart appartenaient aux meilleures familles de Limoges;

aussi leurs élèves se distinguaient-elles par la bonne éducation qu'elles recevaient dans ce couvent.

En 1771 ces religieuses de la Visitation entreprirent la reconstruction de leur chapelle dont l'entrée est sur la route de Paris, à peu de distance de la place Dauphine (aujourd'hui place Denis Dussoubs). Elle était achevée au commencement de l'année 1775 et Mgr d'Argentré la consacra au mois de juin. La *Feuille hebdomadaire de Limoges*, du 13 juin 1775, rend compte de cette cérémonie en ces termes :

« Monseigneur l'Evêque, accompagné de ses vénérables Frères les Doyen, Chanoines et Chapitre de son Eglise Cathédrale, s'est rendu processionnellement, le cinquième jour du mois de juin 1775, au Monastère des Religieuses de la Visitation de cette ville de Limoges, pour faire la cérémonie de la consécration de la nouvelle Eglise de leur Monastère, à laquelle il a procédé suivant le rit et les formalités prescrites par le Pontifical. Il a consacré le grand autel, dans lequel il a mis des reliques de saint Pacifique et de sainte Innocente, martyrs, et l'a dédié à la Sainte-Vierge, sous l'invocation de la Visitation. Il a pareillement fait la consécration de l'Eglise et les onctions à douze endroits différents sur les murs, qu'il a fait marquer par des croix, pour en conserver la mémoire; et a fait annoncer aux religieuses et au peuple qu'il accordait cent jours d'indulgence à tous les fidèles qui ont assisté à cette cérémonie, et visiteraient le même jour la dite Eglise, et quarante jours à toutes personnes qui la visiteront dans la suite le jour de l'anniversaire de la Dédicace d'icelle. Ce fait on a entonné le *Te Deum*, et on s'est retiré processionnellement à l'Eglise Cathédrale. »

Pendant une quinzaine d'années les religieuses de la Visitation connurent encore des jours prospères et utiles aux habitants de Limoges. Au mois de février 1781, M. Martin curé de Saint-Michel fit le dénombrement des habitants de la paroisse, et constata que le couvent de la Visitation avait alors 47 religieuses, 3 converses, 2 tourières, 3 servantes et 18 pensionnaires. Mais la Révolution et la persécution religieuse vinrent bientôt y mettre un terme. Les religieuses furent dispersées; on s'empara de leur couvent et de leur église et on en fit une prison, car toutes celles de la ville étaient insuffisantes pour contenir les victimes de gens qui se disaient les amis de la liberté. Ainsi le 14 novembre 1793, les religieuses avaient été remplacées dans leur couvent par 122 prisonniers; le 31 janvier 1794 il y en avait 140; le 25 août il s'y en trouvait 130, etc. Le 30 octobre 1795, les administrateurs du département publiaient encore l'arrêté suivant :

« ARTICLE PREMIER. — Tous les ecclésiastiques qui aux termes des décrets du 26 août 1792, des 21 et 23 avril, ont encouru la peine de la déportation, seront tenus de se rendre sans délai au chef-lieu du département dans la maison de la ci-devant Visitation, pour ensuite être déportés conformément aux dispositions des dites lois.

« ART. II. — Ceux qui dans les vingt-quatre heures de la publication du présent arrêté ne se seront pas rendus dans ladite maison, y seront conduits par la gendarmerie nationale à la diligence des communes et successivement des agent municipaux ».

A la suite de cet arrêté, 66 prêtres de la Haute-Vienne furent emprisonnés à la Visitation. Là, le gouvernement républicain leur donnait pour tout secours, une livre et demie de pain par jour ; aussi un certain nombre d'entre eux y moururent-ils de misère. Tels sont :

MM. Duchâteau, curé de Saint-Symphorien.
Roudet, prêtre habitué à Saint-Pierre-du-Queyroix.
Thierry, religieux récollet de Saint-François.
Massias, chanoine de Saint-Junien.
Ardent du Pic, chanoine de la cathédrale.
Lafont, vicaire du chapitre de Saint-Léonard.
Dourneau, prêtre libre.
Dardeüt, vicaire à Bénévent.
Borie, communaliste à Saint-Pierre-du-Queyroix.

Lorsque la persécution religieuse toucha à sa fin, le Monastère de la Visitation cessa d'être une prison. Ces bâtiments volés aux religieuses servirent à différents usages. On y mit le dépôt des archives départementales, l'église servit de tribunal ; aujourd'hui le tout forme une caserne d'infanterie.

Les religieuses, après avoir été expulsées de leur couvent, s'étaient dispersées, elles se réunirent de nouveau lorsque le calme fut revenu. Elles élevèrent divers pensionnats. Les deux plus considérables étaient : celui de sœur Agathe Bourdeau d'Antony, qui avait avec elle les sœurs Muret, Lamy de la Chapelle et Laforet ; il était dans la maison de Montégut, autrefois l'Aigle d'Argent. Celui des sœurs Javerdat et Sallé, dans la maison de Saint-Léger. Quelques temps après elles se réunirent toutes sous la supériorité de Mme Cécile Lamy de Luret, dans une portion de l'ancien couvent des Carmélites, où elles étaient locataires. Enfin, vers 1809, elles achetèrent, pour s'y cloîtrer, l'ancien couvent des Carmes déchaussés, où elles sont restées jusqu'à nos jours.

Marie-Anne de Maleden, en religion Mère du Calvaire, avait fondé dans la Cité de Limoges, au mois d'août 1659, le couvent des Petites Claires, connues particulièrement sous le nom de Clairettes. Mais leur maison, dans la Cité, n'était qu'un logement provisoire.

C'est dans la paroisse de Saint-Michel qu'elles allaient se fixer.

Dans les registres de Rougier, notaire à Limoges, on trouve au 14 janvier 1661 un échange signé « au parloir et grille des religieuses du couvent de Saint-Joseph de l'ordre de Sainte-Claire entre messire Jean Dubois, prieur de Notre-Dame des Arènes, de la ville de Limoges d'une part; et humbles et dévotes religieuses sœurs Louise de la Purification de Puilaurens, abbesse et supérieure, Louise du Saint-Sacrement de Malledent, sœur de Saint-Michel de Chauveron et Jacqueline de Saint Augustin de Chauveron, discrètes et professes de ladite communauté de Saint-Joseph », assistées de Pierre Dubois, sieur du Vert, avocat en parlement, leur sindic, avec la permission de Mgr l'Évêque de Limoges.

Le prieur Dubois cède aux religieuses :

« Le sol et plassage de la chapelle dudit prieuré avec tous les bâtiments qui y sont este faits et construits, et matériaux qui y peuvent rester, le jardin, vigne et terre joignant ladite chapelle contenant quinze journaux ou environ, le tout situé au faubourg des Arènes, par où l'on va, sur main gauche de la porte des Arènes aux Carmes d'un côté, d'un autre chemin qui va du faubourg et porte des Arènes, à Saint-Gérald, et par le derrière aux vignes de messire Pierre d'Arfeuille, procureur de la présente ville. »

Il cède aussi tous les droits qu'il prétend avoir sur la maison proche la susdite chapelle ou enclos, où logeaient autrefois les pèlerins de Saint-Jacques.

Il s'interdit pour lui et ses successeurs le droit de prêcher ou de faire prêcher dans la dite chapelle, mais se réserve pour lui et ses successeurs, celui d'aller prendre possession du prieuré des Arènes dans ladite chapelle, d'y célébrer la messe et de s'y faire inhumer « au dessous du balustre ».

En contre échange les religieuses cèdent une rente directe et foncière qu'elles avaient sur le village de Maschambart, paroisse de Panazol, avec droits de lods et vente, le tout portable à la maison du seigneur, qui leur appartenait en vertu de la cession à elles faite le 14 décembre 1660 par Martial de Maledent, seigneur de Meilhac et de Savignac, lequel intervint à l'acte pour l'approuver.

Ce fut le 5 septembre 1661 que les religieuses se transportèrent dans ce nouveau monastère. Peu de jours après, le 8 septembre Thérèse de Maleden, la sœur cadette de Mère du Calvaire reçut l'habit des mains de Mgr de La Fayette, évêque de Limoges, et elle prit le nom de sœur Thérèse de Saint Joseph. La troisième sœur, Louise Maleden de Meilhac, prit l'habit à son tour, le 9 mai 1666, avec le nom de sœur Saint-François. A ce moment cette Réforme de l'ordre de Sainte-Claire avait déjà reçu sa dernière consécration par une bulle du Pape Alexandre VII du mois d'août 1664.

Pendant plus d'un siècle les Clairettes de Limoges ont saintement vécu dans leur monastère sur la paroisse de Saint-Michel, où, comme la Recluse établie jadis par les Consuls de Limoges, elles n'ont cessé de prier Dieu pour les habitants de cette ville. Au mois de février 1781, M. Martin, curé de Saint-Michel, fit le dénombrement des habitants de sa paroisse, et il constata qu'à cette époque il y avait au couvent des Clairettes 25 religieuses, 2 converses et 2 tourières. La révolution vint ensuite les chasser de leur monastère et les dépouiller de tout ce qu'elles possédaient Le décret de 1791 qui supprimait les communautés religieuses, fut exécuté pour elles au commencement de l'année 1792; elles sortirent, expulsées par les autorités de l'époque, au nombre de 22 religieuses y compris 3 converses.

Quelque temps après la petite communauté osa former le projet de se reconstituer. Après la chute de Robespierre, qui eut lieu le 27 juillet 1794, les Clairettes pour avoir un gîte, souscrivirent un bail, le 1er novembre 1794, en vertu duquel elles purent occuper un coin dans leur propre maison rue des Clairettes, où les rappelaient tant et de si chers souvenirs. Elles y vécurent pauvres et humiliées, manquant de tout, mais pleines de courage et confiance en Dieu. Elles reprirent leur costume, et recommencèrent leurs cantiques. La cloche de la prière, sortant de son sommeil, osa de nouveau interrompre le silence de la nuit. Ce tintement nocturne toucha plus d'une âme, et opéra, dit-on, d'admirables

conversions. Au péril de sa vie, un vénérable chanoine, M. d'Ales
me, alla tous les jours, jusqu'à la fin des troubles, procurer aux
Filles de Sainte-Claire le bonheur d'entendre la messe.

Après le rétablissement du culte, avec leurs faibles ressources,
leurs privations, leurs dures économies, les Clairettes, aidées de
quelques bienfaiteurs, notamment de M. de Voyon, frère de la
Mère de Saint-Joseph et de M. le chanoine d'Alesme, achetèrent,
en face de l'Evêché, le 25 mai 1813, la pauvre maison qui les
a abritées près d'un siècle.

En 1890 elles ont pu reconstruire leur monastère sur le même
emplacement, ainsi que leur chapelle, et le 19 octobre 1891 Mgr.
Renouard, évêque de Limoges, a voulu procéder lui-même à leur
bénédiction. Mais en 1905, le gouvernement de la République,
comme en 1791, les a expulsées de leur propriété, et a vendu à
son profit tout ce qu'elles possédaient. Au mois de novembre
1905, dépouillées de tout, elles sont parties pour l'étranger, et leur
exil dure encore.

La continuation des *Annales Manuscrites de Limoges* signale
en 1648, et dans les termes suivants, un conflit survenu dans
l'église de Saint-Michel :

« Le jour de la feste de Pasques 1648, Mrs du Présidial ostèrent
de leurs places certains prestres de l'église Saint-Michel, estant
placés pour dire vespres, disant qu'ils avaient leurs places; dont
y eut grand bruit, n'eust esté Mons. le curé qui leur manda de
céder. Il y eust giand escandalle. »

» Le jour de Noel, l'an 1658, fust la mesme chose, mais plus
grande, car tous les prestres descendirent ne voulant dire vespres, mais s'assemblèrent dans la sacristie; enfin vespres furent
dites. Et affin que cela n'arriva plus, fut faict accommodement
par lequel Messieurs du Présidial auraient six cheres de chasque
côté. Notta que les cheres sont esté faictes par le curé et prestres,
dont l'épitaphe est aux quatre pilliers. »

On a vu en effet ci-devant l'inscription de 1544, disant que le
curé et les prêtres de Saint-Michel avaient fait faire ces stalles
« pour se assoir, pour vaquer au service divin ».

L'accommodement conclu en 1658 ne termina pas ce conflit,
car il reprit un peu plus tard. Les officiers du Présidial prétendirent qu'ils avaient toujours occupé les hautes stalles, les plus
près de l'autel, immédiatement à la suite des prêtres, qu'ils avaient
aussi le droit d'aller à l'offrande, les premiers même avant les

marguilliers. Ces places leur avait été données, disaient-ils, en retour de ce que le Palais était très utile à la paroisse, car c'était dans ses salles que les marguilliers se réunissaient pour tenir leurs assemblées, etc., etc. Selon eux, M Barny, ancien curé de Saint-Michel, aurait déclaré qu'il les avait toujours vus en possession de ces droits. Mais à la fête de Noel, un diacre voulut prendre place avant eux, et la dispute recommença, et il s'en suivit un procès. Malgré l'avis du curé, le diacre obtint un arrêt du Conseil qui lui permettait de faire assigner les parties. Les officiers du Présidial invoquaient dans ce procès la possession immémoriale et l'exemple des autres églises, où les officiers du Présidial occupent ces places, comme à Saint-Martial, à Saint-Etienne, à la collégiale du Dorat.

La fin de ce procès ne nous est pas connue; il n'était pas terminé en 1687.

Dans un acte du 6 août 1657, les Bailes de la Confrérie des Ames du Purgatoire : Pierre Duboucheix, procureur au siège Présidial de Limoges; Martial Pétiniaud, bourgeois et marchand; Martial Barbou, maître imprimeur et Martial Gadaud, nous apprennent que les Marguilliers et Fabriciens de l'Eglise de Saint-Michel, Mrs Desmaisons, conseiller; Descoutures, avocat du Roi; Des-Ilottes, sieur des Bordes, avocat; Lamy, sieur de Luret, vice-sénéchal, « ont fait faire de nouveau un Tabernacle posé sur le grand autel, et que le candélabre, placé au-devant et fait aux dépens de la Confrérie des Ames du Purgatoire, offusque la vue dudit Tabernacle ».

Pour obvier à cet inconvénient, et pour l'ornement du grand autel, ils sont d'avis d'ôter ce candélabre et d'en mettre deux, un de chaque côté de l'autel, faits en rond et semblables à ceux qui sont à l'autel de l'Eglise de Saint-Martial. Ils chargent le sieur Jean Raby, bassinier de cette ville de faire cet ouvrage. Ces candélabres, placés de chaque côté de l'autel, auront 13 pieds de longueur et 14 pouces de largeur; le tout fait en laiton le plus beau qu'on pourra trouver. On y gravera ces mots : d'un côté *Requiem eternam dona eis Domine*, et de l'autre, *El lux perpelua luceat eis* 1657.

Le produit d'une fondation leur fournit la somme nécessaire pour faire faire ces candélabres. François Boisvert, prêtre de l'Eglise de Saint-Michel, et curé de Soubrevas, par son testament du 17 décembre 1653, avait légué à la Confrérie des Ames du Purgatoire la somme de 200 livres, à la charge, par les Bailes de cette Confrérie de faire célébrer, chaque année et à perpétuité, dans l'Eglise de Saint-Michel un service anniversaire, tel jour que ledit testateur décédera. Il mourut le 6 octobre 1656.

Peu après ce décès, Etienne Thomas, procureur au siège Présidial de Limoges, neveu et héritier de François Boisvert, remit aux Bailes de la Confrérie des Ames du Purgatoire la somme de 200 livres léguée par son oncle, à laquelle il ajouta 40 livres pour compléter le prix des candélabres, faits par Jean Raby. Ces candélabres ont servi pendant plus d'un siècle, comme on le verra en l'année 1770.

Pendant l'année 1663 l'église de Saint-Michel s'est enrichie de deux nouvelles cloches. La première qui a existé jusqu'à la Révolution, époque où elle fut détruite, et qui était la sixième (en grosseur), portait l'inscription suivante en caractères majuscules romains modernes :

« ✠ Parrin, Mr Me André Laudin, s^r de Linguaine, Conseiller du Roy au siège présidial de Limoges. Marrine, Damoyselle Marguerite Desmaisons. — 1663. — Charpentier m'a faicte ».

La seconde, qui fut fondue la même année, était la septième en grosseur ; on la nommait *le Dandan*, parce qu'on ne pouvait pas la sonner à la volée, à cause qu'elle servait de timbre à l'horloge, et qu'on ne faisait que la tinter pour sonner les messes. Elle existait encore en 1811. On y lisait, en capitales romaines modernes, l'inscription qui suit :

« ✠ Messieurs les Bayles des Ames du Purgatoire de l'Eglise de Saint-Michel-des-Lions m'ont faicte faire, estans en charge au mois de septembre 1663. Noble Pierre Hardy, seigneur du Puytison, trésorier général de France, en la généralité de Limoges, Parrain. Dame Catherine Guillume, femme de Mes^{re} L. Chastaignac, Chevalier Seigneur de Neuvic, Masléon et autres places, Conseiller du Roy en ses conseils et Prévost en Limousin ».

Au-dessous de cette inscription on voyait une croix et quatre têtes de morts accompagnées de deux ossements posés en sautoir. Cette cloche avait 0.90 centimètres de diamètre, ce qui suppose un poids de 410 kilos. La Confrérie des Ames du Purgatoire qui la donna à l'Eglise a toujours été très en honneur dans la paroisse et s'est montrée généreuse à son égard dans bien d'autres circonstances.

C'est après la fusion des deux cloches citées ici, que l'auteur des *Annales Manuscrites de Limoges*, écrivait en 1671. « Le clocher de

Saint-Michel : contenant dans icelluy huit cloches, et celle de l'horloge font neuf ».

Pendant les fêtes de l'Ostension de 1666, il fut fait une inspection de toutes les reliques des saints, que l'on exposait dans les différentes églises de Limoges. On signala les suivantes dans l'église de Saint-Michel :

« Etat des Reliques des Eglises de Limoges, suivant le registre fait en l'année d'Ostention 1666.

« Eglise de Saint-Michel.

« On y voit la châsse de Saint-Loup, couverte d'argent et piliers dorés de bel ouvrage, dans laquelle sont le corps et le chef dudit Saint-Loup, 21ᵉ évêque de Limoges. Le chef est dans une coupe d'argent doré qu'on met dans un coffret doré parsemé de fleurs de lis, puis dans la châsse ; il est invoqué contre les diarrhées et maux des intestins ; sa fête est le 22 mai, et sa translation le 6 septembre. Plus un bras dudit saint dans un bras d'argent.

» Plus du bois de la vraie Croix dans une grande croix d'argent.

» Plus le chef de Sainte Bénigne, vierge et martyre dans un demi-corps d'argent.

» Plus dans un coffret de cuivre surdoré, un os de Saint Caprais martyr, un de Saint Etienne de Muret et des Innocents.

» Plus dans un bras de bois, des reliques de Saint Antoine.

» Plus dans un cristal, un doigt de Saint Jean-Baptiste ».

En 1669 un petit conflit s'éleva aussi dans l'Eglise de Saint-Michel entre les membres de la Confrérie du Saint-Sacrement qui était toujours en grand honneur dans la paroisse, et les Consuls de la ville de Limoges. Voici dans quelles circonstances. M. Pierre de Reculez, seigneur de Chasteaumoulin, conseiller du Roy en la sénéchaussée et siège présidial de Limoges, mourut cette année. Il avait été élu consul en 1668. Pour son enterrement, comme il était de la Confrérie du Saint-Sacrement, ses confrères voulaient porter les cordons du drap mortuaire. Les consuls prétendaient que ce droit leur revenait. De là le conflit. « Il fut résolu, disent les Registres consulaires, que MM. les consuls porteraient les dits cordons, avec MM. du Présidial, à l'exclusion des dits Confrères ». Ce qui fut exécuté.

En 1696, il y avait à Limoges, comme lieutenant général du roi au gouvernement du Haut et Bas Limousin, le marquis François-Joseph de Beaupoil de Sainte-Aulaire, né le 6 septembre 1648 au Barri de Sainte-Aulaire en Bas-Limousin. Il est surtout connu

comme poète et membre de l'Académie de France. Il avait épou-
sé en 1676, Marie de Fumel, fille de Louis comte de Fumel en
Agenois et de Marguerite de Lévis-Mirepoix. A la mort de la
marquise de Beaupoil de Sainte-Aulaire, les consuls de Limoges
firent célébrer pour elle un service dans l'église paroissiale de
Saint-Michel-des-Lions. Ce qui causa un petit conflit, le curé de
Saint-Pierre-du-Queyroix, se fondant sur l'ancien usage, voulait
que ce service eût lieu dans son église. Mais il y eut transaction,
et tout se fit très honorablement. A ce service, dans l'Eglise de
Saint-Michel, le 30 avril 1696, l'oraison funèbre fut faite par le P.
Joseph David de l'Oratoire. La division de son discours fut : 1º
La crainte du Seigneur lui a fait régler toutes ses passions; 2ᶜ
Elle lui a fait remplir tous ses devoirs. L'assistance à cette
cérémonie fut considérable, tant de la part des simples habitants
de Limoges, que des autorités civiles et militaires. Les registres
paroissiaux de Saint-Michel en gardent l'acte suivant :

« Le trentième et dernier avril 1696, nous, curé de Saint-Michel-des-Lions, soussigné, avons fait le service de dame Marie de
Fumel, femme de messire Joseph de Beaupoil, marquis de Sainte-
Aulaire, lieutenant du Roy dans la province du Limousin, où
étaient assemblés messieurs du présidial en corps, les chefs en
robes rouges, et messieurs les consuls aussi en corps avec leurs
marques de distinction. L'oraison funèbre de ladite dame y fut
prononcée par le Révérend Père David, de l'Oratoire de Jésus, par
ordre de messieurs les consuls.

» Baillot, curé de Saint-Michel, Maledent, consul, de Beaupoil,
lieutenant général. »

La place de la Recluse des Carmes était inoccupée depuis quelque temps, lorsque le dernier mai 1688 les consuls se réunirent
pour désigner une personne de bon exemple et de piété, vertueuse
et sans aucun reproche. Les Registres consulaires disent : « S'est
présentée Anne Lemoine, habitante de la présente ville pour remplir ladite place. Sur quoi l'affaire mise en délibération, les dits
sieurs prévôt, consuls, d'une commune voix et accord, étant
informés de la bonne vie, mœurs, religion catholique, apostolique et romaine d'Anne Lemoine l'ont choisie pour Recluse de la
présente ville, pour par elle jouir de ladite place, aux mêmes privi-
lèges, droits, gages et revenus, comme a accoutumé de jouir sa
devancière; et à charge par ladite Lemoine de prier Dieu pour la
prospérité desdits sieurs prévôt et consuls, et de tous les habi-

tants de la présente ville, pendant le cours de sa vie. Dont du tout a été fait et dressé le présent acte, les jour mois et an que dessus. Signé : J. Limousin, prévôt consul; Biais, consul; Léonard consul; de Dohet, consul; Descordes, consul; Michel consul et Descordes greffier.

« Et advenant le 5e juin audit an, dans la chambre du Conseil de l'Hôtel de ville, où étaient assemblés Messieurs les prévôt et consuls, lesquels ayant mandé par un des valets de la ville, ladite Anne Lemoine, icelle, s'étant présentée, et lui ayant fait entendre la nomination faite de sa personne pour Recluse, suivant l'acte de l'autre part, dont lecture lui a été faite, icelle s'étant revêtue de l'habit de Recluse, les dits sieurs prévôt et consuls l'ont conduite avec leurs marques dans l'Eglise de Saint-Michel où, après avoir fait célébrer la sainte messe, elle a été conduite avec la procession dans la maison où lesdites Recluses font demeure et habitation, où étant ledit sieur Limousin, prévôt, lui a donné les clefs de ladite maison pour y faire sa résidence, ainsi et de même que ses devancières; et se sont lesdits consuls retirés. Dont et de tout a été dressé le présent acte, les jour, mois et an que dessus. *Signé* : J. Limousin, prévôt consul; de Dohet, consul,; Descordes, consul; Michel, consul et Descordes, greffier ».

Au moyen-âge des confréries, ainsi que des particuliers, avaient fondé dans les églises paroissiales des chapelles ou vicairies. Chacune d'elle avait son prêtre, et le fondateur y assurait à la fois la perpétuité du culte et le ministère du desservant. Ces prêtres se formèrent en communauté et partagèrent entre eux les revenus des fondations, ainsi que le travail qui leur était demandé.

Une des premières communautés de prêtres, qui a servi de type aux autres, fut fondée dans l'église de l'abbaye de Saint-Martial au commencement du XIIe siècle par Hugues de Brosse, abbé de Saint-Martial, et Jean de Veyrac, évêque de Limoges. A cette époque les moines étaient accablés par le nombre de messes et de services qu'ils devaient célébrer en exécution de dispositions testamentaires.

Peu après, il se forma dans l'église de Saint-Michel, une semblable communauté de prêtres; elle existait au moins depuis 1236. On a vu précédemment, qu'Aiméric, évêque de Limoges, approuva ses statuts et lui donna un règlement le 18 mars 1372. Cette pièce est conservée aux Archives de la Haute-Vienne (G. 8, folio 51.) Une autre pièce des mêmes archives (G. 2,323.) nous fait connaître le nom des prêtres communalistes, le 24 novembre 1470. Ce sont : Guillaume Jouviond capellanus, ou curé, Pierre Avril, bachelier en droit, Jean Faugeyrai, Pierre Brunot, Léonard Cossa, Martial Descoutures, Pierre Duvivier et Michel Concha, prêtres communalistes de Saint-Michel-des-Lions. Laurent Veyrinaud, aussi prêtre de la même société, qui fait un don à l'église de Saint-Michel, pour l'acquisition d'un ornement.

Les actes de différentes époques font connaître bien d'autres prêtres communalistes de Saint-Michel. Tels sont : Thomas Lafon en 1236, Pierre Lauzelli prêtre de Saint-Michel en 1452; Jean Nadaud, prieur et prêtre de Saint-Michel en 1459; Pierre Gayou, qui fonda une vicairie et testa en 1482, Pierre Meyrangeys, prêtre communaliste le 9 juin 1627; Vénérable François Rivet, mort en 1645. Jean Jabraud en 1645, Jean Cluzeau, prêtre communaliste, ingénieur et archiviste en 1718, etc.

En 1558 les prêtres communalistes de Saint-Michel révisèrent les statuts et règlements auxquels il étaient soumis. On y voit que leur communauté qui en 1500 se composait de 23 membres, fut alors réduite à douze, parce que ses revenus ne lui permettaient pas d'en entretenir un plus grand nombre. Tous ceux qui étaient admis parmi eux s'engageaient en entrant à observer fidèlement les statuts, à payer un droit d'entrée de 30 livres, et à ne pas recevoir d'émolument l'année où ils étaient reçus. Ils devaient célébrer toutes les messes et services de fondation, et aussi aider et même remplacer le curé de la paroisse et ses vicaires lorsqu'ils seraient demandés. De plus ils s'engageaient à donner leur démission, si plus tard ils étaient nommés à quelque bénéfice avec charge d'âmes. En outre de cela ils se réunissaient à l'église paroissiale pour y chanter l'office de Matines, Laudes, etc., comme les chanoines dans les cathédrales, ce que constate l'inscription de 1530 que l'on a vue ci-dessus. Ils étaient sous la direction du curé de la paroisse, qui était le chef de la communauté, et, selon un jugement de la sénéchaussée de Limoges, du 28 septembre 1621, avait droit à deux parts dans la distribution des revenus.

En 1689, les prêtres communalistes de Saint-Michel adressèrent une requête à l'évêque du diocèse, au sujet des messes et services qu'ils devaient célébrer, ainsi qu'il est spécifié dans les pièces suivantes :

A Monseigneur l'illustrissime et révérendissime Louis d'Urfé, évêque de Limoges.

Supplient humblement Léonard Grandchaud et Léonard Texier, au nom et en qualité de bailes sindiqs de la communauté de Saint-Michel-des-Lions de la présente ville de Limoges, disant que ladite communauté se trouvant chargée d'un nombre extraordinaire de messes, obits et services de fondation pour des revenus extrêmement modiques, eu égard même au règlement général de tout le diocèse établi pour la rétribution de chaque messe en particulier; ils sont dans l'impossibilité de s'acquiter comme il faudrait de leurs obligations selon la première intention et volonté des fondateurs et de les remplir entièrement. De plus qu'il y a une bonne partie desdites messes de fondation qui a été réduite en services ou obits par feu Monseigneur de La Fayette, évêque de Limoges, de parole verbale, ce qui fait peine à plusieurs communalistes qui n'étaient pas de ce temps là. C'est pourquoi désirant mettre leur conscience en repos et sûreté tant pour le passé que pour l'avenir.......

Signé : Granchaud et Texier.

Nous, avant faire droit aux fins de la présente requête, avons ordonné qu'elle sera communiquée au sr curé de la paroisse de Saint-Michel, ensemble aux sindics fabriciens en ce qui les peut concerner, et que les fondations qu'on prétend réduire seront lues par trois dimanches consécutifs, au prône de la messe paroissiale de Saint-Michel, pour, les publications faites, et ouï sur le tout notre promoteur général, être ordonné ce qu'il appartiendra. Fait à Limoges, ce 22 juin 1689.

Signé : Louis, E. de Limoges. Par mandement de Monseigneur : David.

Signifié par moy clerc soussigné, tant à M. le curé de Saint-Michel, que au sr Constant conseiller du roy et prévôt syndic fabricien de Saint-Michel, parlant à leurs personnes, auxquels j'ai laissé copie de la susdite requête et ordonnance.

Signé : Poncet, clerc tonsuré.

Controllé à Limoges le 8 juillet 1689, *Signé* : Pigné, reçu dix sols.

Les fondations, messes et anniversaires que Mgr est supplié de régler :

Une messe quotidienne fondée par Maltaire Bardinet pour la somme de 1000 livres de fonds, par testament du 28 août, signé : Boulestein, de laquelle nous recevons 40 livres, dont on prend 35 livres pour faire cinq services, et pour le reste on dit des messes.

Une messe quotidienne fondée par dame Catherine Sénamaud pour la somme de 77 livres payée annuellement, par testament du 15 mars 1637, signé Nouailler.

Une messe quotidienne fondée par Pierre Saleyx, pour la somme de 1000 livres de fonds dont on reçoit 45 livres de messes, par testament du 17 octobre 1576, signé Meillard.

Une messe quotidienne fondée par feu Joseph Beaune, pour la somme de 1000 livres de fonds, et dont on reçoit 50 livres par an, par son testament du 4 février 1559, signé Martin.

Une messe quotidienne fondée par Jean Lescure, marchand, pour la somme de 1000 livres de fonds, dont on reçoit 41 livres 8 sols 4 deniers par an, par testament du 19 décembre 1549, reçu par Jean de Petiot. Cela a été changé, en services qu'on fait au nombre de 12 ou 14 tous les ans, les héritiers en étant avertis.

Quatre messes par semaine avec l'hymne *Stabat* tous les samedis après Complis à la chapelle de N.-D. des Aides, par dame Catherine des Cars, veuve de feu M. Maran, pour la rente annuelle de 7 setiers de blé seigle, 4 émines avoine, 10 sols en argent, deux poules, par contrat du 18 juin 1571, reçu par Roger.

Trois messes tous les ans, sur la messe de Pierre Rebeyrolle, par acte du 25 juin 1585, signé Labrousse, pour la somme de 12 livres tous les ans.

Une messe tous les lundis fondée par contrat du 13 janvier 1530, signé Pénicaud, pour 4 livres, 4 sol, 3 deniers, par an.

Nous ignorons quel fut le résultat de cette demande et de l'enquête qui s'en suivit.

Au XVIIe siècle il y eut encore quelques vicairies ou commissions de messes fondées dans l'Eglise de Saint-Michel.

Les prêtres communalistes de Saint-Michel en 1749 acceptèrent les charges et reçurent les revenus d'une des plus anciennes Confréries de la ville.

Il y avait à Limoges, dans un cimetière datant de l'époque galloromaine, une chapelle portant le nom de Notre-Dame de la Courtine. Elle avait été bâtie par les premiers religieux de Saint-Martial, et elle communiquait avec leur basilique par l'ancien cloître de ce monastère. En 1557 le Chapitre de Saint-Martial céda cette chapelle à une Confrérie pour y tenir ses réunions. Cette Confrérie se composait de quatre chanoines de la Cathédrale, 4 chanoines de Saint-Martial, quatre prêtres communalistes de Saint-Pierre-du-Queyroix, quatre prêtres communalistes de Saint-Michel-des-Lions, deux officiers ou magistrats, et deux marchands de la ville. Au XVIIIe siècle, cette chapelle en très mauvais état et les ruines de l'ancien cloître opposaient un obstacle à la circulation entre la haute et la basse ville. C'est alors, en 1742, que l'intendant de Tourny, qui venait de créer la place et les allées qui ont longtemps porté son nom, décida l'ouverture de la rue de la Courtine, ce qui occasionna la disparition de cette chapelle. Quant à la Confrérie de Notre-Dame de la Courtine elle fut supprimée le 24 juillet 1749, et tous ses revenus, et autres biens comme ses charges furent réunis à la Communauté des prêtres de Saint-Michel-des-Lions.

CHAPITRE VII

Les curés de Saint-Michel au XVIIIe siècle. La Recluse des Arènes. Cloche de
1726. Baptême de Mlle Aubert de Tourny. Réparation au clocher en 1748,
1754, 1756, 1785. Mort de l'Intendant Chaumont de la Millière. Maison
de Force, Asile des aliénés. Sépultures dans l'église de Saint-Michel.
Réparations dans l'intérieur de l'église. Le Palais de Justice. Funérailles
de M. Juge, maire de Limoges. Recensement de la paroisse en 1781. Chapelle du Crucifix d'Aigueperse. Service pour la mère de M. Meulan
d'Ablois, intendant de la Généralité.

Après la mort de Pierre Baillot, MARTIAL DARTIGEAS fut nommé curé de Saint-Michel. Il était docteur de Sorbonne, chanoine
de Saint-Martial, vicaire général du diocèse, supérieur local
des Carmélites de Limoges et aussi curé de Saint-Pierre-du-
Queyroix.

Mais en même temps, SIMON LE RAQUIAUD, abbé commendataire de Beuil, se déclara résignataire de Pierre Baillot pour
la cure de Saint-Michel. En effet, Pierre Baillot, avant de mourir, lui avait donné, le 24 octobre précédent, une procuration
ad resignandum; mais cette procuration n'arriva à Rome que
le 7 novembre 1735; à cette date le curé de Saint-Michel était
mort, aussi les officiers de la Cour de Rome refusèrent d'en faire
l'expédition.

De là un procès entre les deux prétendants.

Pendant que la cure fut ainsi en litige, le gouvernement en fut
confié à M. Montégut, avec le titre de vicaire régent, et cet état
de choses dura de 1736 à 1739. Le procès se termina par un arran-
gement, Martial Dartigeas, sur l'avis de l'évêque de Limoges,
céda la cure de Saint-Pierre à Simon Raquiaud, et resta paisible
possesseur de celle de Saint-Michel. Il en avait pris possession le
9 novembre 1735; mais cet acte fut sans effet, à cause du procès qui l'avait suivi. Il en prit possession une seconde fois le 21
juin 1739, et gouverna ensuite cette paroisse jusqu'à sa mort,
survenue le 9 novembre 1748. On voit par son testament que
« il donne et lègue aux pauvres de l'hôpital général de Limoges
le principal et la rente constituée de 1.500 livres, ou revenu de
75 livres ». Après sa mort, le 14 décembre 1748, Louis Benoit,
prêtre et curé de la paroisse de Monceau, dans l'archiprêtré de
Brivezac, se dit pourvu de la cure de Saint-Michel par la présen-
tation qu'en avait faite, le 16 novembre précédent, le chanoine

aquilaire de la cathédrale; il fit appel comme d'abus, contre la nomination de M. Malevergne, mais ses démarches n'eurent aucun résultat.

Jean-Baptiste-Joseph Malevergne, docteur en théologie de la faculté de Paris, chanoine de Saint-Martial, prit possession de la cure de Saint-Michel le 16 novembre 1748 et mourut le 2 mars 1753. Il avait aussi le titre de chanoine honoraire de Saint-Martial. Il a laissé à Saint-Michel un petit registre qu'il a intitulé « Livre des revenus de la cure de Saint-Michel, à commencer du 16 novembre 1748, jour de ma prise de possession ». Ce registre a été continué par ses successeurs, qui comme lui, y ont inscrit les revenus et les dépenses de chaque année, et y ont aussi noté divers renseignements.

Pierre Chastagnac, bachelier en théologie de la faculté de Paris, vicaire de Saint-Pierre-du-Queyroix, curé de Tarn et d'Aixe, fut nommé curé de Saint-Michel en 1753, et prit possession le 29 mars. Dans la Liève des revenus et des dépenses de la paroisse, il marque qu'en 1755 le nombre des vicaires est de cinq, trois pour la ville, dont les honoraires sont pour chacun de 100 livres, et deux pour la campagne dont les honoraires sont de 50 livres pour chacun. Il est mort le 30 septembre 1764.

Antoine de Léonard de Fressanges naquit à Limoges, sur la paroisse de Saint-Michel, le 25 mars 1725. Son parrain fut Antoine de Léonard, son oncle, écuyer, seigneur de Saint-Cyr et de Saint-Laurent-sur-Gorre, conseiller du Roi, trésorier de France à Limoges. Il eut pour marraine Anne Vidaud, sa bisaïeule, veuve de Grégoire Benoist, écuyer, seigneur de Landouge, aussi trésorier de France. Après ses études à l'Université de Paris, il fut docteur en Sorbonne.

D'abord attaché comme vicaire à l'église de Saint-Michel, il fut ensuite pourvu d'un canonicat du chapitre de Saint-Martial, sur la résignation faite en sa faveur au mois de mai 1754, par M. Martin de la Bastide, et devint chanoine théologal. Il fut aussi vice-gérant de l'officialité. Nommé curé de Saint-Michel en 1764, il en prit possession le 4 octobre de cette année.

On le trouve le 15 mai 1753, bénissant le mariage de sa sœur Valérie de Léonard avec Pierre-Michel Baillot du Queyroix, chevalier, seigneur du Queyroix, trésorier de France à Limoges; et aussi en 1758, bénissant celui de son frère Jacques de Léonard, chevau-léger de la garde du Roi, avec Catherine Texandier de Laumonerie, fille du baron de Nieul. On peut croire aussi qu'il ne fut pas étranger à la détermination prise par son frère Bruno, de quitter le monde où il vivait, pour entrer au monastère du Glandier.

Antoine de Léonard resta à la tête de l'église de Saint-Michel jusqu'à sa mort survenue le 11 janvier 1772, et il fut inhumé dans l'église, ainsi que le constate l'acte d'inhumation :

« Le douzième janvier mil sept cent soixante-douze a été inhumé dans cette église, dans le sanctuaire du côté de l'Evangile, messire Antoine de Léonard de Fressanges, docteur de Sorbonne, ancien théologal et chanoine honoraire de l'église royale et collégiale de Saint-Martial, official vice-gérant du diocèse, prévost de Linards et curé de cette paroisse, décédé hier, rue du Mûrier, âgé d'environ quarante-sept ans. La cérémonie de l'inhumation a été faite par Monseigneur l'Evêque, en présence des parents soussignés. *Signé* : de Fressanges de Nieul, Texandier de Losmosnerie. L.-C. Evêque de Limoges ». (Registres paroissiaux de Saint-Michel).

M. Pierre Martin de la Plaigne est né à Limoges, dans la paroisse de Saint-Michel-des-Lions, le 9 août 1733. Il alla à Paris étudier en Sorbonne, et en revint licencié en théologie. Il fut d'abord vicaire dans cette même église de Saint-Michel, poste qu'il occupait en 1759; mais il ne tarda pas à être nommé curé de Sainte-Félicité, autre paroisse de Limoges, qui comprenait ce qu'on appelait la ville du Pont-Saint-Martial. A la constitution du personnel du Collège royal de Limoges, le 4 août 1763, M. Martin fut choisi pour y remplir les fonctions de sous-principal ou préfet. Après avoir rempli ces fonctions pendant trois ans, il donna sa démission en 1766, et devint chanoine de la collégiale de Saint-Martial. Le 12 janvier 1772, il fut nommé curé de Saint-Michel, pour succéder à M. Léonard de Fressanges qui venait de mourir, et il prit possession de cette cure le 16 du même mois. Le chapitre de Saint-Martial lui décerna alors le titre de chanoine honoraire; il en avait été le chanoine théologal et était qualifié bachelier de la sacrée faculté de théologie de Paris.

On trouve dans un registre de Saint-Michel, écrite de sa main, les deux notes suivantes : « Le nombre des communions en 1773, depuis le dimanche des Rameaux jusqu'à celui de Quasimodo est de 3,876. Du dimanche de Quasimodo au mardi de la Pentecôte on n'a pas compté... »

En février 1781, le curé de Saint-Michel fit le dénombrement de la population de la paroisse. En 1782, il rebâtit la chapelle du Crucifix d'Aigueperse En 1789 à l'assemblée générale du clergé, il fut un des rédacteurs du cahier des doléances. En 1790, il fut élu officier municipal de la commune de Limoges.

On lira, dans le chapitre suivant, quelques détails, sur la conduite exemplaire qu'il a tenue pendant la persécution religieuse, sur sa déportation à l'étranger et sur son retour après le Concordat de 1801.

Au commencement du XVIIIᵉ siècle, on trouve encore à Limoges la Recluse des Arènes dont il est parlé ci-devant. Cette place était vacante depuis quelque temps après le décès d'Anne Lemoine, lorsque les Consuls, le 26 mars 1715, nommèrent Pétronille Ménager, et procédèrent à son installation ainsi qu'il était d'usage.

Après sa mort, le choix des Consuls désigna pour la remplacer, le 4 septembre 1734, Suzanne Maumont (nommée quelquefois Aumont). Elle était veuve de Jean Lalay et âgée d'environ 73 ans. Elle mourut peu après, et fut enterrée le 30 octobre 1734, dans la chapelle de l'Ermitage de Montjauvy. Son fils en était alors l'ermite.

La même année, le 7 décembre 1734, Louise Laloy, fut installée Recluse des Arènes, et après elle cette institution municipale va disparaître en même temps que les Ermites de Montjauvy.

L'origine de l'Ermitage de Montjauvy, semble remonter au XIᵉ siècle, lorsque, à la suite du miracle des Ardents de l'an 994, « la communauté de la ville de Limoges consacra un petit fonds pour l'établissement d'un Ermite, en reconnaissance de la cessation d'une maladie contagieuse qui désolait les habitants ». Nous avons la liste des Ermites de Montjauvy pendant les XVIᵉ, XVIIᵉ et XVIIIᵉ siècles. Si nous ne les avons pas mentionnés ici, c'est que les cérémonies de leur installation avaient lieu ordinairement dans l'église de Saint-Martial de Montjauvy, et non dans celle de Saint-Michel. C'est vers 1748 que l'Ermitage de Monjauvy cessa d'être habité.

Vers la même époque, la Recluse des Arènes dût aussi abandonner sa cellule, et elle vécut retirée chez ses parents. On voit sur le registre des Consuls, du 1ᵉʳ septembre 1768, que la petite somme de 23 livres qui lui est accordée lui sera continuée toute sa vie. Elle ne le fut pas longtemps, car elle mourut en 1769.

La paroisse de Saint-Michel acquit une nouvelle cloche en 1726. Elle portait cette inscription :

« IHS. — ✠. *Sancta Maria ora pro nobis.* — Jacques Benoist, Directeur des Postes P[arrain]. Marie Benoist M[arraine]. Pierre Chabrol, prêtre sacristain de Saint-Michel, scindic. — 1726. — E. C. F. »

Cette cloche avait 0m,40 c. de diamètre et devait peser environ 38 kilos. Les trois lettres qui terminent son inscription indiquent Etienne Coutaud, fondeur.

On trouve dans les registres paroissiaux de Saint-Michel des actes qui intéressent les plus grandes familles de l'époque. Tel le suivant :

« Le vingt-cinquième jour du mois de février de l'année 1734, nous, Pierre Baillot, prêtre, abbé commendataire de l'abbaye royale de N.-D. la Nouvelle-les-Gourdons, curé de cette paroisse, avons fait dans notre église paroissiale de Saint-Michel les cérémonies du baptême de Louise-Marie, née le quatre dudit mois et an, à cinq heures du matin, et baptisée par nous le six à l'hôtel de l'Intendance, fille légitime de haut et puissant seigneur Louis-Urbain Aubert, chevalier, marquis de Tourny, conseiller du Roy en ses conseils, maistre des requestes ordinaire de son hôtel, Intendant de justice, police et finances en la généralité de Limoges, et de haute et puissante dame Claude Chenouvrier de Grassières, son épouse. A esté parrain haut et puissant seigneur Charles-Noel (de Lasteyrie), marquis du Saillant, grand sénéchal du Limousin, et marraine haute et puissante dame Louise-Marie de Saint-Abre, veuve de haut et puissant seigneur Charles Boucher, marquis d'Orsay, vivant conseiller du Roy en ses conseils, maistre des requestes honoraire de son hôtel, Intendant de la généralité de Limoges, qui ont signé avec nous. — Saillant, Saint-Abre d'Orsay, l'abbé Baillot, curé de Saint-Michel ».

Au mois de juillet 1746 mourut à Limoges l'abbé Jean Cluzeau prêtre communaliste de Saint-Michel, ingénieur et architecte estimé. On voit qu'il fut appelé par les Consuls de Limoges en 1718 pour déterminer la cause de l'écroulement de la muraille de la ville entre la porte Boucherie et la tour du Canard. Lorsqu'en 1733, on répara l'Arbre de l'Andeix Manigne on ajouta à sa partie supérieure un sujet de piété d'après les dessins de l'abbé Cluzeau; c'est ainsi que l'a représenté Tripon dans son ouvrage sur les Monuments de Limoges. Le pieux et savant abbé Cluzeau a laissé un grand nombre de plans, notes et croquis, et de précieux dessins des Arènes de Limoges, sur lesquelles il avait fait des recherches importantes. Ces dessins ont été utilisés par Beauménil.

Pendant l'année 1748 on fit réparer le clocher qui avait été endommagé par la foudre, ce qui donna occasion aux ouvriers de descendre la girouette et le coq, qui étaient à la cime de la grande flèche, pour les faire voir au public et faire une quête à leur profit, suivant l'usage en pareil cas. On profita de l'occasion pour faire graver sur le coq et sur la girouette, les inscriptions suivantes en capitales romaines modernes :

« ✠ L'an 1748, au mois de juin, Estans Messire Martial Dartigeas curé de la présente Eglise, docteur en Sorbonne; Messire Grégoire Benoist de Venteaux, président trésorier de France; M. Gérémi Martin, négociant; Mr Clément Hugon, conseiller au Présidial; Messire Alexis Téxandier, baron de Nieul, chevalier d'Honneur au Bureau, scindics, Fabriciens. Le présent Clocher ayant été notablement endommagé par le tonnerre, a été réparé par leurs soins et diligence et contribution de la paroisse. — Loué soit Dieu. — *Et Verbum caro factum est, et habilabit in nobis* ».

Le 4 février 1754 il s'éleva sur le soir, à Limoges, un ouragan si violent, qu'il déracina plusieurs arbres aux environs de la ville, dans laquelle il enleva les toits des maisons, transporta même plusieurs personnes, qui se trouvèrent sur son passage, à plus de trente ou quarante pas du lieu où il les saisissait. Il était accompagné d'un furieux tonnerre. On croit même qu'il y eut un tremblement de terre. Le feu prit dans plusieurs cheminées de cette ville, où tout était en déroute. On craignait de la voir entièrement bouleversée et réduite en cendres. Le feu du ciel tomba sur le clocher de l'Eglise de Saint-Michel, dont il abattit et rása une des petites flèches ou tourelles, qui sont à côté de la grande flèche. Il transporta de fort grosses pierres sur les toits des maisons voisines, qu'elles écrasèrent. Mais le plus grand dégât se fit dans l'Eglise de Saint-Michel, car la plus grande partie des pierres étant tombée sur la toiture de cette Eglise (exactement au même endroit qu'à l'accident du 10 novembre 1810), et de là, sur la voûte, qui n'était qu'en briques, elles y firent une ouverture de la largeur de toute la travée; et comme l'orgue se trouvait sous cette partie de la voûte, attaché au massif du clocher, il fut entièrement entraîné et détruit par la chûte des pierres, et des décombres de la voûte; en sorte que, le lendemain, il fut impossible d'entrer dans l'Eglise par la grande porte qui est sous le clocher, parce qu'elle se trouvait encombrée de tant de débris et de matériaux, dans l'intérieur de l'Eglise, qu'il n'y avait pas moyen d'y pénétrer de ce côté là. Heureusement personne n'y périt, parce que cela arriva la nuit. On a depuis rétabli la tourelle, qu'on a remontée entièrement; en sorte qu'il ne paraît plus qu'elle ait jamais rien souffert. L'orgue fut aussi refait à neuf, mais on ne le remit pas sous le clocher, de crainte d'un nouvel accident, on le plaça sur la porte opposée, du côté du septentrion, dans une tribune qui fut faite exprès pour cela, et qu'on y voit encore. L'orgue y resta jusqu'à la Révolution pendant laquelle il fut fortement détérioré. En 1811 on y en plaça un autre qu'on avait acheté à Paris.

M. Jean-Baptiste Hervy, étant curé de Juillac (Corrèze), a écrit dans le registre de la paroisse de 1754, la note suivante qui doit se rapporter à cet accident du 4 février quoiqu'il la mette au 9 novembre : « Le 9 novembre de cette année il est arrivé un ouragan, qui a duré vingt-quatre heures et a fait beaucoup de dommage dans les campagnes et villes du royaume, entre autres au clocher de Saint-Michel de Limoges, le dégat va à vingt mille livres ».

M. de Chaumont de la Millière, qui avait été reçu maître des requêtes le 10 janvier 1744, fut appelé à l'Intendance de Limoges en 1751. C'était à beaucoup d'égard le digne prédécesseur de Turgot, et à Limoges on le surnommait le « Père du peuple ». C'est lui qui fit venir du Nord de la France des familles chargées d'enseigner les procédés de filature inconnus en Limousin. Il mourut en son hôtel le 16 décembre 1756, Mgr du Coetlosquet présida aux funérailles solennelles qui eurent lieu à Saint-Michel-des-Lions le 17 décembre. Le présidial, consuls, officiers de la milice bourgeoise, les paroisses de Saint-Pierre, Saint-Maurice avec leurs croix et les religieux mendiants y assistèrent. On tapissa depuis la porte de l'Intendance jusqu'à celle du Clocher de Saint-Michel. Dans l'Eglise on avait dressé une chapelle ardente et le chœur était tout tendu de noir. Chaque communauté de la ville alla chanter un *Libera*, et on lui fit plusieurs services dans cette église.

Son corps fut mis dans un caveau neuf; vis-à-vis, on plaça sur le mur collatéral, son Epitaphe, gravée en lettres d'or, sur une table de marbre noir; et en tête, ses armes en marbre blanc. Elle fut enlevée pendant la Révolution, mais on la voyait encore, quoique un peu mutilée, en 1811, dans la petite sacristie qui était derrière l'autel de Saint-Loup. La voici, telle qu'elle a été copiée sur place avant la Révolution :

« Cy-gît, qui voulut vous rendre tous heureux, Mre Jacques-Louis de Chaumont-de-la-Millière, chevalier, seigneur de Valençay, Luçay, d'Argeville, et autres lieux ; Conseiller du Roy en ses Conseils, Maître des Requêtes ordinaire de son Hôtel, Intendant de Justice, Police et Finances en la Généralité de Limoges, décédé le 16 décembre 1756. — *Requiescat in pace. Amen* ».

Le même mois et la même année fut aussi inhumé dans le tombeau de sa famille, près l'autel de Saint-Loup, Antoine Noailhé, seigneur des Bailes, président en l'élection de Limoges, et lieutenant particulier en la sénéchaussée du Limousin et siège présidial de Limoges. Né en 1677, il mourut le 22 décembre 1756. Il était le plus ancien des marguilliers de Saint-Michel.

Pendant que Turgot était intendant de notre province, il mit un grand zèle à fairé exécuter une déclaration royale du 3 août 1764 qui ordonnait la création, dans différentes villes du royaume, de Maisons pour recueillir les pauvres vagabonds, les aliénés, etc. Aussi Limoges fut une des premières villes où un semblable établissement fut construit. On choisit pour cela un emplacement dans la paroisse de Saint-Michel, tout à fait en dehors de la ville, au delà de la place Dauphine et du faubourg Montmailler qui alors comptait seulement quelques maisons. On travaillait à sa construction en septembre 1765, et les matériaux étaient alors fournis par la démolition de la porte Montmailler qui tombait de vétusté. Cet asile que les habitants de Limoges ont toujours nommé « Maison de force », fut rapidement construit par l'entrepreneur Mathurin Brousseaud, d'après les plans et devis de M. Cadié, ingénieur en chef. Il était terminé en septembre 1768, et immédiatement occupé. Le service religieux en fut confié au curé de la paroisse de Saint-Michel, et fait par ses vicaires.

Pendant la longue période de la Révolution, la Maison de force servit aussi de prison. « Toutes celles des tribunaux du département étant en ce temps surchargées d'accusés », comme le dit la municipalité de Limoges. Dans le registre des entrées, nous trouvons parmi les prêtres fidèles qui y ont été enfermés : Jean Massaloux, prêtre natif de Gorre, emprisonné le 24 mai 1793 ; Debruxelles, supérieur des prêtres reclus à la Règle, le 14 septembre 1793 ; Texandier, prêtre de Limoges, le 18 octobre 1793, et le même jour Puiredon, Pagnon, Mazard, prêtres de Saint-Yrieix, ainsi que Sauvage, prêtre de Saint-Léonard, et Coudert, prêtre de

Limoges, François Chudeau, vicaire général de Mgr d'Argentré, y fut encore enfermé le 16 janvier 1799.

L'administration municipale, par sa délibération du 12 juin 1794, fit aussi emprisonner à la Maison de force Marguerite Dessales, l'aînée, religieuse carmélite, pour rétractation de serment. Le 10 février 1797, on y enfermait trois autres religieuses que le tribunal civil de Limoges avait condamnées à quarante-six jours de prison, ce sont Rose-Agathe Bourdeaux, âgée de 47 ans, Catherine Boutinaud, âgée de 36 ans, et Jeanne Boutinaud, âgée de 42 ans.

Après la Révolution, la Maison de force était dans le plus pitoyable état. Le service religieux y fut cependant rétabli, et de nouveau confié aux vicaires de Saint-Michel. Mais jusqu'en 1807 on ne fit absolument rien pour les malheureux qui y étaient enfermés et qui manquaient du nécessaire. La charité chrétienne des habitants de la ville s'en émut, et Mgr Du Bourg chargea quelques pieuses dames de quêter dans les églises pour leur porter secours. Quelques fabriciens de la paroisse de Saint-Pierre n'approuvèrent pas cette quête faite dans leur église; c'est pourquoi l'évêque de Limoges leur adressa la lettre suivante :

« Limoges, le 23 décembre 1808.

« A MM. les fabriciens de Saint-Pierre,

» Je n'ai rien fait dans l'affaire de la question de la quête pour la Maison de force qu'après de mûres réflexions. Le besoin de cet asile de la misère exige que je lui procure des ressources. Je l'ai fait, je ne changerai pas. L'article 16 de mon mandement a été approuvé par le gouvernement. Je me suis réservé un droit dont j'userai. Je veux croire que les propos que l'on a prêté à quelqu'un de vous étaient sans fondement. Mais si on s'oubliait vis-à-vis des dames respectables que j'ai chargées de cet acte de charité, je serais obligé de prendre parti pour la personne envers laquelle on aurait manqué aux égards de la politesse. Celle avec laquelle vous avez traité cette affaire me fait juger que vous en êtes incapables, et je serai enchanté de protéger l'œuvre et chacun de ceux qui s'y emploient. C'est ce que je ferai avec zèle.

» J'ai l'honneur d'être...

» † M. J.-Ph. Ev. de Lim. »

En 1812, le maire de Limoges demandait des religieuses de Saint-Alexis pour les charger de l'administration de la Maison de force. Leur communauté, déjà chargée de l'Hospice général de notre ville, ne put pas répondre à sa demande plusieurs fois répétée. Mais quelque temps après, avec l'autorisation de Mgr l'évêque, elle laissa partir trois de ses religieuses qui se dévouèrent pour cette œuvre. Installées à la Maison de force par Mgr du Bourg lui-même, le 15 août 1815, elles formèrent une nouvelle communauté, dont sœur Saint Michel Begougne fut supérieure.

Cette digne religieuse était la sœur du colonel baron Jacques Begougne de Juniac. Pendant que son frère exposait courageusement sa vie sur les champs de bataille, elle se dévouait, avec une abnégation admirable, pour secourir les malheureux de la Maison de force. Cette maison fut mise par elle sous l'invocation de Notre-Dame de Bon-Secours. Deux médecins furent chargés du service de santé, et les sœurs donnaient les soins aux malades. Sœur Begougne, femme distinguée sous tous les rapports, parvint, à force de travail et de sacrifices de tout genre, à donner à cet établissement une forme, une direction nouvelles. Dès lors il y eut les améliorations les plus utiles et les plus considérables ; tout s'y ressentit de son action intelligente et de tous les instants. Pendant près de quarante ans, cette vénérable religeuse consacra tout son patrimoine et toutes les ressources qu'elle pu recueillir à secourir les infortunés qu'elle avait pris sous sa pieuse sauvegarde ; aussi, la ville de Limoges conserve encore un souvenir reconnaissant des services considérables qu'elle a rendus. Avant de mourir sœur Begougne légua sa fortune aux aliénés de la Maison de force, legs qui fut accepté par le Conseil général du département le 1er septembre 1839.

Pour remplacer ces religieuses qui manquèrent de sujets, l'administration s'adressa à l'Institut des sœurs de charité de Nevers. Ces dernières étaient rendues à leur poste le 3 décembre 1844, et ont toujours dirigé cet établissement jusqu'au 1er mars 1901.

Le moment arrivait où l'ancienne Maison de force allait abandonner, à cause d'insuffisance, le faubourg qui s'était peu à peu étendu autour d'elle. Le 5 décembre 1855 le Conseil général de la Haute-Vienne votait la construction d'un nouvel Asile pour les Aliénés. On choisit pour cela le plateau de Naugeat qui domine la ville et la si pittoresque vallée de la Vienne. En 1860 les travaux de construction avançaient rapidement et en décembre 1864 on put y transférer les aliénés et céder à la ville de Limoges l'ancienne Maison de force. C'est sur son emplacement que l'on a ensuite construit des écoles et le Musée Adrien Dubouché.

On fit de nouvelles réparations au clocher de Saint-Michel, en 1766, ce qui donna encore occasion de descendre le coq et la girouette, sur lesquels on grava les inscriptions qui suivent, en capitales romaines modernes.

Sur la seconde face de la queue du coq, on mit ces mots :

« Descendu par J. Berché et P. Lapoussière, 1766 ».

Sur la seconde face de la girouette on mit ce qui suit :

« ✠ L'an 1766 — Au mois de juin jour de l'Octave de la Fête Dieu, la flèche du clocher ayant été notablement endommagée par le tonnerre, a esté réparée des épargnes de la fabrique, par les soins de MM. Antoine de Léonard de Fressanges, docteur de Sorbonne, ancien théologal de Saint Martial, et curé de la présente paroisse; Pierre de Maledent, chevalier, seigneur de Feytiat; Joseph Durand, seigneur de la Couture, tous les deux trésoriers de France; Jean-Baptiste de Labiche, écuyer, seigneur de Reignefort, scindicqs-fabriciens; Martial Goudin, écuyer, seigneur de Laborderie, et Jacques Pétiniaud-de-Juriol, bourgeois, négociant et consul, anciens scindicqs fabriciens. — Loué soit Dieu. — *Adjutorium nostrum in nomine Domini.* — IHS. — Gravé par Pierre Malissen. »

A l'époque où nous en sommes de l'histoire de la paroisse de Saint-Michel on peut constater l'affaiblissement de l'esprit municipal, des traditions de patriotisme local et de dévouement à la chose publique parmi la population de Limoges. L'année 1768 nous apporte une preuve de l'indifférence de cette population pour les souvenirs les plus dramatiques et les plus saillants du passé communal. On connaît l'épisode du 27 août 1426, le complot ourdi entre Jean de Laigle et un des consuls de la ville, Gautier Pradeau, pour livrer la ville. Cette criminelle entreprise échoua et une procession annuelle fut instituée pour perpétuer le souvenir de cet événement et de la terrible punition infligée au traître Gautier Pradeau.

En 1767 cette procession était encore partie de l'église de Saint-Michel et avait suivi son itinéraire séculaire. Les religieux mendiants y avaient pris part et avaient reçu à cette occasion l'aumône accoutumée. Les membres du corps municipal figuraient au cortège. Comme la procession partait alternativement des deux

églises paroissiales de la ville, elle devait, en 1768, se former à
Saint-Pierre. Le 26 août au soir, les cloches avaient sonné pour
annoncer la solennité. Mais le nouveau corps de ville ne jugea pas
à propos de s'y rendre, estimant, sans doute qu'il n'était pas de sa
dignité de prendre part à cette cérémonie. Le maire décida, sans
soulever, semble-t-il, aucune protestation, que la procession du
27 août serait supprimée, et elle n'a pas été rétablie depuis.

Le trop grand nombre de sépultures qui avaient lieu dans les
églises de Limoges avait de fort grands inconvénients, ainsi
qu'on l'observait en 1751. Vingt-cinq ans après cette date, la
Feuille Hebdomadaire de Limoges, dans son numéro du 17 janvier
1776, nous dit, dans les lignes suivantes, ce qui fut alors réglé
pour l'église de Saint-Michel.

« Le pavé de l'Eglise de Saint-Michel ayant été entièrement
dégradé par les fosses qu'on y creusait à chaque enterrement,
le curé, les officiers de l'église et la paroisse assemblés résolurent
de le faire rétablir, et pour qu'il ne souffrit plus de dégradations,
ils firent creuser des caveaux pour les sépultures, et obtinrent de
Mgr du Coëtlosquet une ordonnance datée du 13 janvier 1751,
homologuée au Parlement le 10 février suivant, « défendant aux
particuliers qui pouvaient avoir droit de tombeau de faire enlever le pavé de l'église pour la sépulture de leurs parents, et ordonnant qu'ils seraient enterrés dans les caveaux publics, à moins
qu'ils ne fissent creuser des caveaux pour leurs familles, dans les
endroits de l'église qui leur étaient affectés, et qu'ils seraient obligés de justifier, par titre, qu'ils avaient droit de tombeau.

« Depuis cette ordonnance, les caveaux publics étaient remplis,
car comme ils sont creusés dans le tuf, les cadavres s'y conservent
longtemps, le curé et les officiers de l'église, firent vider le plus
ancien de ces caveaux. De là vint le procès et de là naquirent
les plaintes qui firent tant de bruit en 1759, tant à Saint-Michel
qu'à Saint-Pierre. En 1764, le curé et les marguilliers de Saint-
Michel obtinrent de M. le Procureur général la permission de
faire vider un caveau après avoir préalablement obtenu l'agrément de Mgr l'Evêque.

« Le curé de Saint-Michel se trouvant, sur la fin de l'année der-
dernière dans la nécessité de renouveler cette opération désagréa-
ble, assembla dans sa maison presbytérale MM. les officiers de son

église, et leur représenta qu'il était à propos, dans la circonstance
où l'on se trouvait, d'exposer l'état des choses à Mgr l'Evêque,
dans une requête, afin que Sa Grandeur prescrivît ce qu'il convenait de faire pour le bien de l'église et la satisfaction des paroissiens. L'avis fût adopté, la requête fut présentée, et suivie de
l'ordonnance ci-après.

« Louis-Charles Duplessis d'Argentré..... etc.

« Vu la requête présentée par les Curé, Marguilliers et Sindics
Fabriciens anciens et nouveaux... Notre ordonnance du 27 novembre 1775 de *soit communiqué* au promoteur.. Conclusions du
promoteur.... Tout considéré... Vu l'inconvénient de vider les
caveaux de ladite église qui, actuellement se trouvent pleins d'ossements et de cadavres, dont le transport ne pourrait se faire sans
causer une infection nuisible aux fidèles et leur donner un spectacle également dangereux et révoltant, nous défendons provisoirement, et jusqu'à ce qu'il en soit autrement ordonné, au sieur
Curé de Saint-Michel-des-Lions de cette ville, de faire aucune
inhumation dans les caveaux communs de ladite église, comme
aussi aux sieurs sindics-fabriciens de faire vider ni ouvrir lesdits
caveaux, d'en laisser creuser de nouveaux, ou de nouvelles fosses
dans ladite église; sans néanmoins entendre rien innover par rapport à l'inhumation des défunts des familles qui y ont leurs caveaux particuliers, et qui en jouissent en vertu de titres, dans le
cas que lesdits caveaux ne soient pas remplis.

« Donné à Limoges le 14 décembre 1775 ».

C'est à cette occasion que M. le docteur Origet, publia dans la
Feuille hebdomadaire de Limoges en 1776, une lettre fort intéressante datée du 29 janvier, que nous reproduisons ici :

« Depuis longtemps j'avais formé le projet d'un cimetière général et commun aux églises de notre ville. L'intérêt public
m'avait fait naître cette idée; mais sachant que plus la réforme
d'un abus accrédité est urgente, plus elle trouve de difficultés,
j'attendais un moment favorable pour faire connaître mes vues. Il
est enfin arrivé. Le règlement de Mgr notre évêque pour l'église
de Saint-Michel m'autorise à vous prier, Monsieur, de vouloir
bien présenter au public mon plan et mes réflexions.

» Les peuples les plus sauvages se font un devoir de rendre à l'humanité les derniers honneurs ; ils ont toujours eu la précaution de soustraire aux yeux des vivants le reste des morts. L'histoire ancienne et moderne nous apprend que presque toutes les nations, excepté celles de l'Europe, enterrent ou brûlent les cadavres hors l'enceinte des villes. Un orgueil déplacé, ou une pitié mal entendu, voilà, dit un homme d'esprit, ce qui a pu déterminer à renfermer les cimetières dans nos villes, et à y faire des inhumations, usage qui

Pour honorer les morts, empeste les vivants.

coutume barbare dont je vais tâcher de démontrer les dangers.

« Nos églises sont jonchées de morts. L'air chargé de corpuscules venimeux, acides, alkalins, corrosifs, repompés par les pores inhalans répandus par toute l'habitude du corps, s'insinue jusque dans les plus petits replis ; par sa virulence, le principe vital est altéré, l'ordre économique est bientôt détruit, les solides, par leur crispation ou atonie, perdent bientôt leur équilibre et tendent à une dissolution prochaine, ainsi que les fluides. De là ces maladies contagieuses, éruptives, dissenteriques, inflammatoires, que malheureusement nous avons vu régner dans notre ville et qui, le plus souvent, se terminent par la gangrène et le sphacèle.

» Si, comme le disait il y a quelques années un de nos médecins, dans un discours plein de vues excellentes, l'air humide des marais et des brouillards produit, quoique libre, des maladies dangereuses, que ne devons-nous pas craindre dans nos églises ? L'air que nous y respirons est chargé d'un sel alkali volatil et de souffre aussi très volatil, produit de la fermentation putride, qui, pénétrant dans le sang, en corrompt la masse et produit en peu de temps les plus funestes effets.

» Mais si nous examinons combien sont plus dangereux encore les caveaux communs creusés dans la plupart de nos églises, nous serons bien plus effrayés. On entasse journellement, dans ces souterrains, une multitude de cadavres ; le sol est bientôt imbibé d'une liqueur seule capable d'infecter. Les vapeurs retenues dans ces caveaux ne peuvent s'échapper, elles se condensent et acquièrent tant d'âcreté qu'elles deviennent le poison le plus actif qu'on puisse imaginer ; elles sont si subtiles qu'elles pénétrent jusqu'aux nerfs et au cerveau, si caustiques qu'elles portent bientôt l'inflammation aux yeux, si septiques enfin que les corps des malheureux, qui trop souvent deviennent les victimes de ces exalaisons, éprouvent dans très peu de temps la plus affreuse putréfaction.

» Quel danger pour les vivants de courir sur les débris des morts. Ecartons donc de nos autels ces vapeurs pestilentielles. L'autorité des Pères de l'Eglise (1) les décisions des Conciles (2) nous y autorisent.

» Dans les plus beaux jours de la religion on n'inhumait dans les temples que les personnes d'une éminente sainteté, on n'y déposait que les restes précieux des martyrs. Mais l'orgueil, qui presque toujours naît de l'opulence et l'accompagne, est devenu depuis longtemps un titre assez puissant pour renverser des lois respectables,que la sagesse avait dictées pour la conservation des hommes.

» Tremblons surtout d'ouvrir ces caveaux infects répendus dans nos églises. Ce sont autant de foyers de corruption et de peste (3). Relégons même les cimetières loin de nos habitations. Epars dans nos villes et renfermés par des maisons fort élevées, ils exalent et conservent au milieu de nous les vapeurs les plus dangereuses. Peut être même leur voisinage est-il plus nuisible à la santé que quelques moments de séjour dans une église infectée.

(1) Saint-Grégoire-le-Grand, Saint-Augustin, etc.

(2) Concile de Nantes en 656; Concile de Meaux en 845, etc.

(3) M. Huguenot, célèbre professeur de médecine à Montpellier, a publié en 1748, les expériences qu'il a faites à ce sujet. Il rapporte que trois personnes qui, pour la première fois, faisaient les fonctions de fossoyeurs, périrent dans le caveau de Notre-Dame de Montpellier. M. de Colbert, évêque de cette ville, avait prévu ces dangers; en 1724, ce prélat, sur les représentations du Bureau de santé, avait défendu d'enterrer ailleurs que dans les cimetières... Nous avons vu, il n'y a pas vingt ans, que dans l'église de Saint-Michel-des Lions, lors de l'ouverture d'un caveau creusé au couchant de ladite église, il s'éleva subitement une vapeur pestilentielle; un essain de mouches sortit de ce lieu empesté; trois hommes furent renversés et l'on ne put les rappeler à la vie qu'en renouvellant l'air et en leur administrant des cordiaux Ces dangers sont connus des fossoyeurs : ils ouvrent les caveaux avec précaution et longtemps avant l'inhumation afin que les vapeurs puissent s'exaler: lors de l'enterrement, s'ils s'aperçoivent qu'elles ne sont pas suffisamment dispersées dans l'église, ils se gardent bien de porter les cercueils dans le caveau, il les y descendent avec des cordages.

» Les anciens (1), plus prudents que nous, écartaient loin d'eux tout ce qui pouvait altérer la salubrité de l'air. Les cimetières étaient éloignés de leur demeure, souvent même ils n'en avaient qu'un seul pour recevoir les cendres de tout un peuple. Pourquoi ne les imiterions-nous point ? Nous avons un terrain vaste, très avantageusement situé, et très propre à devenir un cimetière général. Il reste un terrain près de l'enclos que la bienfaisance destine à loger les défenseurs de l'Etat : il pourrait être consacré à la sépulture de tous les citoyens. Sa position est au nord de notre ville; le souffle de ce vent salutaire chasserait loin de nous les vapeurs cadavéreuses.

» On pourrait diviser cet enclos par des allées assez larges pour que l'on put visiter les tombeaux de ses ancêtres ou de ses amis, sans fouler aux pieds leurs ossements. La vanité, car il faut toujours la ménager, y distinguerait par des catafalques les personnes respectables par leur naissance ou leurs emplois, et la piété y élèverait des mausolées aux hommes recommandables par leurs vertus et par leur sainteté. Le contour des murailles qui environneraient ce lieu funèbre pourrait être décoré des plus belles pensées sur la mort. On planterait le long des murs des allées de cyprès, qui par la suite offriraient un ombrage gracieux, lorsque pendant les chaleurs de l'été la religion nous conduirait dans ce lieu pour y réfléchir sur la courte durée de la vie....

» J'ai l'honneur d'être, etc.....

» *Quam me juvaret, si civibus esset animus, ut in sepeliendis cadaveribus sepulchralia extra urbem proprio commodo sibi foderent.* (Ramaz, Cel. Med.) : Que je serais heureux si mes concitoyens comprenaient qu'il est de leur propre intérêt de faire creuser l'endroit de leur sépulture en dehors de la ville ! »

Les ordonnances de l'évêque de Limoges de 1751 et de 1775 apportèrent quelques améliorations à l'état des choses, ainsi qu'une ordonnance royale du 10 novembre 1776; mais les cimetières des différentes paroisses de la ville de Limoges laissaient encore bien à désirer. Il en fut ainsi jusqu'au moment de l'établissement du cimetière général à Louyat, que Mgr du Bourg, entouré du clergé, et précédé des anciennes confréries, alla bénir solennellement, le mercredi 9 avril 1806.

(1) Les anciens défendaient très expressément d'enterrer aucun cadavre dans l'enceinte des villes : *Hominem mortuum ne sepelito in urbe*, disait Cicéron.

Au mois de mars 1770, on commença de faire plusieurs réparations à l'Eglise de Saint-Michel. Le pavé du chœur fut élevé de quatre pouces plus haut que celui de la nef. On répara les stalles; on plaça, au bout du chœur, une grande grille de fer, avec des rampes, aussi en fer, qui fermaient, aux deux collatéraux, le chœur et le sanctuaire. Cette grille et les rampes ont été enlevées pendant la Révolution

Peu de temps auparavant, on avait fait placer l'autel en marbre, mais le nouveau rétable qui a existé jusqu'au milieu du XIXe siècle ne fut fait et placé qu'en 1774. Une inscription gravée sur quatre plaques de cuivre jaune, en forme de médaillons, placées sur les rampes, deux de chaque côté du chœur et du sanctuaire, et qui était la même sur toutes, faisait connaître l'époque où une partie de ces réparations avait été faite. En voici une copie prise sur place avant la Révolution :

» Cette rampe, et appuy de communion, ont été faits des deniers provenant de la vente de l'ancien candelabre, et des honoraires et rentes, par nous bailes en charge des Ames, 1770, MM. Talandier, marchand; Ardant, notaire royal; Nadaud, marchand; et Duras, marchand, 1770 ».

L'ancien candélabre dont il est parlé ici est celui qui servait depuis 1657 et que les Bailes de la même Confrérie des Ames du Purgatoire avaient fait faire par Jean Raby, ainsi qu'on l'a vu précédemment.

La nouvelle sacristie fut faite, ou au moins commencée en 1772, au lieu où étaient autrefois les Fonts baptismaux, qu'on transporta alors dans l'ancienne chapelle de Saint-Jean-Baptiste, près de celle de Notre-Dame-des-Aides. On fit aussi quelques autres réparations, qui durèrent jusqu'en 1775. A cette dernière époque, on fit blanchir toute l'Eglise, par un ouvrier Italien, qui, au lieu d'échafauds, se servait d'échelles et de câbles. Tout cela est attesté par une autre inscription, gravée sur cuivre, en petites capitales romaines modernes, qui était attachée à un pillier à côté de la porte de l'arrière sacristie. Cette inscription a été enlevée pendant la Révolution; il en avait été fait auparavant une copie, je la transcris ici :

» L'an de Notre Seigneur Jésus-Christ 1775. — Le second du règne de Louis XVI. — Le Maître autel de cette église a été fait en marbre, des dons des paroissiens et des fonds de la fabrique et de la sacristie, MM. de Fressanges, curé; Maleden de Fétial,

trésorier de France; Durand, trésorier de France; Juge, avocat
du Roi au Présidial et seneschal; Baillot, trésorier de France,
fabriciens. Goudin de la Borderie, écuyer; Pabot de Chavagnat,
chevalier de Saint-Louis, anciens fabriciens. Devoyon, procureur
du roi au bureau des finances; Pétiniaud de Beaupeyrat, Bailes de
la sacristie, commencèrent cet ouvrage. Il a été achevé par MM.
Martin, curé; de Jayat, trésorier de France; de Roulhac, procureur du roi au bureau des finances, fabriciens. Etienne, président
de l'élection; de Maleden, écuyer, Bailes de la sacristie. MM. les
bailes des Ames du Purgatoire firent la table de communion et
les rampes du sanctuaire. MM. de la Fabrique et de la sacristi-
firent la porte et les rampes du bas du Chœur, ainsi que la nouvele
le sacristie, qui a été établie dans la chapelle de Saint-Pierre et
Saint-Paul, où était le baptistaire, qui a été placé de l'autre
côté de la sacristie. — Seigneur, j'ay aimé la beauté de votre
Maison. Psal, 25 ».

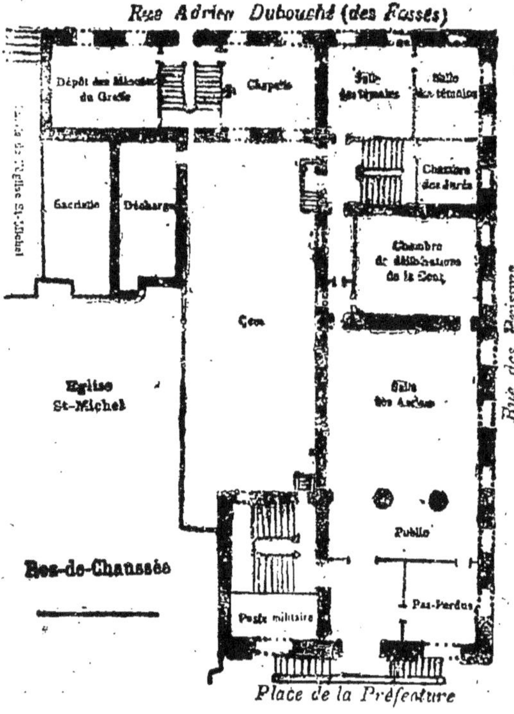

Le 24 août 1775 on baptisa dans l'église de Saint-Michel, un juif, nommé Marcus Cahan, natif de Forbach, dans la Lorraine allemande, âgé de 29 ans; parrain M. Jayat, trésorier de France, marraine Mme Martin de Puymaud, née Daniel de Montfayon, belle-sœur de M. Martin, curé de St-Michel, qui fit la cérémonie. Ce jeune homme épousa, peu de jours après, une fille de cette ville.

L'ancien Palais de justice, qui était contigu à l'église de Saint-
Michel, était abandonné depuis une quinzaine d'années, parce

qu'il tombait littéralement en ruines, lorsqu'on décida la construction de celui qui l'a remplacé et dont les bâtiments existent
encore. Il fut commencé en 1777 aux frais de la province, et les
travaux confiés à l'entrepreneur Mathurin Broussaud furent termi-
nés en 1781. Son large fronton, encore décoré de l'écusson royal,
ses grandes fenêtres de la façade et son perron précédé d'un double escalier à rampe de granit, lui donnent un aspect monumental

Pour cette construction du Palais de justice et des prisons on
prit un petit jardin appartenant à la fabrique de l'église; il
s'étendait, avec la sacristie actuelle, jusqu'à la rue des Fossés. On
voyait alors, dans ce jardin, une croix portant le nom d'Elie
Gallichier, avec la date du mois de juin 1531. Il en a été parlé à
cette date.

Le Palais de justice construit en 1777 a conservé sa destination
jusqu'en 1846, époque à laquelle tous les services de la justice
furent transportés dans le nouveau Palais qui est sur la place
d'Aine.

Le 8 octobre 1779 mourait, dans la paroisse de Saint-Michel,
Jacques Juge, seigneur de La Borie et du Treuil, maire de Limoges, un des hommes les plus considérables et le plus justement
estimés du Limousin au XVIIIe siècle. Né en 1702, il fut élu par
ses concitoyens consul en 1732 et 1739, prévôt consul en 1763,
et enfin nommé premier maire de la ville par le roi en 1768. M. de
Tourny, l'Intendant de la province, avait en ce magistrat distin-
gué une absolue confiance, et faisait le plus grand cas de ses conseils dans les actes importants de son administration. Après sa
mort l'Intendant de Limoges, M. d'Aine, en annonçant à la municipalité la nomination d'un nouveau maire lui écrivait :

« Limoges, le 11 novembre 1779.

« Vous avez fait, Messieurs, une perte qui vous est justement sensible, dans la personne de M. Juge. Tous vos concitoyens y ont
pris une part sincère et je l'ai déploré avec vous. Vous avez perdu
ce chef aussi recommandable par l'étendue de ses lumières que
par son désintéressement et sa probité... Je vous annonce avec
plaisir, Messieurs, que j'ai trouvé le moyen de vous procurer en
cette occasion, le secours le plus utile que vous puissiez désirer
dans un magistrat dont vous honorez les talents, les lumières et
les vertus. M. de Roulhac, n'écoutant que son zèle de la chose
publique, a consenti à vous donner son temps, et à concourir
à vos travaux. Le Roi a bien voulu, sur la proposition que j'en ai

faite, remettre ce magistrat à l'exercice des fonctions de Maire de Limoges ».

Les obsèques de M. Juge de la Borie « les plus pompeuses qu'on eût vues depuis longtemps dans notre ville », furent célébrées à Saint-Michel; voici le récit détaillé que nous en a laissé l'abbé Legros.

« Les tambours marchaient les premiers, frappant des coups et faisant de temps en temps des roulements lugubres sur leurs caisses, couvertes de crêpes noirs. Ils précédaient la bourgeoisie (milice bourgeoise) de la ville, composée des officiers et sergents, en habit d'uniforme, veste, culottes et bas noirs, avec des crêpes noirs liés au bras gauche; les officiers tenant leurs épées nues et élevées ; les sergents portant leurs hallebardes renversées, la pointe en bas; ensuite les fusiliers, tous vêtus de noir, avec des cocardes distinctives de leur canton respectif, l'épée au côté et portant sous le bras droit leurs fusils renversés, le canon en bas ; ceux de chaque canton marchaient deux à deux, à leur rang ordinaire, au nombre de dix ou douze et même de vingt pour quelques uns. Il n'y en en avait que deux de celui de la rue Torte, les autres n'ayant pas pu s'y trouver, pour de bonnes raisons. Après cette troupe marchaient sous leur croix les pauvres de l'hôpital, en grand cortège, comme aux processions générales, parce que M. Juge avait été administrateur de cette maison. Une partie de ces pauvres, vêtus de dalmatiques noires, portaient des cierges ornés d'écussons aux armes du défunt (1). Ils étaient suivis de MM. les administrateurs anciens et nouveaux, au nombre de douze ou quinze, dont cinq ecclésiastiques, en manteau long, selon l'usage. Venaient ensuite les quatre ordres des religieux mendiants, chacun sous sa croix respective et dans leur rang ordinaire; puis le clergé de la paroisse de Saint-Michel-des-Lions, présidé par le sieur Martin, son curé, revêtu de surplis, d'aumusse comme ancien chanoine théologal du chapitre de Saint-Martial, et d'étole noire, comme curé, et il était célébrant. Après lui quatre valets de l'église portaient le corps, sur lequel était le drap mortuaire dont les deux cordons étaient tenus, l'un par le sieur Lamy de La Chapelle, procureur du roi aux sièges royaux, et l'autre par le sieur Etienne, président de l'Election, comme échevin de la

___

(1) Ces armes sont : *d'azur au dextrochère de carnation, mouvant à semestre d'un nuage d'argent, tenant une épée de même à la poignée d'or, supportant à sa pointe le fléau d'une balance à deux plateaux d'argent*

ville, revêtus de robes de palais noires, et le sieur Etienne avait de plus le chaperon de l'échevinage. Sur la bière, au-dessus du drap mortuaire, étaient la robe rouge de palais du défunt, son chaperon de la mairie, les clefs de la ville du côté de la tête, et celles de l'église de Saint-Michel-des-Lions du côté des pieds, parce qu'il avait été marguillier fabricien de cette église. Derrière le corps marchait seul le domestique du défunt, vêtu de noir, portant une grosse torche renversée. Le corps était escorté, d'un côté par quatre soldats du guet, et de l'autre par quatre sergents de la ville, tous en uniforme, portant leurs fusils et hallebardes renversés, la pointe en bas. Après ceux-ci marchaient sur deux files le reste de la compagnie du guet précédée de ses officiers et du tambour, qui frappait des coups lugubres, comme on a dit de ceux de la ville. Cette compagnie était en grand uniforme. Elle était suivie des parents du défunt, accompagnés par les officiers du Présidial à la droite, et par les officiers municipaux à la gauche; ceux-ci étaient suivis du corps des avocats, et celui des procureurs du Présidial marchait le dernier. Tous ces officiers et magistrats étaient en robes noires et les avocats avaient en outre leurs chausses, et chaperons noirs à fourrures blanches. Les autres parents et amis du défunt marchaient les derniers. Comme la maison où il est mort est située dans la rue Gaignolle, le convoi descendit par cette rue au bas de la rue du Clocher qu'il traversa ainsi que la rue des Taules, remonta par la rue Consulat, passa devant l'hôtel de ville, où on posa un instant le corps devant la porte. Ensuite on traversa le reste de cette rue, et remontant par la rue Ferrerie, on se rendit à l'église de Saint-Michel-des-Lions, où on entra par la grande porte qui est sous le clocher, et où on fit l'office des funérailles, comme il est marqué dans le *Processionnal* du diocèse, pour les personnes laïques. Arrivée à cette porte, la compagnie du guet y fit une décharge de ses armes à feu et y demeura postée jusqu'à la fin de l'office, après lequel on sortit par la même porte, dans l'ordre marqué ci-dessus. Lorsque le corps sortit de l'église le guet fit une autre décharge, et on porta le corps au cimetière des Arènes où la bourgeoisie se rangea en cercle ainsi que le guet, etc. Et après que l'office de l'inhumation fut entièrement fini, la bourgeoisie fit une décharge de ses armes et se retira au son de ses tambours. Quand les parents et autres qui suivaient le convoi eurent fini de jeter l'eau bénite sur la fosse, la compagnie du guet en fit le tour, et chacun des soldats déchargea de nouveau son fusil, la bouche du canon tournée vers ladite fosse. Une grande foule de peuple accourut de tous côtés, soit à l'église, soit dans tous les endroits et rues où le convoi devait passer ».

Les officiers municipaux de la ville, firent aussi célébrer un service solennel pour le repos de l'âme de M. Juge. La *Feuille hebdomadaire* de Limoges le rapporte en ces termes :

« Le 29 novembre MM. les officiers municipaux de notre ville ont fait célébrer dans l'église de Saint-Michel-des-Lions, un service solennel pour M. Juge, seigneur du Treuil, etc., ancien avocat du roi au Présidial, et maire de Limoges, Monseigneur l'Evêque a officié pontificalement, MM. les Officiers du Présidial, le corps de MM. les Avocats, celui de MM. les Procureurs, MM. les Echevins, l'Etat-Major, MM. les Officiers de la milice bourgeoise, la compagnie du ꞏ guet, une foule d'ecclésiastiques, de religieux et de citoyens de tous les ordres ont assisté à cette lugubre cérémonie.

» M. Londeix, maître de musique de l'église collégiale de Saint-Martial, a fait entendre la messe de Giles et le superbe motet : *Super flumina Babylonis*, de M. Giraud maître de musique de la chapelle du Roi. MM. les amateurs de Limoges ont aidé à l'exécution de ces différents morceaux...

» M. l'abbé Rouard, docteur en théologie de l'Université d'Angers, et vicaire de Saint-Michel-des-Lions, a prononcé l'oraison funèbre du vertueux magistrat et du citoyen patriote objet de nos regrets. L'orateur a célébré les vertus et les talents de M. Juge, et nous pouvons dire, en nous servant de ses expressions, qu'il n'a jeté sur le tombeau de l'homme respectable qu'il louait, aucune fleur qu'il n'eût cueillie ».

M. Martin, curé de Saint-Michel, fit, en février 1781, le dénombrement des habitants de la paroisse. Ce dénombrement écrit sur un registre bien conservé indique les circonscriptions de la paroisse, qu'il divise en 53 îles. Il indique le nombre des communiants et des non communiants de chaque famille, les noms et professions du père, de la mère et des enfants, ainsi que de leurs employés ou domestiques. Il fait de même pour les différentes localités de la campagne. Les communautés religieuses, ainsi que le personnel du dépôt de mendicité, et des prisons royales sont comptés à part. Ce dénombrement est fait avec beaucoup de soin, on y trouve les noms et les enseignes des hôtes de la ville. Voici le résumé qu'il en donne :

Communiants de la ville : 2,820. — De la campagne : 1022.

Non communiants de la ville : 1,539. — De la campagne : 507.

Dans les communautés : Religieux, 25. — Religieuses, 713.

Dans les prisons : 36 hommes. — 3 femmes.

Dépôt de mendicité : 36 hommes. — 24 femmes.

Hommes, non compris les communautés, 3,267. — Femmes, non compris les communautés 3,621.

Total, non compris les communautés, 6,888.

On voit par ce dénombrement l'usage bien établi dans les paroisses, qui consistait à compter à part les non-communiants, ou enfants qui n'étaient pas en âge de communier, comme aussi de distinguer les habitants de la ville de ceux de la campagne. Pour ces derniers, un ou deux des vicaires de la paroisse étaient spécialement chargés de s'occuper d'eux, et la fabrique de Saint-Michel fournissait le cheval qui leur était nécessaire pour faire le service des villages, dont plusieurs étaient fort éloignés de la ville. Une note écrite en 1724 donne, ainsi qu'il suit, le nom des villages de la paroisse de Saint-Michel :

Courniac.	La Teulière (en partie).
Puyreyjaud.	Moulin de Bagnol (en partie).
Mas Blanc.	Le Vigenal (en partie).
Mas Vergne.	La Graule (en partie).
Masbatin.	Loyat (en partie).
Chabaudie.	Le Masloubier (en partie).
Landouge.	Chez Landaud.
Masbilier.	Chez Meillaud.
Le Treuil.	Mas Sarrazin.
Chez Moreau.	Chez Sayaud.
Chambeau.	Le Clos.
Masneuf.	Chez Lacroix.
Mourioux.	Ventrenègre.
Le Moulin rond.	La Bastide.
Le Majambeau (en partie).	Terre de l'étang des Conches.
La Borie (en partie).	

Le 17 juillet 1783 fut posée et bénite la première pierre de la nouvelle chapelle du Crucifix d'Aigueperse, dans la paroisse de Saint-Michel, près la place Sadi-Carnot actuelle. Ce petit édifice fut élevé sur l'emplacement de l'ancienne chapelle, construite en 1458, par le curé de Saint-Michel, Guillaume Jouviond. C'est de ce modeste sanctuaire que l'avenue du Crucifix (aujourd'hui Garibaldi), tirait son nom.

M. Martin, curé de Saint-Michel, plaça sous cette première pierre des monnaies frappées cette même année, dans l'intention de conserver à la postérité, la date de cette reconstruction. Il fit aussi graver sur une table de marbre l'inscription suivante pour être placée à l'intérieur de la chapelle : « Anno Domini 1783, hoc sacellum J.-C. Crucifixo dicatum, Jubente DD. Ludovico Carolo Duplessis d'Argentré episcopo Lemovicensi reœdificar-curavit Petrus Martinus Rector ecclesiœ parochialis S. Michaelis-ex-leonibus, urbis Lemovicensis, loco antiquioris sacelli, quod anno 1458 œdificaverat, Guillelmus Jouviond, ejusdem ecclesiœ rector. Die 17 julii 1783 lapidem primarium posuit, cum benedictionibus D. Joannes de Montesquiou Poylobon e comitibus de Fezenzac, abbas s^{ti} Martialis et Bolbonœ ».

Cette chapelle étant achevée fut bénite par M. le curé de Saint-Michel, accompagné du clergé, des officiers de l'église et des pénitents gris, le 15 mars 1784.

En 1785, on fit encore quelques réparations importantes au clocher de l'église de Saint-Michel, et le 5 juillet les ouvriers descendirent le coq et la girouette, qu'ils promenèrent par la ville, suivant leur usage, pour faire une quête à leur profit. Avant de les remettre en place, ils firent graver, sur la queue du coq, leurs noms, ainsi qu'il suit : « Descendu par Pierre Gipoulou dit la Pousière et Léonard Lalet 1785 ». Sur le dos dudit coq, on lit : « Accommodé par moi Guillaume Bricaille, 1785 ». Sous le ventre du même coq ce seul nom : « Latelize ».

Le 1er septembre 1788, on baptisa à Saint-Michel un jeune nègre africain, nommé Sara-Zamore, âgé de 19 ans.

Les *Registres Consulaires* de Limoges gardent aussi, dans les lignes suivantes, le souvenir d'une autre cérémonie qui eut lieu dans l'église de Saint-Michel :

« Aujourd'hui 16 février 1788 dans la salle de l'hôtel de ville de Limoges, où étaient assemblés Messieurs les Officiers municipaux soussignés, M. de Roulhac de La Borie, maire, a exposé à l'assemblée que dame Marie-Catherine Terré, veuve de messire Pierre-Louis-Nicolas de Meulan, chevalier, receveur général des finances de la généralité de Paris, mère de M. Meulan d'Ablois, Intendant de notre généralité, étant décédée à Paris, le 29 janvier dernier, il serait convenable que la ville fit célébrer un service solennel pour le repos de son âme.

« La matière mise en délibération, il a été arrêté d'une voix unanime, qu'on ferait faire un service dans l'église de Saint-Michel des-Lions, et que, pour cet effet, on demanderait à Monseigneur l'Intendant le jour qui lui conviendrait pour assister à cette cérémonie. En conséquence, M. le Maire et deux de Messieurs les Echevins s'étant rendus en députation le lendemain à l'intendance, ils ont complimenté Monseigneur l'Intendant, et le jour pour le service a été fixé au jeudi suivant. Dans l'intervalle, on a fait imprimer 300 billets d'invitation pour être distribués selon l'usage.

» Le jeudi 21 du courant, MM. les Officiers du Présidial s'étant rendus au palais suivant l'invitation particulière qui leur avait été faite par le corps de ville et ayant été avertis que Monseigneur l'Intendant et MM. les officiers municipaux qui avaient été le prendre chez lui et se trouvaient dans la salle d'assemblée, étaient sur le point de sortir pour se rendre à l'église de Saint-Michel, ils sont descendus dans le même instant du palais, et au bas de l'escalier ils ont rencontré Monseigneur l'Intendant et Messieurs les officiers municipaux. M. le lieutenant général s'est placé à la droite de Monseigneur l'Intendant, et le présidant du corps de la ville à sa gauche, ils se sont rendus dans ce cortège à l'église, précédés du guet :

« Etant arrivé au lieu de la cérémonie, le présidial a pris place dans les stalles du côté droit, ayant à sa tête Monseigneur l'Intendant, et le corps de ville a pris les stalles du côté gauche. M. le curé de la paroisse a célébré la messe, chantée en musique : il n'y a point eu d'offrande, ni d'absoute. Les deux corps s'en sont retournés dans le même ordre qu'ils étaient venus. Etant arrivés à la porte de la cour de l'intendance, Messieurs du Présidial ont fait leur salut à Monseigneur l'Intendant et se sont retirés, Messieurs les Officiers municipaux, ayant continué leur marche jusqu'à la seconde porte d'entrée de l'Intendance, ont fait également leur salut et se sont retirés à l'hôtel de ville accompagnés du guet. « ROULHAC, TANCHON, NAVIÈRES, THOMAS, DAVID ».

Les *Registres Consulaires* de Limoges qui s'arrêtent à l'époque où où nous sommes arrivés ont été publiés et annotés par MM. Emile Ruben et Louis Guibert. A leur dernière page M. Guibert a écrit ce qui suit :

« Félicitons nous de nous arrêter au seuil de la crise révolutionnaire et de n'avoir eu à noter et à commenter aucune des scènes sauvages, aucune des journées sanglantes dont les registres municipaux de la période qui va suivre contiennent le récit ou la simple mention ». Moins heureux que lui en cela, nous ne pouvons pas passer sous silence l'histoire de l'église et de la paroisse de Saint-Michel-des-Lions pendant la Révolution et on trouvera dans le chapitre suivant l'indication de quelques événements dont furent victimes les habitants de la paroisse pendant la persécution religieuse de cette époque.

CHAPITRE VIII

Suppression de l'Abbaye de Saint-Martial. Reliques de l'Apôtre transportées à Saint-Michel. Meurtre de l'abbé Chabrol. Les prêtres de Saint-Michel pendant la persécution. Enlèvement des châsses et des matières d'or et d'argent. Fête de la déesse Raison. Huit prêtres guillotinés à Limoges. Le bonheur promis par les républicains et ce qu'ils ont donné à la place.

Lorsqu'en 1790 le décret de suppression des Chapitres fut rendu par l'Assemblée Nationale, le Corps municipal de Limoges s'employa autant qu'il était en son pouvoir pour préserver la basilique de Saint-Martial de la destruction dont elle était menacée. Le 28 mars 1790, il nommait deux députés, MM. Boyer de Gris, docteur en médecine et Ardant du Masjambost pour aller solliciter la conservation du Chapitre de Saint-Martial. « Ils représentèrent, disent les conseillers municipaux, l'antiquité de cette Eglise, un des plus respectables édifices du royaume, sa situation dans le centre de la ville, à portée en conséquence de tous les citoyens, et surtout la vénération particulière que toute la province a pour le corps de son patron, déposé dans ce temple qui porte son nom, et dont la translation occasionnerait une véritable douleur, non seulement aux habitants de la ville, mais à chaque individu des campagnes, et que cet intérêt général mérite une exception des décrets prononcés contre tous chapitres autre que ceux des cathédrales. Messieurs les députés sont priés de se combiner pour cette sollicitation avec ceux de Tours et Poitiers qui réclament la conservation des églises et chapitres de Saint-Martin et de Saint-Hilaire ».

Les réclamations et les sollicitations des municipalités n'eurent aucun résultat. L'Assemblée Nationale commençait chez nous la persécution qui allait faire tant de victimes, en ordonnant la destruction du Chapitre et de l'Abbaye de Saint-Martial, l'Apôtre de notre pays. Ne pouvant sauver le tombeau de Saint-Martial, il fut décidé que ses reliques seraient transportées dans l'église paroissiale de Saint-Michel-des-Lions.

Limoges assista avec une indicible tristesse et une poignante émotion à la fermeture de la vénérable basilique et au transfert des reliques de saint Martial. Ce transfert eut lieu le 17 décembre 1790, au milieu d'un concours immense de peuple et fut entouré d'un déploiement tout à fait inusité de forces militaires. Toutes les autorités et les corps constitués assistèrent à la procession, moins peut-être pour rendre hommage aux restes du patron de la ville, que pour se trouver réunis et présider ensemble à la répression des troubles qu'on avait quelques raisons de craindre. Les chanoines avaient protesté dans une délibération pleine de dignité et de douleur contenue qui porte la date du 18 novembre. La châsse et les reliques transportées à Saint-Michel furent placées provisoirement dans la chapelle de Notre-Dame-des-Aides. La municipalité garda deux clefs de la châsse et de la clôture de la chapelle, et elle assista le 20 janvier 1791, à l'installation de la châsse, dans un abri définitif, dans la chapelle près du grand autel, du côté de l'Evangile.

C'est par le décret du 12 juillet 1790, intitulé « Constitution civile du clergé », que la philosophie du XVIIIe siècle et la franc-maçonnerie ont déclaré à la religion catholique une guerre dont la France souffre cruellement encore aujourd'hui. Les 88 articles de ce décret n'ont d'autre but que de déplacer le droit d'institution et de juridiction ecclésiastique, pour les transférer de l'Eglise et du Pape à l'Etat et aux électeurs. C'était le schisme d'Henri VIII.

Le 12 octobre on publia à Limoges ces décrets sur la constitution civile du clergé. Ils furent froidement reçus, par la population et formellement repoussés par la grande majorité du clergé. Aussi le grand événement de la fin de 1790 et de 1791 fut le refus de prestation de serment qu'exigeait des prêtres cette constitution schismatique.

Lorsque le délai fixé pour la prestation de ce serment fut arrivé, la municipalité de Limoges, pour le recevoir, se transporta le dimanche 16 janvier 1791 dans l'église de Saint-Michel. M. Martin, curé de la paroisse le refusa, et presque tous les autres prêtres attachés à cette église comme vicaires ou communalistes suivirent son exemple. La lettre suivante écrite le surlendemain, au nom de de l'Abbesse de la Règle Mme d'Abzac, à sa parente Mme de Bonneval, née Jaubert, nous fait connaître ce qui eut lieu ce jour à Saint-Michel, ainsi que les sentiments des paroissiens à ce sujet : « Limoges, le 18 janvier 1791. — Madame. — Voilà que Madame (l'abbesse de la Règle) est encore privée aujourd'hui du doux plaisir de s'entretenir avec vous, Madame; il lui est impossible de pouvoir répondre à toutes les lettres qu'elle a reçues par le dernier courrier. Elle n'a pas quitté le parloir tous ces jours-ci, et cela pour voir une foule de nos dignes ecclésiastiques qui viennent à son parloir, et lui font tant de mal au cœur qu'elle n'a pas le courage de les renvoyer. Ils se comportent tous comme des anges, avec un courage admirable. Le jour fixé pour la prestation du serment était dimanche dernier (16 janvier 1791); il y a eu quatre Jacobins, deux Génovéfins, un jeune vicaire de Saint-Michel, qui est le fils du sieur Ganit, dont vous avez sûrement entendu parler, puis un communaliste de la paroisse, qui a environ 80 ans, et qui est en enfance, puis le curé des pénitents noirs, et voilà tout. La garde nationale qui accompagnait à l'église la municipalité, en sortant de Saint-Michel s'est mise à crier : « Voilà de grands gueux », parlant de ceux qui venaient de faire le serment ».

Le 20 février 1791, les autorités locales réunirent à Limoges des électeurs pour nommer un nouveau curé à la paroisse de Saint-Michel, la loi civile déclarant déchu de ses droits le curé qui refusait de prêter le serment schismatique de la Constitution civile. C'est ainsi que des hommes, qu'ils soient juifs, protestants ou franc-maçons, prétendirent avoir le droit de désigner un curé pour la paroisse de Saint-Michel, droit que Dieu a donné au Pape et aux Evêques. Et alors 31 électeurs, sur 34, donnèrent leurs voix à M. Pierre Laboulinière, curé de Saint-Brice, pour en faire le curé constitutionnel, c'est-à-dire intrus de la paroisse de Saint-Michel-des-Lions de Limoges.

Dès que les paroissiens de Saint-Michel connurent cette nomination que le malheureux curé de Saint-Brice prit au sérieux, ils adressèrent aux autorités leurs réclamations par la pièce suivante :

Adresse des habitants de la paroisse de Saint-Michel-des-Lions de la ville de Limoges, à Messieurs les membres du directoire du département de la Haute-Vienne.

Nous, soussignés, habitants de la paroisse de Saint-Michel-des-Lions de cette ville, considérant : 1° Que nous sommes menacés d'un schisme funeste, par la prochaine intrusion d'un prétendu nouveau curé, nommé sans notre participation, et même contre notre volonté, au mépris des droits inviolables de notre pasteur légitime, qu'aucun procédé légal n'a destitué de sa place, à laquelle il a été promu, et qu'il occupe depuis 19 ans, suivant toutes les lois canoniques et civiles.

Considérant 2° que l'esprit de l'Eglise qui a servi de base au décret par lequel l'Assemblée nationale a fixé la nouvelle forme des élections aux offices ecclésiastiques a été dans tous les temps de consulter les fidèles, ou du moins de pressentir leur vœu sur le choix des pasteurs qu'elle leur destine; que suivant la discipline de l'Eglise primitive « on tenait pour maxime qu'un ministère qui porte tout entier sur la confiance des hommes, ne pouvait être exercé dignement et utilement par celui qui ne connaissait point ceux qu'il devait gouverner, et qui n'en était pas connu; qu'on était persuadé que celui à qui tous doivent obéir, que tous doivent écouter, doit être choisi par tous, et qu'il est insensé de donner pour pasteur à une église une personne qu'elle n'a pas désirée, ou que souvent elle rejette. » (Rapport du comité ecclésiastique sur la Constitution du clergé).

Considérant 3° que, suivant une autre maxime, non moins vénérable par son antiquité, non moins précieuse par la sagesse de ses motifs et l'utilité de son objet, les pasteurs doivent être choisis dans le clergé de l'église qu'ils sont appelés à gouverner, qui les a élevés dans son sein, qui les a formés aux vertus pastorales; qu'ils doivent avoir passé successivement par les divers emplois du sanctuaire, et ne parvenir à la première place qu'après avoir subi de longues épreuves sous les yeux du troupeau qui leur est destiné; que c'est dans cette promotion graduelle toujours provoquée ou confirmée par les suffrages du peuple qu'ils acquièrent la confiance si nécessaire au saint ministère lequel ne peut avoir de succès que par elle, et qui manque ordinairement l'objet de son institution lorsqu'il en est privé.

Considérant 4° que les principes dont on prétend s'autoriser pour déclarer M. Martin déchu de son titre de curé, portent atteinte à la plus sacrée de toutes les propriétés, celle de l'état des personnes; qu'ils anéantissent une des plus saintes maximes, celle qui proscrit les destitutions encourues par le seul fait, qu'un pasteur élu canoniquement ne peut sans jugement compétent être exclu malgré lui des fonctions que ce caractère lui a attribuées; qu'il n'existe aucune sentence de déposition : que nous ne connaissons aucun crime qui puisse la provoquer.

Considérant 5° que lorsque l'objet essentiel de la loi est rempli, lorsqu'elle a eu l'effet pour lequel elle avait été établie, quoique par un mode différent de celui qu'elle prescrit, ce mode ne saurait plus être d'aucune importance; un législateur sage ne le regarde plus que comme une vieille formule, sur laquelle il serait absurde d'insister trop rigoureusement, de peur de rendre la loi elle-même odieuse.

Considérant 6° que le serment sur la Constitution de l'état, n'ayant pour objet que de s'assurer de la soumission des fonctionnaires publics aux lois civiles le refus de ce serment, fondé sur des motifs connus, absolument étrangers à cette soumission, dont on offre d'ailleurs de donner toutes les assurances qu'on pourrait exiger légitimement, pourvu qu'elles ne compromettent pas la délicatesse des consciences relativement aux choses spirituelles, est un moyen illusoire et insuffisant pour opérer subitement la destitution *des titulaires*; que s il en était besoin, tous les soussignés garantiraient, de la manière la plus formelle, la parfaite soumission de leur pasteur, aux lois civiles, dont il n'a cessé de donner des preuves non équivoques, soit dans les fonctions du saint ministère, soit dans celles d'officier municipal, titre que le suffrage unanime de ses concitoyens lui avait déféré, d'après la parfaite connaissance qu'ils avaient de son civisme.

Ces maximes antiques et respectables, nous venons, Messieurs, les invoquer en faveur du digne pasteur de notre église, ou plutôt en faveur du troupeau qu'il gouverne depuis tant d'années avec un zèle bien propre à exciter le vif intérêt que nous mettons à sa conservation. Né et élevé parmi nous, initié de bonne heure aux fonctions sacerdotales, dans le clergé d'une paroisse qui ne l'a jamais perdu de vue, qui l'a appelé par ses vœux à la dignité pastorale, et qui ne s'en verrait privé qu'avec le plus grand regret, nous n'avons reçu de lui que des exemples louables, que des sujets d'édification, que des instructions salutaires, propres à faire germer et développer dans les cœurs, l'amour de toutes les vertus religieuses et civiles. Lui seul connaît ses brebis, et ses brebis ne connaîtront jamais d'autre pasteur que lui. Il a contracté avec son peuple une union durable, son peuple lui a voué une confiance sans bornes. Cette réciprocité de sentiments et de rapports fondée d'une part sur la connaissance qu'il a de nos besoins, et de l'autre sur les ressources spirituelles que nous sommes accoutumés de trouver en lui, s'est fortifiée par de longues habitudes. Comment une liaison si étroite, si intéressante pour le pasteur et pour les brebis, pourrait-elle être dissoute, sans le concours et contre le gré de ceux qui l'ont contractée ?

Un étranger avec lequel nous n'avons jamais eu de rapport, un étranger que nous n'avons pas choisi, que nous repoussons avec indignation, pourra prendre le titre de pasteur, mais il n'en aura jamais le caractère à notre égard ; il pourra dominer dans les fonctions publiques et extérieures du sanctuaire, mais il ne règnera jamais dans nos cœurs. Il pourra peut-être pénétrer à main armée dans la bergerie mais nous ne reconnaîtrons jamais que celui qui est entré par la porte ; lui seul exercera envers nous *ce ministère qui porte tout entier sur la confiance des hommes.*

S'il est vrai qu'un si auguste ministère ne peut être exercé dignement et utilement par celui qui ne connaît point ceux qu'il doit gouverner et qui n'en est pas pas connu, nous vous déclarons que tant qu'il plaira à la Providence de nous conserver le pasteur qu'elle nous a donné, tant qu'il n'aura pas été destitué par une procédure régulière, ou qu'il ne se sera pas démis volontairement, nul autre ne nous connaîtra, nul autre ne sera connu de nous. Nos cœurs ne lui seront point ouverts. Nous le regarderons comme un usurpateur qui envahit la place d'un autre, et il ne pourra, dans aucun temps, exercer *dignement et utilement* un ministère qui appartiendra toujours à celui qui a reçu nos premiers vœux et qui est devenu l'unique dépositaire de notre confiance.

S'il est vrai que *celui à qui tous doivent obéir, que tous doivent écouter, doit être choisi par tous*, nous protestons que n'ayant pas été consultés sur le choix du nouveau pasteur auquel on veut nous soumettre, que n'ayant pas été suffisamment représentés dans l'assemblée qui l'a élu, que les membres de cette assemblée ayant été nommés dans un temps où l'on ne pouvait pas prévoir que l'élection des ministres du culte leur serait déléguée et par conséquent que leur nomination n'a pas pu être déterminée par la connaissance des qualités requises pour une opération de cette nature, il est de toute évidence que le nouveau pasteur n'a pas été *choisi* par nous, que nous ne devons pas l'écouter, que nous ne pouvons entretenir avec lui aucun rapport spirituel.

Enfin, il est insensé de donner pour pasteur à une église une personne qu'elle n'a pas désirée, ou qu'elle rejette ; de quel front le sieur *la Boulinière* oserait-il au mépris de toutes les lois et de toutes les convenances, se présenter à la tête d'un troupeau qui le *rejette* formellement, comme un loup ravissant ? Où serait la délicatesse de s'emparer d'une place qui n'est pas vacante, de chasser de la bergerie le pasteur qu'elle *désire* et qui fait son bonheur ?

Sans doute, Messieurs, que les vœux solennellement exposés d'une paroisse considérable, qui réclame la conservation de son pasteur légitime, vous paraîtront d'une considération tout autrement importante que le choix com-

biné d'avance d'une assemblée composée de membres dont la majeure
partie ne connaît, ni le ministre qu'elle prétend destituer, ni celui qu'elle
veut introduire à sa place. Mais si contre notre attente, si contre l'esprit de
toutes les lois, contre l'accord unanime des Saints-Canons, il s'obstinait à
vouloir forcer l'entrée de la bergerie, il nous trouvera placés sous le seuil de la
porte, non, pour l'en repousser avec violence, encore moins pour l'accueillir
dans le lieu saint, mais pour lui manifester notre opposition, pour protester
en sa présence contre son intrusion, pour le rendre responsable des suites dé-
sastreuses d un schisme causé par ses entreprises irreligieuses, et pour lui
annoncer que nous nous regardons toujours comme unis étroitement avec le
seul vrai pasteur dont il voudrait usurper la place.

Tels sont, Messieurs, les sentiments d'après lesquels nous vous prions de
ne pas laisser consommer les malheurs qui menacent cette paroisse, de ne
pas permettre que M. Martin, notre légitime curé, soit troublé dans l'exercice
de ses fonctions pastorales, que l'Eglise lui a confiées sous la protection de
l'état, et dont il ne peut être légitimement destitué que par le concours des
deux puissances qui les lui ont déléguées.

Cette adresse fut imprimée en une brochure de huit pages, et
sur la dernière page on lit ce qui suit :

« Note de l'éditeur.

» Cette *adresse* est revêtue de quatre cent cinquante signatures
sur l'original; la presque totalité de la paroisse se disposait à la
souscrire, lorsque la municipalité qui a vu circuler, sans y mettre
obstacle, une pétition du club pour demander le départ des braves
militaires, auxquels notre ville a dû son salut, dans le désastreux
incendie du 6 septembre (1790), a cherché à intimider les signa-
taires par une observation absurde, inconstitutionnelle et attenta-
toire à la liberté. On est venu à bout, par menaces ou par séduc-
tion, d'arracher quelques contredéclarations insignifiantes, à un
petit nombre de personnes timides ou peu éclairées. Comme si de
pareils faits, sous la crainte d'un décret illégal, pouvaient anéantir la libre émission d'un vœu des citoyens paisibles qui demand-
dent la conservation de leur légitime pasteur, et qui voudraient
éloigner un intrus, prêt à leur faire éprouver tous les désordres
d'un schisme. Sous l'ancien régime la voie des remontrances
était permise contre les actes de l'autorité surprise. Sous le nouveau, le droit de pétition a été consacré comme le *palladium* de la
liberté, contre les entreprises illégales des corps administratifs.
Au surplus les moyens de réclamation consignés dans cette adresse
restent dans toute leur force, malgré tout ce qu'on a pu tenter
pour étouffer la voix des paroissiens de Saint-Michel. *Le sieur
la Boulinière* n'en sera pas moins un intrus, quand même on ne les
lui aurait pas opposés publiquement, parce qu'ils sont suffisam-

ment constatés par toutes les règles canoniques ; ainsi, c'est sur sa tête que retomberont toutes les suites du schisme qu'il va porter dans la paroisse ».

Lorsque le curé de Saint-Michel vit que l'intrusion allait être consommée aussi bien pour l'Evêché de Limoges que pour sa paroisse, il fit imprimer et distribuer à ses paroissiens l'Avertissement dont je reproduis ici le texte. On remarquera avec quelle modération il conseille ses paroissiens dont beaucoup voulaient s'opposer par la force et la violence à l'entrée de l'intrus dans leur église :

Avertissement du curé de Saint-Michel-des-Lions à ses Paroissiens

Conformément à la doctrine de l'Eglise Catholique, nous vous avons enseigné que l'Eglise est l'assemblée de Fidèles, qui font profession de la même foi, qui participent aux mêmes sacrements, sous l'obéissance des Pasteurs légitimes, et principalement de notre Saint-Père le Pape, chef visible de l'Eglise, successeur de Saint-Pierre, et Vicaire de J.-C. en terre.

Votre Pasteur légitime est M. Louis-Charles Duplessis d'Argentré, que l'Eglise nous a donné pour Evêque. Nous participons sous ses ordres à la qualité de Pasteur, envoyé vers vous par son autorité, pour vous prêcher l'Evangile, vous administrer les sacrements, et remplir toutes les autres onctions Pastorales : les Prêtres qui nous aident en qualité de vicaires dans nos fonctions, ont aussi reçu de lui leur mission ; ils sont nos coopérateurs dans le saint ministère et nous ne faisons ensemble qu'un seul Pasteur.

En conséquence vous devez regarder comme des intrus désavoués par l'Eglise, et des ministres sans autorité et sans mission le nouvel Evêque que les Electeurs du département et le nouveau Curé que les électeurs du district ont nommés pour occuper les places d'Evêque de Limoges, et de Curé de Saint-Michel avec les vicaires qui se joindront à ce dernier.

Qu'est-ce que la Religion demande de vous dans cette circonstance ? Quels sont les devoirs qu'elle vous prescrit ?

1° Ne point reconnaître les faux Pasteurs ; lorsque le curé élu par le district viendra à main-armée, s'emparer de notre Eglise et nous en chasser avec violence, retirez-vous dans vos maisons, pour prier le Seigneur avec ferveur, pour gémir sur les mœurs [peut-être : sur les maux] de l'Eglise, et pour pleurer sur la perte de la Religion.

2° Souvenez-vous que la Religion défend et condamne toute violence, toute sédition ; les seules armes dont vous puissiez vous servir à l'exemple des premiers Chrétiens, sont la prière, la patience et les souffrances.

Nos chers frères, tant que nous serons au milieu de vous, nous serons toujours prêts à vous donner tous les secours spirituels, qui vous sont nécessaires pour votre sanctification et pour votre salut éternel ; mais par soumission à l'autorité civile, à laquelle nous serons toujours obéissants, dans tout ce qui est de son ressort, nous le ferons en silence et sans éclat. Nous nous recommandons très instamment à vos prières.

Signé : MARTIN, curé de Saint-Michel.

Au mois de juillet 1792, l'intrusion était installée dans l'église
de Saint-Michel, comme dans les autres églises de la ville, mais le
curé, les vicaires et tous les prêtres attachés à cette église étaient
présents à Limoges. C'est à ce moment que les excitations contre
les prêtres, que des révolutionnaires prétendus patriotes ne cessaient de répandre, causèrent à Limoges un événement qui im-
pressionna vivement tous les habitants honnêtes du pays. C'est
l'assassinat de l'abbé Chabrol. Jacques Chabrol, né et baptisé à
Saint-Michel le 20 octobre 1742, était fils de Barthélemy Chabrol
et d'Anne Ragot (1). Au commencement de la Révolution il était
attaché à l'église de Saint-Michel comme simple prêtre habitué.
Il avait acquis de rares connaissances d'anatomie, aussi était-il
pensionné par la province pour donner des secours aux personnes
qui avaient le malheur de se fracturer quelque membre; et il avait
obtenu un succès fabuleux. Il était d'une haute stature, à laquelle
se joignait une vigueur extraordinaire, ce qui l'avait fait surnom-
mer *Milon de Crotone*. C'est peut-être aussi ce qui a fait dire à
Barruel, en rapportant sa mort, « qu'il vendit cher sa vie aux
assassins et mourut en hercule après avoir terrassé une douzaine
de grenadiers »; assertion absolument fausse, et contre laquelle
des témoins occulaires ont protesté dès qu'ils l'ont connue, comme
l'a fait Bullat dans son *Tableau ecclésiastique et religieux de la ville
de Limoges*. Et qui croira jamais qu'un seul homme, sans armes,
et quelque fort qu'il soit, peut terrasser douze grenadiers armés de
leur fusil et baïonnette. L'abbé Chabrol n'est pas mort en hercule,
mais en héros chrétien.

Le jour même où, au Club de Limoges, on demandait encore
« que des mesures soient prises vis-à-vis les prêtres réfractaires »
ce jour, 15 juillet 1792, des grenadiers armés, sans aucun ordre
des autorités ou de leurs chefs, se présentent chez lui pour récla-
mer avec violence les armes qu'on l'accusait de posséder. L'abbé
Chabrol entend d'abord ces grenadiers insulter grossièrement sa
servante, cependant il ne fait à ces soldats que des observations
convenables. Ensuite il offre de leur livrer le seul fusil qu'il possède. Un des grenadier ne répond à ses honnêtetés que par des

(1) Voici son acte de baptême : « Ce vingtième octobre mil sept cent qua-
rante-deux, a été baptisé dans cette église par moy soussigné, Jacques,
né la nuit dernière, fils de Barthélemy Chabrol et de Anne Ragot, son épouse.
A été parrain Jacques Chabrol et marraine Anne Ragot qui ont signé avec
moy.
  Signé : Anne Ragot, Jacques Chabrol, Dupuy, vicaire ». *(Registres de
Saint-Michel)*.

injures; ils s'emparent ensuite de lui et l'entrainent au corps de garde de la place Dauphine.

Voici en quels termes Bullat rapporte ce qui se passa alors :

« Pendant ces pourparlers, a lieu un rassemblement organisé dès le matin à cet effet. M. Chabrol ne sachant pas où l'on voulait le trainer, demande à être conduit devant M. Cousin, son voisin et juge de paix. On y consent. Comme il tardait à revenir, on menace de brûler la maison hospitalière, si l'on ne leur remet l'abbé Chabrol. Celui-ci, entendant la menace qui est faite, fait offrir de se livrer, à la condition que ce sera pour le conduire en prison. On en fait la promesse au juge de paix. Mais voyant qu'il fallait faire son sacrifice, il se prépare à la mort. En effet, étant revenu à la merci de cés factieux, qui eurent l'air de prendre le chemin de la prison, on ouvrit, par derrière, passage à une femme nommée Coussedière, plus connue sous le nom de *Bras court*, qui lui déchargea un grand coup de tranchant d'une hache, et lui traversa en partie le corps. Une fois abattu du coup, on finit de le massacrer à coups de sabre, de baïonnette et de culasse de fusil. Il fut mis en terre, à minuit, par ordre de l'autorité ».

Le procès-verbal officiel du juge de paix rapporte avec plus de détails cet événement :

« Interpellé de nous rendre au corps de garde de la place Dauphine, y avons trouvé le sieur Jacques Chabrol, gardé à vue par les gens de garde, avec une foule immense de personnes de l'un et l'autre sexe qui paraissaient fort animées contre ledit Chabrol, et se plaignaient de ce qu'il avait frappé un grenadier, et menacé plusieurs autres Quoi voyant, et pour éviter les voies de fait contre ledit Chabrol, avons requis le commandant du poste de nous donner sur le champ un détachement de sa garde, pour conduire dans notre logis ce particulier, et procéder de suite à l'instruction déterminée par la loi. A quoi ayant adhéré, nous nous sommes, en leur compagnie, transporté dans notre logis, et dans une chambre au second étage, lieu ordinaire de nos séances, et étant à même de recevoir la dénonciation de plusieurs personnes contre ledit Chabrol, entendre les témoins et procéder à son interrogatoire, avons entendu une grande rumeur dans la rue, et nous étant mis à la fenêtre, avons aperçu une quantité considérable de personnes de l'un et l'autre sexe qui demandaient à grands cris ledit sieur Chabrol, le menaçant de le mettre à la lanterne; que si on ne le remettait pas de suite, ils allaient enfoncer les portes. Voyant en outre que la garde était menacée et forcée, avons de suite décerné un mandat d'arrêt contre ledit Chabrol, que nous avons remis au commandant de la garde nationale pour le faire mettre de suite à exécution, afin d'éviter les excès auxquels paraissait vouloir se porter le peuple. Mais le commandant s'étant mis en mesure de mettre à exécution ce mandat d'arrêt, des cris réitérés se sont fait entendre, en demandant qu'on leur livrât le sieur Chabrol, qu'ils ne voulaient pas qu'il fut conduit en prison, que la garde eût à se retirer, et que si le juge de paix ne voulait pas le remettre, ils allaient enfoncer les portes et l'enlever d'autorité. Sur quoi nous nous sommes présenté au peuple, l'avons requis au nom de la loi de se retirer, de laisser exécuter le mandat d'arrêt; et après d'inutiles remontrances, après avoir essuyé plusieurs menaces, avons fait barricader la porte d'entrée pour empêcher le brisement d'icelle. Dans le moment, deux officiers municipaux s'étant rendus devant notre logis, ont taché, par des exortations réitérées, de ramener le peuple à ses devoirs en l'avertissant que la loi s'opposait à tout rassemblement. Mais ils ont été forcés de se retirer sans avoir pu parvenir à dissiper l'attroupement qui grossissait à tout moment et devenait plus furieux. Nous avons encore tenté un dernier effort, en exhortant le peuple à se retirer, en l'assurant que dans le moment nous allions faire prévenir nos confrères, pour nous transporter au tribunal de police correctionnelle, et procéder de suite au jugement dudit sieur Chabrol. Mais nos représentations ont été encore inutiles. La gendarmerie nationale étant survenue, sur la réquisition de la municipalité, pour tâcher de dissiper le peuple, a été repoussée avec violence, et forcée de se retirer. Dans le même moment le sieur Alluaud, officier municipal, est survenu, décoré de son écharpe, et s'est joint à nous pour dissiper et calmer l'attroupement. Mais tous nos efforts ont été vains. Le peuple a demandé à grands cris le sieur Chabrol, et a forcé la garde à se retirer en la menaçant de la désarmer. Alors le corps municipal nous a fait parvenir une réquisition au commandant de la garde nationale pour être remise audit sieur Alluaud, laquelle lui ayant été remise il n'a pu la transmettre lui-même au commandant qui était enveloppé dans une foule immense de peuple qu'il exhortait à l'exécution de la loi et au maintien de l'ordre, tandis que lui, sieur Alluaud, était devant la porte de notre logis, faisant tous ses efforts pour arrêter ce peuple qui voulait la briser à coups de hache, tandis que d'autres cassaient à coups de pierres mes vitres, et que plusieurs autres, au nombre de trente ou environ, ont escaladé les fenêtres et après avoir ouvert la porte d'entrée, sont montés dans la chambre où était le sieur Chabrol, gardé à vue par quatre chasseurs, qui, n'ayant pu résister au nombre, ont été forcés de se retirer. Alors on a descendu ledit sieur Chabrol dans la rue, et conjointement avec ledit sieur Alluaud, officier municipal, et après avoir exorté ce peuple au maintien de la loi, à ne point se porter à aucune extrémité, à traduire ledit Chabrol dans la maison d'arrêt, et nous en rendre compte, épuisé de force, et ne pouvant plus arrêter le peuple, nous nous sommes retiré dans notre logis.

» Quelques minutes après, plusieurs personnes sont venues nous rendre compte que ce peuple furieux, à environ cent pas de notre logis, avait excédé de coups de bâton et autres instruments ledit Chabrol, sous lesquels il était succombé. Et nous y étant transporté, nous nous sommes en effet convaincu de la réalité de ce rapport et de la mort dudit sieur Chabrol ».

A la suite du rapport du juge de paix il y en a un de son premier assesseur, Jean-Baptiste Meyze, dans lequel on lit:

« Avons de suite fait placer le cadavre (de l'abbé Chabrol) dans une bière et l'avons fait enlever et porter dans l'église des Pénitents gris paroisse de Saint-Michel, où nous l'avons fait déposer. Après avoir fait fermer exactement les portes de ladite église, avons fait prévenir le sieur curé de ladite paroisse de procéder à l'inhumation dudit corps le jour de demain. — A Limoges, le 15 juillet 1792, l'an 4e de la liberté, à une heure de l'après-minuit » (1).

Tel est le premier des crimes commis à Limoges pendant la Révolution. M. François Alluaud, après avoir rapporté la scène émouvante du massacre de l'abbé Chabrol, ajoute : « La justice aurait voulu laver cette tâche ineffaçable par la condamnation des coupables; personne n'eut le courage de témoigner contre les accusés; je me trompe, un seul témoin, mon père, eut le courage de dire la vérité et d'accomplir son devoir d'honnête homme,

(1) Voici son acte mortuaire : « Le seize juillet mil sept cent quatre-vingt-douze a été inhumé au cimetière des Arènes sieur Jacques Chabrol, prêtre, âgé d'environ quarante ans, homicidé le jour d'hier près la fontaine des Bares, la justice ayant fait le procès-verbal et procédé à la levée du corps et requis par ledit sieur Pergaud, juge de paix, le sieur Cruveilher, vicaire de Saint Michel pour l'inhumation. Présents ont été Jean-Baptiste Mérieux et Jean-Baptiste Dangresas, qui ont déclaré ne savoir signer de ce enquis. *Signé* : Cruveilher, vic. » (Registres de Saint-Michel).

mais ce témoignage ne suffisait pas pour obtenir une condamnation, les accusés furent mis en liberté. »

Le curé de Saint-Michel, et ses vicaires, malgré les insultes et les menaces d'une partie de la populace que les meneurs ne cessaient d'exciter contre eux, continuaient à exercer le saint ministère dans la ville, en faveur de leurs paroissiens qui en très grande majorité repoussaient les idées et les lois révolutionnaires. Mais la persécution religieuse ne devait pas s'arrêter là. Le 26 août 1792, l'Assemblée nationale décréta la déportation des prêtres non assermentés. Le décret de ce jour porte :

« Article premier. — Tous les ecclésiastiques qui, étant assujettis au serment prescrit par la loi du 26 décembre 1790, et celle du 17 avril 1791, ne l'ont pas prêté, ou l'ont rétracté, seront tenus de sortir, sous huit jours, des limites du département de leur résidence, et dans la quinzaine hors du royaume.

» Art. II. — En conséquence, chacun d'eux se présentera devant le directoire du district et à la municipalité de sa résidence pour y déclarer le pays étranger dans lequel il entend se retirer ; et il lui sera délivré un passeport qui contiendra sa déclaration, son signalement, la route qu'il doit tenir.

» Art. III. — Passé le délai de quinze jours, ci-devant prescrit, les ecclésiastiques non assermentés qui n'auraient pas obéi aux dispositions précédentes seront déportés à la Guyane française, etc. ».

Tel est l'instrument de persécution habilement destiné à anéantir toute résistance, en faisant diparaître les hommes courageux qui ne voulaient pas faire le serment schismatique de la constitution civile du clergé.

Le curé de Saint-Michel et ses vicaires obéirent à cette inique loi, qui en les séparant des fidèles dont ils étaient chargés, les exilait de leur patrie. Ils prirent donc des passeports à Limoges, et se mirent en route pour les pays étrangers, M. Martin et M. Péconnet allèrent en Suisse et en Italie ; MM. Sénemaud, Londeix et Barthélemy se rendirent en Espagne, M. Delauze fut emprisonné à Limoges, et M. Lambertie termina sa vie sur l'échafaud révolutionnaire. Voici quelques renseignements sur chacun d'eux.

M. Martin, curé de Saint-Michel, après que la loi du 26 août 1792 eut été publiée, fut obligé d'abandonner ses paroissiens et de prendre le chemin de l'exil. Mais cette loi qui condamnait à la déportation tous les prêtres fidèles, en exemptait les sexagénaires qui devaient être emprisonnés au chef-lieu du département. Le curé de Saint-Michel qui avait atteint sa soixantième année, s'adressa alors au directoire de Limoges, demandant à jouir de cette exception. Celui-ci en délibéra le 3 septembre et voici sa réponse :

« Sur la pétition du sieur Pierre Martin, tendant à être exempté de la loi du 26 août dernier comme sexagénaire ;

» Vu la présente pétition, ensemble l'extrait de baptême du pétitionnaire, daté du 9 août 1733, y joint, le directoire du district, ouï le vice-procureur-sindic, est d'avis que le pétitionnaire ne peut profiter du bénéfice de la loi du 26 août dernier, accordé aux sexagénaires ; que suivant son extrait baptistaire il n'est âgé que de cinquante-neuf ans révolus depuis le 9 août dernier, que par conséquent il n'a pas encore atteint l'âge prescrit par la loi, qui est de soixante ans.

» Il est vrai que la même loi dit article 8e que les infirmes, dont les infirmités seront constatées par un officier de santé nommé par le Conseil général de la commune de leur résidence, et dont le certificat sera visé par le même Conseil général seront exemptés de la disposition portée aux articles précédents, que le sieur pétitionnaire étant infirme, il doit profiter de ce bénéfice en rapportant le certificat demandé. — *Signé* : Thoumas, Auvray, David, Méat ». (Archives de la Haute-Vienne, L. 56.)

Malgré toutes les démarches qu'il put faire, M. Martin fut obligé de partir pour l'exil. Dans les derniers jours de septembre il était parvenu à Chambéry, où M. Denis, vicaire d'Azérable, le rencontra. Plus tard il se trouvait à Rome. M. de Verneilh-Puyrazeau dit en effet de lui : « Ce respectable pasteur subit la déportation. Il était à Rome pendant que mon frère y remplissait les fonctions de commandant d'armes (vers 1798), et pendant leur commun séjour dans cette capitale du monde chrétien, mon frère eut le bonheur de rendre quelques services à ce pauvre exilé. » *(Mes souvenirs de 75 ans*, p. 28.)

Son exil dura encore plusieurs années. Cependant dès qu'il y eut quelque espoir d'obtenir son retour dans la patrie, sa famille commença à faire les démarches nécessaires pour cela, ainsi que le montrent les pièces suivantes :

« Aux citoyens administrateurs municipaux de la commune de Limoges.

« Pierre Martin, faisant pour le citoyen Pierre Martin son oncle, prêtre et ancien curé de Saint-Michel-des-Lions, vous demande

un certificat constatant : 1º Que le dit citoyen Pierre Martin, prêtre, n'est point émigré, mais sorti du territoire de la République
avec un passeport de la commune, d'après la loi de déportation ; 2º
Qu'il avait cessé toutes fonctions publiques, au moment où la
loi le lui prescrivait ; 3º Que sa conduite publique et privée a
toujours été irréprochable ; 4º Qu'il n'avait jamais été trouvé
dans aucun attroupement séditieux, qu'au contraire, il avait
toujours employé tous les moyens en son pouvoir pour maintenir
la paix et la tranquillité ; 5º Qu'il était infirme et âgé de cinquante neuf ans révolus, lorsqu'il a subi la loi de déportation ;
6º Enfin qu'il jouissait de l'estime et de la considération générale
de ses concitoyens, puisqu'il fut nommé administrateur municipal dans la Révolution.   » P. MARTIN. »

« Vu la pétition ci-contre, etc.

» L'administration municipale de Limoges déclare que Pierre
Martin, prêtre, ci-devant curé de Saint-Michel-des-Lions, est
sorti du territoire de la République d'après la loi du 26 août
1792 sur la déportation, muni d'un passe-port délivré par le
ci-devant district de Limoges ; qu'il a cessé toutes fonctions publiques au moment où la loi le lui a prescrit ; que sa conduite
publique et privée a toujours été irréprochable ; qu'il n'est pas
en notre connaissance qu'il se soit trouvé dans aucun attroupement séditieux ; qu'il nous a toujours paru paisible et tranquille ;
qu'il était infirme et âgé de cinquante-neuf ans lorsqu'il a subi
la loi de la déportation ; et qu'il a toujours joui de l'estime et de
la considération de ses concitoyens ayant été administrateur
municipal au commencement de la Révolution.

» Fait à Limoges, en séance, le 8 ventôse an VIII de la République (27 février 1800.)

« *Signé* : Joseph Ardant, président, Lingaud, secrétaire. »

(Archives de la Haute-Vienne, L. 1159.)

Ce ne fut cependant qu'après la signature du Concordat qu'il
put rentrer en France, et il revint dans sa paroisse en mai 1802.
Mais les souffrances de l'exil avaient augmenté ses infirmités, aussi
ce ne fut que bien peu de temps que Dieu le conserva à ses paroissiens dont il avait toute l'affection. Il mourut le 16 janvier 1803
et fut enterré dans son église. Le *Journal officiel de la Haute-
Vienne*, dans son nº du 20 janvier 1803, parle de lui en ces termes :

« Pierre Martin, curé de Saint-Michel-des-Lions, était né sur
cette paroisse, fils et frère de négociants distingués par cette pro-

bité et cette honnêteté qui caractérisent les bons citoyens. Dès son bas âge il se destina à l'état ecclésiastique, et tous ses vœux étaient de devenir curé de Saint-Michel. Au sortir de sa licence en théologie il était diacre, il se rendit dans sa paroisse et y donna tous ses soins à l'instruction des jeunes fidèles; devenu prêtre, il exerça, en qualité de vicaire, sous M. de Fressenges, à qui il succéda en 1772, et dont il avait admiré les vertus. En 1791, il fut nommé officier municipal. En 1792, il partit pour l'Italie, où il a resté jusqu'au mois de prairial dernier qu'il est rentré dans sa cure. Son premier soin fut de déclarer que le Pape avait expressément recommandé à tous les prêtres français qui étaient venus demander sa bénédiction, qu'ils devaient entièrement oublier ce qui s'était passé pendant la Révolution, ne se souvenir que de la charité chrétienne, et se pénétrer de tolérance pour faire aimer la religion. Ces sentiments avaient toujours été dans le cœur du citoyen Martin, et son esprit les considérait comme les vraies bases du christianisme. Il manifestait ces sentiments d'une manière sensible toutes les fois que l'occasion se présentait, et toujours avec cette sincérité et cette candeur qu'un heureux naturel, l'étude et la prédication de la morale évangélique, et une conscience pure donnent à un pasteur pénétré de ses devoirs. Il les remplissait encore, ces devoirs, samedi 15 de ce mois, à six heures du soir, dans son église, et à trois heures de la nuit il n'était plus ! Il était âgé de soixante-neuf ans cinq mois. Une attaque d'apoplexie lui a donné la mort. Nous ne parlons point de l'affliction que cet événement a causée en général à ses concitoyens et en particulier à ses paroissiens. Un curé qui a toujours été aimé fait verser bien des larmes, et laisse bien des inquiétudes sur son successeur. »

François-Jean Sénemaud, né à Limoges le 6 mai 1748, était fils de Jean-Baptiste Sénemaud, bourgeois et marchand de Limoges et de Marie David de Brie; il entra au Séminaire des Ordinands le 9 octobre 1770, et en 1775 on le trouve prêtre et vicaire de Saint-Michel-des-Lions.

Il occupait encore ce poste au commencement de la persécution, et lorsque à l'exemple du curé, il eut refusé le serment schismatique de la constitution civile du clergé, il fut privé de son titre de vicaire et expulsé de l'église. Il se retira alors dans sa propriété au village de la Boilerie, paroisse de Verneuil-sur-Vienne. Bientôt vint la loi du 26 août 1792, obligeant tous les prêtres fidèles à sortir de France sous quinze jours. Le 7 septembre il prit à Verneuil un passe-port, par lequel nous voyons qu'il alla chercher un asile en Espagne. Après son départ tout ce qu'il possédait, meubles et immeubles, fut pris et vendu au profit de la République. Pendant dix ans il éprouva en Espagne toutes les peines de l'exil.

Sur un manuscrit, nº 186, que possédait la bibliothèque du grand séminaire de Limoges, nous avons lu ces mots écrits de sa main : « Ces trois tomes ont été fidèlement extraits de l'original, pendant mon séjour à Adanero, près Madrid, en Espagne, le 4 mars 1795. J'avais resté auparavant deux ans à Villefranche, province de Guipuscoa, en Biscaye. — Sénemaud ».

Au Concordat, il put revenir dans sa patrie, en 1802; Mgr du Bourg, évêque de Limoges, le nomma curé de Verneuil, paroisse où il a travaillé jusqu'à sa mort à réparer les ruines matérielles et spirituelles causées par la Révolution. Il est mort le 22 septembre 1826.

Bernard Londeix naquit à Limoges dans la paroisse de Saint-Michel, le 26 janvier 1756. Il était fils de Martial Londeix et de Françoise Nouhaud. Il avait un frère prêtre, Pierre Londeix, qui fut déporté sur les pontons de Rochefort, et ensuite exilé en Espagne où il mourut.

Bernard Londeix fut ordonné prêtre à Limoges le 20 mai 1780, et devint peu après vicaire à Saint-Michel; en 1789 il était en même temps prieur des pénitents gris établis dans la chapelle de Saint-Antoine, au cimetière des Arènes. Après son refus du serment schismatique de la constitution du clergé, la loi de persécution l'obligea à fuir sa patrie, et le 4 septembre 1792 il partait pour l'Espagne.

Après dix ans de souffrances sur la terre étrangère, il rentra en France au Concordat. Il fut un des principaux témoins dont la déposition servit à constater l'authenticité du chef de saint Loup, conservé à Saint-Michel, Mgr Du Bourg le nomma curé de Panazol, où il est mort au mois d'octobre 1818.

Jean-Baptiste Barthélemy, né à Limoges le 16 juillet 1743, fut baptisé le même jour dans l'église de Saint-Michel. Il était fils de Guillaume Barthélemy et de Léonarde Chapoulaud. Lorsqu'il fut prêtre, il occupa le poste de vicaire dans sa paroisse natale, où il était encore au moment de la Révolution.

Ayant courageusement refusé le serment de la constitution

civile du clergé, la loi inique du 26 août 1792 l'obligea à sortir du royaume. Avec plusieurs autres prêtres de Limoges, le 4 septembre il prit un passeport et partit pour l'Espagne. Après son départ, les autorités de l'époque s'emparèrent de tout ce qu'il possédait, de sa maison, rue des Arènes, meubles et immeubles et le vendirent au profit de la République.

Après dix ans de souffrances sur la terre étrangère, il put revenir dans sa patrie et occuper de nouveau son poste de vicaire à Saint-Michel. Le 14 juillet 1803, il déposa comme témoin, pour la reconnaissance du chef de saint Loup. En 1811, étant devenu infirme, il fut obligé de cesser tout travail, et eut alors le titre de vicaire honoraire. Il mourut en décembre 1821.

Jean-Baptiste Péconnet, vicaire de Saint-Michel au moment de la Révolution, partit pour l'exil avec son curé, M. Martin. Après son retour en France, il fut curé de Saint-Michel en 1820. On trouvera sa notice biographique plus loin, à cette date.

Nicolas Delauze, fils de Joseph Delauze et de Marie Duclou, est né à Limoges le 23 mai 1751, et a été baptisé le même jour dans l'église de Saint-Michel. Il entra au Séminaire des Ordinands à Limoges en 1772, et lorsqu'il fut prêtre il devint vicaire communaliste de Saint-Michel. Tout en restant vicaire dans cette église il fut chargé du service religieux de l'Asile des aliénés, établissement construit depuis peu à Limoges. Le 16 février 1782, il était nommé sous-principal du Collège de Limoges, mais au moment de la Révolution n'occupait plus ce poste, et était toujours attaché à Saint-Michel.

Le 11 septembre 1793, en exécution d'un arrêté du Comité de salut public, il fut emprisonné à la Règle comme suspect.

Après le Concordat, en 1803, Mgr Du Bourg le nomma curé d'Aureil, mais il préféra rester vicaire à Saint-Michel. Cette même année, il fut un des témoins dont les dépositions servirent à constater l'authenticité du chef de saint Martial.

En 1806, à l'occasion de la fête des Ostensions, l'évêque de Limoges délégua à l'abbé Delauze les pouvoirs de grand pénitencier. Il occupa aussi pendant quelque temps la place d'aumônier au Lycée de Limoges, mais resta toujours attaché à la paroisse de Saint-Michel. Il était aussi chanoine honoraire. Il est mort à la Couture, dans la paroisse de Blond, le 28 juin 1832, âgé de 81 ans.

Pierre Montet-Lambertie, né à Limoges dans la paroisse de Saint-Michel le 2 novembre 1755, fut ordonné prêtre dans cette ville en décembre 1779. Peu après cette dernière date, il alla terminer ses études et prendre ses grades aux Universités de Bordeaux et de Toulouse. Revenu dans sa ville natale en 1786, il fut vicaire à Saint-Michel, où en peu de temps il gagna l'estime de ses concitoyens, et acquit une légitime réputation comme prédicateur. Aussi la municipalité de Limoges, qui, selon un ancien usage, choisissait les prédicateurs des stations de l'Avent et du Carême, choisit-elle, le 17 octobre 1789, M. Lambertie, pour ces prédications dans l'église collégiale de Saint-Martial. Une délibération du 23 janvier 1790 le désigna une seconde fois pour le même objet.

Depuis le 10 janvier 1787, M. Lambertie était devenu directeur du journal de Limoges, la *Feuille hebdomadaire de la Généralité de Limoges*, et il en conserva la rédaction jusqu'en juillet 1790. Comme il ne sympathisait pas avec les révolutionnaires de Limoges, et qu'il blâmait ouvertement dans son journal les excès qu'ils commettaient, ils lui firent une guerre acharnée.

Le 30 janvier 1791, à l'exemple et à la suite de son curé, du haut de la chaire de Saint-Michel, il avertit les paroissiens du danger auquel ils s'exposeraient en suivant les faux pasteurs, qui n'étaient que des intrus dans l'Eglise. Le même jour, le Club des Jacobins de Limoges dénonça ce prône comme inconstitutionnel et demanda que son auteur fut poursuivi. La municipalité de Limoges obéit à cet ordre du Club et commença les poursuites. Le vicaire de Saint-Michel en fut énormément affecté. Peu de temps après il surprit tout le monde par un changement de conduite incroyable. Le 13 avril il prêtait le serment schismatique de la constitution civile du clergé, et se séparait ainsi de tous les bons prêtres dont jusqu'à ce moment il avait toujours mérité l'estime. Mais aussi, dès ce moment tout le monde vit que ses facultés mentales étaient troublées.

« Je ne me sens pas la force d'être martyr », répétait-il plusieurs fois. Après cela il resta vicaire du curé intrus de Saint-Michel, mais ce n'était plus que scandales, disputes et même batailles avec son curé qu'il traitait d'intrus dans l'église. Il le frappa même avec la relique du bras de Saint-Martial qu'il exposait à la vénération du peuple. Cette scandaleuse bataille fut telle que la garde fut obligée d'intervenir.

Après bien des déboires à Limoges, Lambertie put s'enfuir à Paris où il voulait se cacher. Là, éloigné de ceux qui par leurs menaces et leurs poursuites avaient contribué au trouble de ses facultés mentales, il ne tarda pas à sortir de cette crise qui lui avait été si fatale. Quelque temps après il fit la connaissance de Pierre Pontard, évêque constitutionnel de la Dordogne, et le suivit à Périgueux en qualité de vicaire épiscopal. Dans cette ville, il crut nécessaire, pour conserver sa position, de se rendre aux réunion de la Société populaire, et d'y prendre souvent la parole; mais comme il parla en faveur du fédéralisme, ce fut la cause de sa perte. Quand il comprit qu'il était encore menacé, voulant fuir ses nouveaux ennemis, il se fit nommer curé d'Eyzerac, dans le canton de Thiviers.

Il n'échappa pas au Comité de surveillance de Périgueux, et dès le 19 janvier, des commissaires furent envoyés à Limoges pour s'informer de sa conduite dans cette ville, le dénoncer aux autorités locales et provoquer son arrestation. Lorsqu'il se vit ainsi menacé, il vint à Limoges pour y chercher un appui, mais il ne réussit pas dans ses démarches; il y fut arrêté le 29 septembre, et enfermé à la prison de la Visitation.

Il était encore dans cette prison à Limoges, au mois de mars 1794 lorsque le Comité de surveillance de Limoges, après les nombreuses démarches et accusations de Périgueux, envoya toutes les pièces réunies pour cette affaire à l'accusateur public du Tribunal révolutionnaire de Paris. Enfin le 30 mai 1794, l'administration du district de Limoges arrête que Pierre Montet-Lambertie sera traduit de suite au Tribunal révolutionnaire de Paris, où il sera accusé et jugé comme conspirateur.

Depuis longtemps Lambertie languissait et souffrait dans les prisons de Paris, lorsque le 29 octobre 1794, on le fit comparaître devant le Tribunal. Il fut condamné à la peine de mort, et tout ce qu'il possédait acquis à la République. Le lendemain, 30 octobre 1794, on le conduisit à la guillotine qui était alors dressée sur la place de Grève.

Il est de tradition à Limoges que l'abbé Lambertie, après avoir fait tout ce que les révolutionnaires lui demandaient, jusqu'au schisme, reconnut ses erreurs et ses torts. Il se repentit alors, et obtint le pardon de ses fautes avec l'absolution des censures qu'il avait encourues. Il mourut en prêtre catholique et repentant. Je n'ai aucune pièce fournissant la preuve de l'exactitude de cette tradition, mais elle me semble vraie. Dans les longs mois de prison qui ont précédé son jugement et sa mort, l'abbé Lambertie s'est trouvé en compagnie de nombreux prêtres qui se sont ainsi conduits; on connaît en particulier le grand nombre de conversions semblables, obtenues par M. Emery, supérieur de Saint-Sulpice, pendant qu'il était lui-même en prison.

Les républicains de Limoges continuèrent leur œuvre de destruction et de persécution contre les catholiques. C'est de leur Club ou Société populaire que partent presque toujours les arrêtés les plus iniques Il suffit de lire les procès-verbaux des séances pour comprendre combien leur action a été coupable et désastreuse pour les habitants de cette ville. Nous voyons qu'à la séance du 7 novembre 1793 (17 brumaire an II) :

« Boyer rend compte de l'entrevue des Commissaires de la Société avec la municipalité. Adhérant aux vues philosophiques qui lui ont été soumises, la municipalité de Limoges a arrêté que les clefs des clochers des différentes églises seraient portées et et resteraient déposées à l'hôtel de ville. De plus, elle s'occupera incessamment de faire disparaître les signes extérieurs de la religion.

» A une question de Biron ayant pour but de savoir si les ministres du culte pourraient faire leurs fonctions hors des temples. il est répondu que la destruction des signes extérieurs de la religion implique l'interdiction de toute cérémonie au dehors.

» Vidaud, membre du Comité de surveillance déclare que ce Comité prendra en considération le vœu de la Société sur cet objet ».

Huit jours après, à la séance du 15 novembre 1793 (25 brumaire an II), ils demandent la destruction des châsses où sont gardées les reliques des saints, ainsi que de tous les objets d'art servant dans les églises et cela afin de les spolier de tout ce qui était or ou argent.

» Une motion tendant à descendre les châsses des saints est appuyée par Lanot (représentant du peuple délégué dans les départements) qui demande l'envoi de ces châsses à la Monnaie. Un membre déclare que ce n'est pas assez de détruire les saints d'or et d'argent. Il faut que les saints d'un ordre inférieur disparaissent aussi. Cette proposition est adoptée. Lanot dit que, devant faire un rapport sur sa mission, il ne croit pouvoir mieux rendre hommage au républicanisme des citoyens de Limoges, qu'en consignant la décision qui vient d'être prise.

» Il est donc arrêté que tous les signes du fanatisme seront brisés, et qu'il sera fait offrande à la Convention des matières d'or et d'argent provenant des églises. Cette mesure sera publiée et affichée. Vidaud voudrait voir les bons patriotes dénoncer ceux qui murmureront ».

Peu après cet ordre du Club, les châsses, reliquaires et autres objets d'or et d'argent furent en effet enlevés dans toutes les églises de Limoges. A Saint-Michel, en particulier, ont eut la douleur de voir la châsse de Saint-Martial mise en pièces, et le chef du saint apôtre de l'Aquitaine, jeté, ou caché avec d'autres reliques, sous un monceau d'ornements et de débris de toute sorte. On verra, en 1803, comment Dieu permit qu'il fut conservé et rendu à la vénération des fidèles.

Voici le procès-verbal constatant le pillage et la destruction des châsses et reliquaires dans l'église de Saint-Michel :

Mobilier des églises de Limoges. — La cidevant paroisse de Saint-Michel

Aujourd'hui vingt-huit brumaire l'an 2e de la République française une et indivisible (18 novembre 1793), nous Claude Lesme, Jean-Baptiste Robert, officiers municipaux; Jean-François Bardonnaud et Pierre Chabrol, notables, commis par la municipalité de Limoges, à l'effet de nous transporter dans les différents lieux occupés au culte catholique, afin d'y procéder à l'enlèvement des matières en or, argent et cuivre à l'usage dudit culte, nous nous sommes transportés dans l'église paroissiale de Saint-Michel-des-Lions, accompagnés des citoyens Baptiste Bonnaud, caporal, Tarnaud, Desbordes, Hardy, Faure, Jacques Derennes, Léonard Rougerie, Desfraix et Baptiste Boutinaud, grenadiers de la section de l'Union, où étant, avons requis le citoyen Cruveilher, faisant les fonctions de vicaire, de nous remettre la clef de la châsse du prétendu Saint-Martial, et d'après la remise de ladite clef, avons ouvert ladite châsse en présence des témoins ci-dessous dénommés, et l'avons transportée à la municipalité. Ladite châsse en vermeil, doublée en bois, ayant aux quatre coins deux colonnes torses, deux à la porte, et deux derrière; plus douze vases servant d'ornements aux chapiteaux des dites colonnes; plus au centre de la couverture de ladite châsse, un dogme (dôme) surmonté d'une petite croix nue, aux deux extrémités de ladite couverture, une pyramide surmontée d'une fleur de lys à quatre faces, et entre le dogme et les pyramides, des fleurs de lys et des fleurons alternatifs; plus sur le devant et au-dessus de la porte une croix de vermeil avec un Christ.

Dans ladite châsse on a trouvé : 1° Un petit coffre en vermeil, fermant à clef, ayant sur la couverture une poignée du même métal, et un anneau sur le devant au-dessous de la serrure, sur le derrière un médaillon toujours du même métal, représentant en relief le buste de saint Martial, autour duquel médaillon un double cercle orné de treize pierres enchassées, savoir quatre vertes, cinq rouges, une autre rouge gravée, une espèce d'agate laiteuse, une autre espèce d'agate de couleur sombre et une bleue. Sur le poitrail dudit saint est attachée une pierre violette, taillée en cœur, montée en or et à laquelle pend une perle fine; au-dessus dudit buste est attachée une croix en or et en arbre le Christ émaillé, ayant sur le derrière une couronne et un cœur autrefois émaillé; dans le grand médaillon sont quatre petits ornements

émaillés et à côtes de melon; à la droite dudit buste pend une croix émaillée
en or, décorée tout autour de petites perles fines, à laquelle pendent deux
perles plus grosses, ayant dix pierres en cristal bleu, formant l'arbre de la
croix, et une petite chaîne en or très légère, tenant de la tête de la croix à
la branche droite; à gauche dudit buste : 1º une croix en or, formée par cinq
pierres rouges carrées et ornée de sept perles de la grosseur d'un pois environ·
2º une autre croix en or et émaillée, décorée de deux pierres rouges et de sept
pierres blanches, plus deux petits rangs de perles semences fines; 3º d'une
bague en or, émaillée avec trois petits diamants à table, attachée avec un ru
ban vert; 4º enfin deux gros anneaux de vermeil.

Dans ledit coffre une plaque aussi en vermeil en carré long, attachée dans
l'intérieur du coffre et sous le couvercle, contenant des écritures gothiques,
plus une coupe ovale en or dans laquelle était renfermé le chef dudit ci-devant saint Martial, ayant deux anses du même métal, auxquelles sont attachées des chaînes d'argent, aux extrémités desquelles sont deux petits bustes
également en argent.

Deux coffres en bois de noyer dans l'un desquels nous avons trouvé un
paquet de linge sale, provenant de la garde-robe de la ci-devant Sainte-
Valérie et plusieurs autres drogues et parchemins.

Dans l'autre, des drogues comme dans la première.

Sommes entrés dans la Sacristie où nous avons trouvé :

1º Un ostensoir en vermeil, dont le croissant est en or, et ledit ostensoir
entouré, à la lunette, de petites pierres rouges.

2º Quatre calices avec leurs patènes, dont deux en vermeil,

3º Trois ciboires en argent, une croix en argent,

4º Vingt-un chandelier d'autel, grands et petits, en cuivre argenté,

5º Deux croix d'autel, même métal,

6º Quatre croix de procession, dont deux avec leur baton, même métal,

7º Un bénitier et son goupillon, même métal; un encensoir avec sa navette,
et une petite clochette, même métal.

8º Une lampe, même métal; plus deux bras en bois, couverts en argent.

Plus avons demandé la clef de la châsse de saint Loup; ouverture faite
de ladite châsse, y avons trouvé un petit coffre en bois, couvert en argent,
parsemé de fleurs de lys, ayant sur l'une de ses faces le buste du prétendu
ci-devant saint Loup. Il est à remarquer que la poignée et l'encadrement
dudit coffre sont en cuivre; et dans ledit coffre nous avons trouvé une coupe
en argent en forme d'oignon, ayant deux anses et deux petites chaînes y
attachées, et deux petites lames d'argent destinées à retenir le chef; nous
avons en outre trouvé dans ladite châsse quelques morceaux de linge sale,
deux sacs de peau contenant des os carriés et tombant en poussière.

De tout quoi nous avons dressé le présent procès-verbal pour, servir et
valoir que de raison. Fait à Limoges, les jours, mois et an que dessus, en présence des citoyens dénommés dans le présent procès-verbal, qui ont signé avec
nous, à l'exception des citoyens Jacques Desrennes, Jérôme Hardy, Léonard
Rougerie.

> *Signé* : BOUTINEAU, DEFRAY, FAURE, Baptiste BONNEAUD, aîné,
> TARNEAUD, CRUVEILHER ci-devant vicaire *(Archives de la Haute-
> Vienne. — Q. 266).*

La châsse de saint Martial ainsi volée à l'église passait pour
« la plus belle du royaume »; elle était tout au moins le morceau
d'orfèvrerie moderne le plus important et le plus riche qui exis-
tât dans la province. Les huit panneaux qui la décoraient repré-
sentaient : 1º Saint Martial, enfant, proposé par Notre Seigneur
à ses disciples comme modèle d'humilité; 2º le miracle de la multiplication des pains et des poissons au désert; 3º la mission de
saint Martial par saint Pierre; 4º la résurrection de saint Austriclinien par son maître; 5º l'apparition de Notre Seigneur à saint
Martial; 6º sainte Valérie, décapitée, se présentant devant
l'Apôtre au moment où celui-ci célèbre le saint Sacrifice; 7º la
résurrection d'Hildebert, fils du comte de Poitiers; 8º la mort
de saint Martial.

Ce bel ouvrage fut brisé à coups de marteau. Les restes des
saints qu'il contenait, furent profanés et jetés au feu. Deux des
personnes chargées de présider à ces sacrilèges, MM. Imbert et
Robert, sauvèrent à l'insu l'un de l'autre, les deux portions du
crâne de saint Martial, et cachèrent soigneusement ce trésor pendant toute la durée de la Terreur.

Quand les persécuteurs eurent chassé, emprisonné ou guillotiné tous les bons prêtres qu'ils purent atteindre, ils se tournèrent
contre les constitutionnels qui avaient fait tous les serments
qu'on leur demandait et approuvé toutes les violences et toutes les
dilapidations que les lois révolutionnaires permettaient. Plusieurs
furent traduits au Tribunal révolutionnaire de Paris, condamnés
et exécutés après des jugements le plus souvent iniques.

A Limoges, comme partout, les églises furent fermées, et le
culte interdit. C'est alors qu'on imagina une nouvelle religion, et
que ses partisans lui choisirent pour temple l'église de Saint-Michel-des-Lions. Les meneurs du Club de Limoges vont nous faire
connaître, dans la pièce suivante, leur nouvelle divinité et comment ils célèbrent ses fêtes :

       « Société populaire de Limoges.

     » Procès-verbal de la séance du décadi 30 brumaire l'an 2ᵉ
        de la République française (20 nonembre 1793).

  » Cette séance était consacrée à célébrer la fête en l'honneur de
la Raison; l'ordre de cette fête avait été lu et approuvé à une des
séances précédentes.

  » A l'ouverture de la séance, plusieurs députés des sociétés
populaires du département qui avaient été invités à la fête se

présentent successivement ; tous rendent hommage à la divinité que l'on va chanter ; ils expriment les vœux de leurs commettants qui n'ont pu y participer.

» Un orateur était chargé de faire connaître le but de l'institution de cette fête, rappeler les principes de la nature et de la raison, combattre les préjugés, abattre le fanatisme, par les preuves les plus claires, par les raisonnements les plus vrais, par le rapport des faits les mieux circonstanciés, ce fut une tâche que le citoyen Foucaud remplit avec zèle et les talents qui lui sont naturels. Les plus vifs applaudissements, des cris répétés de Vive la République, vive la Raison se font entendre de toutes parts ; l'enthousiasme est à son comble. C'est alors que le peuple, mêlant son chant aux sons harmonieux de la musique patriotique, sort de la Société pour se rendre au Temple de la Raison.

» Au milieu du concours prodigieux des citoyens des deux sexes et de tout âge, on remarque les députés des sociétés populaires du département, portant les drapeaux que ces sociétés ont offerts à celle de Limoges, en signe de réunion ; la Raison, représentée par une jeune citoyenne, vêtue de blanc, couverte d'un bonnet de la Liberté (la citoyenne Nieaud cadette, symbole bien naturel de la Raison qu'accompagnent les vertus), suivie du président de la Société, et entourée de citoyens portant les emblèmes de l'Egalité, de la Vérité, de la Justice et de la Probité, marchait au centre. Après elle venait la plus ancienne mère de famille, dont les enfants sont aux frontières (la citoyenne Navière-Laboissière) tenant le buste de Marat ; elle était précédée de l'inscription faite en l'honneur de l'ami du peuple. Le plus ancien vétéran portait le flambeau de la Raison, précédé d'un écriteau sur lequel on lit ces mots : la Raison et son flambeau.

» Un jour serein et pur, qui succédait à des jours orageux, était un sûr garant que le ciel prenait plaisir à la fête.

» Durant la marche l'air retentit partout de chants d'allégresse qu'accompagne la musique et les cris de Vive la Raison, Vive la République. On arrive au Temple, au milieu est élevé un autel simple, mais embelli par les attributs de la Raison et de la Vérité. Les députés déposent sur cet autel leurs drapeaux ; on y joint les emblèmes qui entourent la Raison ; la jeune citoyenne qui la représente s'y place auprès de la mère de famille portant Marat, qui comme l'ami du peuple doit être de toutes nos fêtes ; le vétéran qui tient le flambeau et le président de la Société se placent à leurs côtés.

» La joie anime tous les assistants ; les hymnes à la Raison et à la Patrie sont chantés et répétés en chœur ; le silence respectueux règne ensuite, c'était un hommage à la Raison que le peuple allait rendre par la voix d'un second orateur. De grands traits de lumière sont lancés, de grandes vérités sont annoncées ; on ne peut plus méconnaître le guide que l'on doit suivre. Chacun sent renaître les sentiments purs qu'inspire la Raison, et que sait si bien peindre Vidaud, organe du peuple. Les chants recommencent et sur l'autel de la Raison on renouvelle le serment de Liberté et Egalité.

» La nuit commençait à étendre son voile, on devait rentrer à la Société ; toutes les maisons se trouvaient illuminées.

» Dans l'enceinte de la Liberté, un troisième orateur rappelle au peuple la fête qu'il vient de célébrer ; il lui fait sentir qu'il a avancé à grands pas vers le bonheur, que ce bonheur dépend de lui ; il invite d'une manière bien pressante tous ceux qui ont assisté à la fête, de n'avoir d'autre guide que la Raison. Longeau sait émouvoir ; son discours fait de vives impressions.

» Il propose d'arrêter que la salle de la Société populaire s'appelle à l'avenir le Temple de la Vertu ; la tribune, la tribune de la Vérité ; que la Société réunie aux sans-culottes de Limoges et à ceux des Sociétés affiliées du département, déclare guerre éternelle aux traîtres, aux imposteurs et aux fripons. Qu'elle offre union, fraternité et secours à tous les hommes de bonne foi. Que cette déclaration solennelle soit imprimée en gros caractères, affichée dans le lieu le plus apparent de cette enceinte, et adressée en outre à toutes les sociétés de la République. Ce projet est adopté.

» Un membre demande l'impression des trois discours et du procès-verbal de la séance ; tous les membres le désirent ; il est arrêté qu'ils seront imprimés.

» Après la lecture de la correspondance, de nouveaux chants se font entendre. La séance est levée.

» *Signé* : Masjambeau, président. Juge, Boine, Botte et Péconnet, secrétaires ».

Le lendemain de cette fête, 21 novembre 1793 (1er frimaire an II), les ennemis de la religion donnèrent à Limoges un autre spectacle, dont les meneurs révolutionnaires doivent partager les responsabilités avec les juges du Tribunal.

Après la loi du 26 août 1792, qui condamnait les prêtres fidèles à sortir du royaume sous quinze jours, il s'en trouva, qui, tout en ayant accepté un passeport indiquant la route qu'ils devaient tenir pour passer à l'étranger, ne purent pas se résoudre au dernier moment à abandonner leurs paroissiens, et se cachèrent pour rester auprès d'eux et leur donner les secours de la religion. Quatre de ces derniers qui avaient été arrêtés, furent conduits au Tribunal le 21 novembre 1793. Ce sont :

MM. Jean-Joseph Reymond, ancien vicaire de Bonnac.

Jean-Baptiste Raymond, curé de Bussy-Varache.

Pierre-Psalmet Cramouzaud, curé de Beaumont.

Jean Tiquet, ancien vicaire de Châteauneuf.

Le Tribunal prononça immédiatement l'étrange jugement où nous lisons :

« Considérant que les quatre prévenus ont pris, d'après leur aveu, des passeports, *ce qui les fait présumer être rentrés en France*, les condamne à la peine de mort, conformément aux articles 70, 77, 78 et 79, et le n° 2 de la 3ᵉ section de la loi du 28 mars 1793, transcrits ci-après dans les termes où ils sont conçus ; ordonne à cet effet que ladite peine de mort sera exécutée dans les vingt-quatre heures de la prononciation du présent jugement, et ce à la diligence de l'accusateur public, qui fera livrer lesdits condamnés à l'exécuteur des jugements du tribunal criminel, pour subir la peine à eux infligée, sur la place de la Fraternité de cette ville ».

Le jour même, dès que ce jugement eût été prononcé, ils furent en effet livrés au bourreau qui procéda à ce quadruple assassinat, prétendu légal, sur la place de la Fraternité, aujourd'hui place Jourdan.

Ce n'est pas, hélas ! les seuls crimes qu'on ait à déplorer à cette époque. Déjà le 13 de ce même mois de novembre, on avait condamné et fait exécuter, exactement dans les mêmes conditions, et sous le même prétexte, c'est-à-dire comme émigré rentré, M. Paul Esmoing, curé d'Eymoutiers, qui n'était pas sorti de sa paroisse. Sa sœur, ainsi que celle de l'abbé Tiquet avaient été condamnées à la prison, sous prétexte d'avoir donné asile à leurs frères. Ces jugements iniques furent ensuite cassés, trop tard malheureusement pour les victimes qu'on s'était empressé de faire guillotiner.

L'arrêt qui casse ces jugements porte :

« Au nom du peuple Français. — Le représentant du peuple en mission dans le département de la Haute-Vienne...

» Considérant qu'on a appliqué à Marianne Esmoing et

à Catherine Tiquet, la peine portée par la loi contre ceux qui recellent des émigrés, quoique Esmoing et Tiquet, prêtres insermentés ne fussent jamais sortis du territoire de la République, que la loi qui assimilait les déportés aux émigrés, n'était applicable qu'à la confiscation des biens, ou tout au plus ne pouvait atteindre que ceux qui après s'être exportés hors du territoire français, seraient rentrés dans la République ;

» Considérant que la loi du 29 et 3o vendémiaire an II, qui condamnait à mort les prêtres insermentés qui ne se rendraient pas à la maison commune dans le délai d'une décade n'a été publiée à Limoges que le 12 frimaire ; que ces deux prêtres étaient encore dans le délai porté par cette loi, qui n'a été publiée que longtemps après leur condamnation....

» Arrête, etc.

» Fait en séance à Limoges, le 8 germinal l'an III de la République française une et indivisible (28 mars 1795).

» Signé : CHERRIER ».

Quinze jours après l'exécution de ces quatre prêtres du canton d'Eymoutiers rapportée ci-dessus, le même tribunal condamna encore à mort l'abbé Jean-François Rempnoulx, arrêté par ordre du Comité de surveillance, accusé d'avoir composé une chanson qui tendait à avilir la représentation nationale. Son exécution eut lieu le 5 décembre au milieu des manifestations les plus ignobles, dont se faisaient un jeu les clubistes de Limoges. C'est à eux seuls que nous en empruntons le récit que l'on va lire :

« Société populaire de Limoges. — Séance du 9 frimaire an II (29 novembre 1792).

» Lecture d'une lettre d'Imbert, commissaire envoyé à Tulle pour surveiller le transport des gens suspects de ce département dans celui de la Corrèze, par laquelle il donne le détail de la réception que les sans-culottes de Tulle ont faite à ce convoi. Il invite le Comité de surveillance à préparer une pareille réception aux gens suspects du département de la Corrèze, qui doivent arriver incessamment en cette ville. *La Société arrête que le Tribunal criminel sera invité à juger quelques aristocrates détenus pour que son (sic) exécution coïncide avec l'arrivée de ceux de la Corrèze. Le Comité d'instruction publique demeure chargé d'ordonner la cérémonie ».*

Le Tribunal s'empressa d'obéir à l'ordre de la Société populaire, il condamna à mort l'abbé Rempnoulx. L'organe de cette Société populaire, rendit compte de la *cérémonie* dans les termes suivants :

« *Journal du Département de la Haute-Vienne*, n° XV°, du 22 frimaire, an II (12 décembre 1793).

» Parmi les différentes journées que le peuple de cette commune a consacrés à confondre l'aristocratie et à extirper les erreurs sacerdotales, celle du 15 frimaire doit être distinguée ; elle est remarquable par sa *piquante singularité*. On attendait depuis quelques jours les hommes suspects de la Corrèze dont l'échange avait déjà été arrêté. L'on fut enfin instruit qu'ils devaient arriver le 15. Les sans-culottes de Limoges crurent qu'il convenait de leur donner une *scène intéressante* et de se montrer dignes de l'idée qu'on avait conçue de leur républicanisme. Une affluence de peuple se porta dans le temple de la Raison (l'église de Saint-Michel-des-Lions), pour délibérer sur le mode de réception. On convint généralement que l'on ne pouvait mieux les recevoir qu'en repaissant leurs yeux de tout ce qui faisait *le beau* de l'ancien régime, de tous ces objets pour lesquels ils avaient marqué un attachement si vif et si soutenu. En conséquence, les uns endossèrent des chapes et des chasubles, les autres des robes de conseillers, d'avocats et de procureurs. Quelques-uns s'étaient métamorphosés en pénitents. Plusieurs avaient préféré le costume des carmes et des nonnes. On voyait à la porte du temple un bouc qui devait traîner les titres de la féodalité et de la superstition, et un âne mitré sur lequel devait monter un prêtre. Ils semblaient être impatients de remplir leur tâche patriotique. D'un autre côté, on voyait construire un sarcophage représentant la destruction du royalisme, du fanatisme, etc. Tout ayant été disposé, on est parti du temple de la Raison pour aller sur la route de Tulle (faubourg du Pont-Saint-Martial), au-devant du cortège. A son approche, tout a pris figure. On a ouvert la marche. Un détachement de la garde nationale allait en avant ; après lui venaient les pénitents qui encensaient de vaines idoles, au milieu desquelles était un âne, monté par un prêtre. Ce dernier était placé à rebours ; il tenait à l'une de ses mains une patène et de l'autre un purificatoire... Venait ensuite un évêque qui marchait à pas lents et donnait à chaque instant la bénédiction au peuple. Il était suivi du roi Cochon ; c'en était un véritable, à la tête duquel on avait mis une couronne et que l'on avait chamarré de cordons et de crachats. Il portait cette inscription : *Je suis le roi Cochon.* Un second cochon, attaché, comme le premier, à une pique, représentait le pape ; sa triple couronne était renversée ; il était revêtu de ses habits pontificaux, et on lisait sur son ventre cette inscription : *Ego sum papa.* Après le pape, on voyait quatre sans-culottes porter un grand sarcophage, sur lequel on lisait ces mots : *Royalisme, féodalité, fanatisme, égoïsme, fédéralisme.* Autour de lui, des sons lugubres se faisaient entendre ; des hommes, les cheveux épars et en habits de deuil, se lamentaient et faisaient retentir les airs de leurs gémissements. Une foule de sansculottes suivait de près, en chantant : *Requiescant in pace.* La déesse de la Raison, accompagnée du président de la Société populaire, venait après en chantant des hymnes patriotiques. La marche était fermée par douze chariots de la mauvaise marchandise de Tulle. La procession a fait dans cet ordre le tour et la traversée de la ville et s'est rendue sur la place de la Fraternité. *Là on a vu dame Guillotine disposée à expédier un prêtre fanatique. On a rangé les aristocrates autour d'elle, et l'exécution a eu lieu.* On a ensuite terminé la cérémonie en brûlant le sarcophage et les dépouilles des églises, au milieu des cris de Vive la République ! »

Il est bon de citer ici les réflexions suivantes sur cette mascarade sacrilège :

« Le supplice de l'abbé Rempnoulx s'est perdu dans le nombre des crimes de la Révolution ; il est cependant un des plus iniques, des plus atroces, à cause des circonstances qui le précédèrent. Chose triste à dire. Il se trouvait dans cette honteuse mascarade qui assista à l'exécution du prêtre, des hommes qui ont été honorés plus tard, et qui peut-être, hélas ! ont été vraiment honorables. Ont-ils pu oublier, dans les positions éminentes qu'ils ont occupées la complicité qu'ils eurent dans cette profanation de toutes les choses saintes ? Dieu seul le sait ; mais ce qui a pu frapper tous ceux qui les ont connus, c'est que, à mesure qu'ils se sont élevés, ils ont voulu faire honorer en eux les caractères sacrés qu'ils avaient si solennement bafoués. Le peuple, qui garde si bien la mémoire des fautes, s'est souvent étonné de voir quelques-uns de ceux qui avaient participé à ces actes abominables, si bien récompensés ; il l'a exprimé parfois d'une

façon bien sanglante ; et, plus sévère que les fils des victimes de la Révolution, il n'a jamais accordé son respect ou sa
confiance à ses compagnons de débauches politiques ».
(Journal *La Province*, n° du 20 novembre 1849.)

Un mois et demi après l'exécution rapportée ci-dessus, le
20 janvier 1794, le Tribunal de Limoges envoyait encore à
la guillotine deux prêtres fidèles, qui n'étaient pas sortis de
leur paroisse et du royaume comme le voulait la loi du
26 août 1792 ; il les condamna à mort en les assimilant à
des émigrés rentrés, et cela sous prétexte qu'ils avaient pris
des passeports à l'époque de l'exécution de cette loi. C'était
MM. Melchior Pérol, vicaire d'Eymoutiers, Etienne Gaston,
ancien curé de Sainte-Anne. Ce dernier était un enfant de
Limoges, né dans la paroisse de Saint-Michel-des-Lions,
dont les registres gardent l'acte de baptême.

« Le deuxième may mil sept cent cinquante-trois, a été
baptisé dans cette église (de Saint-Michel-des-Lions), par
moy soussigné, docteur en théologie de la faculté de Paris,
Etienne, né la veille, dans la rue Croix-Neuve, fils de Léonard Gaston, chaudronnier, et de Jeanne Ribière, son épouse légitime ; a été parrain, M. Etienne Ribière, prêtre au
présent diocèse, et marraine, Catherine Gaston, épouse de
François Dupont, notaire de la ville de Saint-Léonard, lesquels ont signé avec nous. — Catherine Gaston, Ribière,
prêtre, de Fressanges, vicaire ».

Voici son acte mortuaire, qui est dans les registres de
l'état civil à la municipalité de Limoges :

« Aujourd'hui second pluviôse, l'an second de la République française, une et indivisible (21 janvier 1794), est décédé
hier soir, à cinq heures, sur la place de la Fraternité, section
de l'Egalité, Etienne Gaston, âgé de quarante-trois ans, ci-devant curé de Sainte-Anne, canton d'Eymoutiers, y demeurant, ainsi qu'il résulte de l'extrait du procès-verbal en date
du jourd'hui, signé Cousin, greffier du tribunal criminel,
lequel demeurera annexé aux présentes. — Pezaud, officier
public ».

Dans *Les Martyrs de la Foi pendant la Révolution française*, par l'abbé Guillon (au tome III, page 174), ouvrage
imprimé à Paris en 1821, l'auteur dit de l'abbé Gaston ce
qui est arrivé à l'abbé Rempnoux, guillotiné le 5 décembre 1793. C'est ce dernier qui a été condamné pour avoir
composé une chanson contre-révolutionnaire, c'est aussi à

son exécution que figura la procession sacrilège rapportée
plus haut, et non à celle de l'abbé Gaston, exécuté seulement
un mois et demi plus tard. Le registre du tribunal de Limoges nous conserve les jugements de ces deux prêtres, ils ne
laissent aucun doute au sujet de l'erreur que je signale ici.

Ainsi qu'on le voit, dans l'espace d'environ deux mois, le
tribunal criminel de Limoges a condamné à mort huit prêtres, qu'il a envoyés à la guillotine dressée sur la place
Tourny, appelée alors place de la *Fraternité*.

Une inscription gravée sur une plaque de marbre a été
posée dans l'église d'Eymoutiers pour conserver leur souvenir ; mais cette inscription est incomplète et renferme quelques inexactitudes. Voici comment elle doit être rectifiée,
d'après les documents originaux, actes de baptême, jugements du tribunal, actes mortuaires :

*A la mémoire de huit prêtres morts pour la foi, guillotinés à
Limoges, par ordre du Tribunal criminel :*

Le 14 novembre 1793 :
Paul Esmoingt, curé d'Eymoutiers.

Le 21 novembre 1793 :
*Jean-Joseph Raymond, né à Eymoutiers en 1760,
vicaire de Bonnac.
Jean-Baptiste Raymond, né à Eymoutiers en 1733,
curé de Bussy.
Pierre-Psalmet Cramouzaud, né à Eymoutiers en 1732,
curé de Beaumont.
Jean Tiquet, né à Eymoutiers en 1753,
vicaire de Châteauneuf.*

Le 5 décembre 1793 :
François Rampnoux, né à Chirac (Charente), en 1764

Le 20 janvier 1794 :
*Etienne Gaston, né à Limoges en 1753, curé de Sainte-Anne.
Melchior Pérol, né à Eymoutiers en 1749,
vicaire à Eymoutiers.*

Dans son discours, le jour de la fête de la déesse Raison,
l'orateur du Club, P. Longeaud, disait au peuple « qu'il avait
avancé d'un grand pas vers le bonheur ». Il est bon de faire
remarquer ici ce qu'a été, pour les habitants de Limoges, ce
« bonheur » qu'on leur promettait toujours, et ce qu'on donna à la place.

M. Génébrias de Gouttepagnon, élu administrateur du

département et ensuite membre du Directoire, a parfaitement écrit, dans son Livre-Journal, ce qu'était l'anarchie qui régnait alors dans la ville : « Les Jacobins, dit-il, prirent un ascendant insurmontable, et dominèrent toutes les autorités constituées. Nous avions l'air d'être quelque chose, et nous n'avions réellement aucune autorité. Tout le pouvoir résidait dans le Club. »

On connaît ce qu'ont fait pendant ce temps les meneurs du Club « au républicanisme desquels le représentant du peuple Lanot rend hommage ». C'est en excitant continuellement la populace contre les prêtres et contre les habitants les plus honorables qu'ils sont devenus en quelque sorte responsables des crimes qu'on eut à déplorer. Et pendant ce temps, les habitants de Limoges étaient dans la plus grande misère. Les registres de l'état civil « constatent que, du 1er janvier 1793 au 22 septembre 1794, il y eut, dans la commune de Limoges, deux mille soixante-treize décès, soit un dixième de la population, laquelle ne dépassait pas 20.000 âmes ; l'hospice, seul, fournit onze cents décès pendant cette période ! On ne saurait trouver de témoignage plus précis et plus éloquent de l'effroyable misère qui régna dans notre ville à cette époque... Ainsi, l'hôpital vit mourir, *en moins de vingt-un mois, cinq pour cent* du chiffre total de la population de la commune.

« La Révolution n'était pas plus douce aux petits qu'aux grands ; si elle dépouillait ceux-ci, forçait les autres de s'éloigner du sol natal, emprisonnait et guillotinait les autres, elle privait d'ouvrage les travailleurs, les frappait cruellement dans leurs intérêts et leurs affections, anéantissait l'aisance modeste de l'artisan, et l'envoyait mourir sur le grabat de l'hôpital. Ceux qui savent ces choses, trop complètement ignorées du public, ne doivent pas les dissimuler. Il faut que tout soit dit sur toutes les périodes de notre histoire nationale, et que la vérité fasse enfin justice des légendes entretenues par les complaisances intéressées de tous les partis. » (L. Guibert, *Bulletin Société archéologique*, XXIX, p. 115.)

Cette excessive misère est encore bien constatée par toutes les autorités constituées de Limoges. Voici ce qu'elles écrivaient à la Convention, le 11 août 1793 :

« Législateurs,

» Que vous servirait-il d'avoir sauvé la République si nous périssons ? Et nous allons périr si votre main paternelle ne nous retient pas au bord de l'abîme. Après avoir épuisé toutes leurs ressources, les infortunés habitants de la Haute-Vienne réunissent leurs vœux et leurs sollicitations ; ils recourent à vous avec confiance, ils espèrent émouvoir votre sensibilité.

» Depuis cinq ans, la disette assiège notre malheureux département ; la faim, cet ennemi plus redoutable et plus redouté que la coalition des rois de l'Europe et des brigands de la Vendée, est sur le point de l'anéantir. Affligé tour à tour par les fléaux désastreux des incendies, des gelées, des ouragans, des inondations, des banqueroutes, de la hausse progressive et effrayante de toutes les denrées de première nécessité qui y a pesé davantage que sur aucune autre partie de la République ;

» Fatigué ensuite par le passage de trente à quarante mille volontaires, et par le défaut de bras nécessaires à la culture du sol le plus ingrat et le plus stérile de la France ;

» Epuisé encore par la nature même d'un pain horrible à la vue, peu substantiel, et malsain, que les administrations ont été forcées de composer avec des grains de tout genre et de mauvaise qualité, de distribuer avec mesure, et de refuser même souvent aux cultivateurs ;

» Ruiné enfin totalement par la difficulté du transport et le prix excessif des charrois des grains, qui ont coûté jusqu'à douze et quinze livres par quintal, pour vingt-cinq à trente lieues de route, par la nécessité où nous a mis la guerre de faire vendre à Hambourg les grains achetés pour nos approvisionnements, par la perte de dix mille quintaux de froment accordés par le ministre et qui ont été retenus à Nantes ou pris par les brigands, vers février dernier ;

» Désespéré pour ainsi dire par les chaleurs excessives et constantes qui dessèchent dans ce moment sous les yeux du cultivateur désolé, les petits grains et les pommes de terre dont il est accoutumé à se nourrir, et qui étaient absolument nécessaires pour qu'on pût regarder comme passable la récolte générale de l'année ;

» Le peuple de la Haute-Vienne se voit prochainement menacé de périr en masse par la peste et la famine tout ensemble... »

C'est ainsi que les autorités constituées de Limoges décrivent la misère des habitants de cette ville, pendant que les orateurs du Club disent au peuple « qu'il avance à grands pas vers le bonheur ».

Un peu plus tard, ce fut encore pire, car les souffrances du peuple ne firent qu'augmenter. La commune, se trouvant forcée de hausser le prix du pain que l'on distribuait à la classe indigente, prit pour cela un arrêté où nous lisons :

« Considérant que les livraisons de farines et de pain faites jusqu'à ce jour présentent pour la commune un déficit journalier de 9.936 livres, ce qui fait par décade une perte réelle de 99.360 livres...

» Arrête, sur ce ouï l'agent national de la Commune, que le prix des farines ou grains et celui du pain demeure fixé provisoirement, savoir :

» Farines ou grains, la livre............ 1 livre 6 sols.
» Pain, la livre .... 15 sols ».

La publication de cet arrêté provoqua un mouvement séditieux dans notre ville. Le peuple de Limoges, jadis si paisible, se souleva en masse, envahit la salle où le Conseil général de la commune délibérait, et lui imposa ses volontés en le menaçant de se transporter dans les maisons de quelques particuliers pour s'y livrer au pillage.

Le Comité de surveillance de Limoges adressa à la Convention, le 22 février 1794 (4 ventôse, an II), un rapport sur cette émeute. Il le termine par ces mots : « La famine et une insurrection générale menacent notre commune. Voilà, Citoyens, l'affreuse position où nous nous trouvons. »

Ce n'est pas ce que les meneurs avaient promis au peuple.

Un autre indice de ce qu'avaient à souffrir les habitants de Limoges se trouve dans l'état des prisons de cette ville. Elles étaient toujours insuffisantes. Cependant tout était devenu prison sous ce qu'ils appelaient le régime de la liberté : l'Abbaye de la Règle, le Couvent de la Visitation, le Grand Séminaire, l'Asile des aliénés s'ajoutèrent aux anciennes geôles. Le représentant du peuple Lanot, envoyé en mission dans le département de la Haute-Vienne, écrivait au Comité de Salut public de la Convention, le 29 novembre 1793 (3 frimaire, an II), et lui disait :

« Département, districts, tribunaux, juges de paix, de commerce, municipalités, comité de surveillance, Sociétés populaires, tout est ou sera épuré, et *je priverai de la liberté tous ceux qui n'en auront pas constamment défendu les droits*. Déjà, des suspensions et *des arrestations sans nom-*

bre ont eu lieu dans les deux départements qui me sont confiés, et dans l'un comme dans l'autre, l'esprit révolutionnaire domine, la liberté triomphe, et avec le dernier coup de main que je vais porter, la Convention pourra compter au nombre des enthousiastes de la Révolution tous les citoyens de la Haute-Vienne et de la Creuse. » .

Le *Journal de la Haute-Vienne*, l'organe du Club, donne le nombre des prisonniers détenus à Limoges, aux dates suivantes :

Le 9 novembre 1793

A la Maison d'arrêt.. 56
A la Visitation...... 122
Au Séminaire....... 188
———
366

Le 28 novembre 1793

Aux Prisons........ 57
A la Visitation...... 145
A la Règle.......... 149
Au Séminaire....... 189
———
540

Le 21 janvier 1794

Aux Prisons........ 144
A la Visitation...... 53
A la Règle.......... 169
Au Séminaire....... 154
———
520

Le 17 janvier 1794

A la Maison d'arrêt.. 45
A la Visitation...... 130
A la Règle.......... 154
Au Séminaire....... 148
———
477

Le 31 janvier 1794

A la Maison d'arrêt.. 99
A la Visitation...... 140
A la Règle.......... 150
Au Séminaire....... 148
———
537

Le 6 février 1794

A la Maison d'arrêt.. 25
A la Visitation...... 94
A la Règle.......... 150
Au Séminaire....... 144
———
413

Le 25 août 1794

A la Visitation...... 130
Au Séminaire....... 170
A la Règle.......... 117
A la Maison d'arrêt.. 32
———
449

Ce Tableau des prisons de la ville de Limoges n'est pas au complet, car sans parler du grand nombre de ceux qu'on

mettait en arrestation dans leur propre maison avec un garde à leur porte, il ne fait aucune mention du Dépôt, ou Maison de Force de Limoges, où, dès le 23 mai 1793, le Conseil
général du département avait fait transférer une partie des
détenus : « Considérant, dit-il, que les prisons des tribunaux de ce département sont en ce moment surchargées
d'accusés et de condamnés à la réclusion ou à la détention,
qu'il est à craindre qu'un rassemblement si considérable
dans un lieu borné et peu aéré, ne porte la contagion dans
cette maison de sûreté, que déjà on y respire un air méphi-
tique qui peut s'accroître avec les chaleurs de l'été... »

Trois de ces prisons, ainsi que le tribunal, étaient sur la
paroisse de Saint-Michel ; la Maison d'arrêt à côté de l'église
même ; la Visitation, à l'entrée de la route de Paris, et le
Dépôt, ou Maison de Force, dans la rue des Anglais.

CHAPITRE IXe

Nouvelle circonscription des paroisses de Limoges. — Les curés de Saint-
Michel pendant le xixe siècle. — Reliques de Saint Martial, de Saint Loup,
et autres. — Grande Confrérie de Saint-Martial et l'Ostension des Reliques en 1806. — Maladie des Espagnols en 1809. — Cour Impériale de
Limoges. — Nouvel orgue à l'église de Saint-Michel. — Les Sœurs de
la Croix. — Passage de S. S. Pie VII à Limoges, en 1814. — Confrérie
du Saint-Sacrement. — Reconstruction de la flèche du clocher. —
Croix de Mission en 1828. — Nouvelles cloches en 1814 et 1868. —
Vitraux en 1845 et 1875. — Création d'une nouvelle paroisse : Saint-
Martial-de-Landouge. — Proclamation du dogme de l'Immaculée Con-
ception. — Réparations à l'église en 1855. — Incendie de 1864. —
Création des paroisses de Saint-Joseph et du Sacré-Cœur. — Le Monu-
ment de Saint-Martial. — Neuvième Centenaire du miracle des Ardents.
— Les Ostensions pendant le xixe siècle. — Don d'une relique de Saint
Martial à la basilique de Saint-Pierre-de-Rome où un autel lui est
consacré.

Avant la Révolution, la ville de Limoges comprenait treize
paroisses. Ces paroisses étaient : 1° Saint-Jean-de-la-Cathédra-
le ; 2° Saint-Pierre-du-Queyroix ; 3° Saint-Michel-des-Lions ;
4° Saint-Maurice-de-la-Cité ; 5° Saint-Domnolet ; 6° Saint-
Michel-de-Pistorie ; 7° Sainte-Félicité, à laquelle on avait uni
Saint-Lazare ; 8° Saint-Paul ; 9° Saint-Christophe ; 10° Saint-
Julien et Sainte-Affre ; 11° Saint-Aurélien ou Saint-Cessateur ; 12° Saint-Gérald ; 13° Saint-Martial-de-Montjauvy.

Après le Concordat de 1801, Limoges n'eut plus que quatre paroisses, qui sont : Saint-Pierre-du-Queyroix et Saint-Michel-des-Lions, érigées en chef-lieu de doyenné, et Saint-Etienne et Sainte-Marie, qui ont été de simples succursales. La paroisse de Saint-Michel fut alors augmentée de tout le territoire des anciennes paroisses de Saint-Martial-de-Montjauvy et de Saint-Cessateur, et même de celui des paroisses de Sainte-Claire et de Sainte-Madeleine-de-la-Bregère qui, par le passé, n'avaient pas fait partie de la ville.

Mgr Dubourg s'empressa de donner des curés à toutes les paroisses du diocèse ; et il eut alors la consolation de voir revenir de leur erreur et se rétracter, les prêtres qui avaient fait le serment de la Constitution civile du clergé ; aussi, écrivant à l'évêque de Montpellier, le 13 février 1805, il lui disait : « Je n'ai pas un seul Constitutionnel dans mon diocèse, au moins qui en fasse profession, parce que tous ont fait leur rétractation ; sans cela, je ne les aurais pas employés. »

M. Martin, revenu de la déportation, fut de nouveau nommé curé et doyen de Saint-Michel.

Après la mort de M. Pierre Martin, arrivée le 16 janvier 1803, la paroisse eut pour curé M. Jean-Baptiste Vitrac, que Mgr Dubourg, évêque de Limoges, nomma par ordonnance épiscopale du 3 pluviôse an XI (23 janvier 1803). Il était né à Limoges le 1ᵉʳ février 1739 et était fils de Léonard Vitrac et de Catherine Penot. Il faisait ses études au collège de Limoges, dirigé par les Jésuites, lorsqu'en 1756, il perdit son père, et se trouva alors l'aîné de six frères ou sœurs dont la mère restait chargée.

Lorsqu'il fut prêtre, et après la suppression des Jésuites, le 4 août 1763, il fut nommé professeur au collège de Limoges ; en devint le sous-principal, puis le principal. Mais, le 9 septembre 1782, il donna sa démission, motivée par des raisons de santé. La *Feuille hebdomadaire de Limoges* nous dit que, « le 20 janvier 1783, M. de Montesquiou, abbé de Saint-Martial, a nommé M. Jean-Baptiste Vitrac, ancien principal du collège, à la cure de Montjauvy, vacante par la démission de M. Antoine Belut ». Cette petite paroisse de Montjauvy, *Mons gaudii*, qui ne comptait que 143 habitants, s'était formée autour de l'église élevée sur l'emplacement où les reliques de saint Martial avaient été portées, en 994, lorsque les supplications du peuple obtinrent la cessation de la peste connue sous le nom de *Mal des Ardents*.

Les talents multiples et remarquables de l'abbé Vitrac lui méritèrent l'estime et la protection des hauts personnages de la province. Dès son premier discours, il acquit la faveur de M. D'Aine, intendant de la généralité, auquel il avait dédié, en 1777, l'*Eloge de Baluze*. Ses publications l'avaient fait admettre et agréger aux académies de Montauban, La Rochelle, Clermont-Ferrant et Châlons-sur-Marne, ainsi qu'à la Société d'Agriculture, Sciences et Arts de Limoges. M. D'Aine, qui lui avait donné une grande marque d'estime en lui confiant l'instruction religieuse de sa fille unique, avait voulu l'emmener avec lui lorsqu'il fut appelé à l'intendance de la Touraine. La riche cure de Verteuil, en Angoumois, lui avait été offerte. Il refusa toutes ces positions avantageuses et borna son ambition à sa petite cure de Saint-Martial-de-Montjauvy, afin d'avoir du temps pour ses études, en vivant au sein de sa famille dont il était devenu le père.

L'abbé Vitrac resta curé de Saint-Martial-de-Montjauvy jusqu'au jour où la persécution révolutionnaire vint l'en chasser. Ses concitoyens l'élurent au nombre des notables de la municipalité de Limoges. Il avait aussi été promoteur de la métropole pour notre diocèse. En 1789, à l'assemblée générale du clergé pour l'élection des députés, il fut nommé secrétaire de cette assemblée et ensuite un des commissaires chargés de la rédaction du cahier du clergé.

Il refusa le serment schismatique de la constitution civile du clergé que l'on lui demandait, aussi la loi du 26 août 1792 vint bientôt l'obliger à se séparer de sa famille et de sa paroisse, et à partir pour l'étranger.

L'abbé Vitrac, ainsi que ses trois frères : Jean-Baptiste, curé de Saint-Sylvestre; Elie, curé de la Bregère, et Léonard, vicaire de Saint-Martin-le-Vieux, partit de Limoges au mois de septembre, se dirigeant vers l'Espagne ; avec eux partirent aussi les vicaires de Saint-Pierre, deux vicaires de Saint-Michel, et d'autres prêtres au nombre de quatorze. Arrivés à Uzerche, ils faillirent être tous massacrés par une partie du bataillon des volontaires de Tulle, et ils l'auraient été le lendemain matin, malgré la surveillance du maire, M. de Clédat, si M. Ardant de la Grénerie, commandant de la garde nationale, après leur avoir procuré des passeports pour retourner sur leurs pas, ne les avait fait évader pendant la nuit, par des chemins détournés, et accompagner par la garde nationale. Rentrés à Limoges, ils en repartirent par un autre chemin qui ne se trouva pour eux ni libre d'obstacles, ni exempt de dangers. En Espagne, l'abbé Vitrac se réfugia dans la province de Catalogne, et pendant près de dix ans, il éprouva « combien le pain de l'exil est amer ».

Après le Concordat, il rentra en France, ainsi que ses trois frères. Dans la cérémonie de l'installation de Mgr Du Bourg, qui eut lieu dans la cathédrale de Limoges, en présence de toutes les autorités civiles et militaires, il fut chargé de prononcer un discours dans lequel il prêcha la réconciliation des divers partis qui avaient divisé l'Eglise et l'Etat.

Un poste plus élevé dans la hiérarchie ecclésiastique que ceux qu'il avait occupés précédemment lui était réservé. La paroisse de Saint-Michel étant devenue vacante par le décès du vénérable abbé Martin, la voix publique le demanda pour cette paroisse, qui était, sinon la plus élevée au point de vue hiérarchique, du moins la plus populeuse et la plus considérable du diocèse. Mgr Du Bourg l'y nomma par ordonnance du 23 janvier 1803, et il y fut installé le second dimanche après Pâques, le 24 avril.

Le ministère pastoral, à cette époque, offrait des difficultés de toute sorte ; il fallait relever les ruines qu'avait faites la Révolution. L'abbé Vitrac fut assez heureux pour retrouver les reliques de saint Martial et de saint Loup. Tout entier à son ministère pastoral, il en remplit toutes les fonctions avec le plus grand soin et une activité admirable. Son église de Saint-Michel devint sa demeure habituelle ; son temps était partagé entre la prière et les fonctions de sa charge pastorale.

Mais il ne devait pas occuper longtemps ce poste considérable auquel il avait été appelé par la confiance de ses supérieurs. La providence ne fit, pour ainsi dire, que le montrer à son nombreux troupeau. Il mourut deux ans après sa prise de possession, le 27 avril 1805, à sept heures du matin, à l'âge de soixante-sept ans.

Le deuil général qu'excita sa mort, les honneurs publics qui lui furent rendus par le concours des citoyens de toutes les classes de la société, ces démonstrations extérieures de la douleur publique, prouvent combien il était aimé et quel empire il avait pris sur les cœurs par sa charité, son dévouement et son zèle. Le jour de ses funérailles, le lundi 29 avril

1805, l'abbé Delisle, ancien professeur au collège royal, fit l'éloge funèbre du pasteur si regretté.

Il fut inhumé dans le cimetière de la paroisse, dit cimetière des Arènes. Ce champ de repos est devenu plus tard un champ de foire, et les ossements de l'abbé Vitrac ont été transportés avec les autres au nouveau cimetière de Louyat.

L'abbé Vitrac a laissé un grand nombre d'ouvrages imprimés ou manuscrits. Voir sa biographie aux *Martyrs et Confesseurs de la foi du diocèse de Limoges*, tome III, page 677.

Après la mort de M. Vitrac, Mgr Du Bourg nomma curé de Saint-Michel M. Jean-Julien Périgord, curé de Rochechouart. Mais ce dernier n'accepta pas, et l'évêque de Limoges fut obligé d'en présenter un autre au gouvernement. Il choisit alors M. JEAN-BAPTISTE MONTÉGUT, et cette nomination fut agréée le 1er novembre 1805.

Il était fils de Jean Montégut jeune, marchand, demeurant à Limoges au faubourg Manigne, et de Barbe Plantady. Il était né le 24 octobre 1751, et avait fait ses humanités et sa philosophie au collège de Limoges. Il fut reçu au séminaire des Ordinands à Noël en 1793 ; et lorsqu'il fut ordonné prêtre, il devint vicaire de Saint-Maurice de la Cité, paroisse dans laquelle il était né et où habitait encore sa famille.

En 1780, M. Tallandier, curé de la petite paroisse d'Uzurat, tout auprès de Limoges, résigna en sa faveur, et il en prit possession au mois de décembre de cette année. Il en resta curé jusqu'au jour où la Révolution vint l'en déposséder.

Ayant refusé le serment schismatique de la constitution civile du clergé, la loi du 26 août 1792 l'obligea à sortir de France sous quinze jours, et il alla chercher un asile du côté de l'Italie. Les dix années d'exil furent pour lui une suite continue de souffrances physiques et morales, car outre ce qu'il eut à supporter à l'étranger, il recevait de France des nouvelles bien pénibles. En 1794, on lui apprit que sa belle-sœur, Léonarde Dumay, l'épouse de Jean-Baptiste Montégut son frère, venait d'être condamnée à mort par le Tribunal Révolutionnaire de Paris, et exécutée le 5 messidor an II (23 juin 1794). Le réquisitoire du sanguinaire Fouquier-Tinville la taxa de contre-révolutionnaire et l'accusa de complot avec les ennemis de l'intérieur et de l'extérieur. Elle monta sur l'échafaud avec onze autres accusés.

Lorsque M. Montégut put rentrer en France après le Concordat, Mgr Du Bourg le nomma curé d'Isle, le 23 janvier

1803 ; la paroisse d'Uzurat, dont il était curé auparavant, n'existait plus, et son territoire avait été joint à celui de Saint-Michel-des-Lions. Trois ans après, il fut nommé curé doyen de cette dernière paroisse et en prit possession le 1er janvier 1806. Il resta à sa tête jusqu'en 1820, époque à laquelle il donna sa démission et fut nommé chanoine titulaire de la cathédrale de Limoges. Il est décédé le 15 octobre 1838, âgé de 87 ans.

Voir *Martyrs et Confesseurs de la foi du diocèse de Limoges*, tome III, page 214.

JEAN-BAPTISTE PÉCONNET, le nouveau curé de Saint-Michel, est fils de Martial Péconnet, conseiller du roi et juge-magistrat au tribunal de Limoges, et de Thérèse-Henriette Benoist de Venteau. Son père avait l'habitude, comme la plupart de nos anciennes familles, de tenir un *Livre de Maison*. On y lit : « Jean-Baptiste Péconnet, mon troisième fils, est né le 14 décembre 1761, à huit heures du matin, et a été baptisé le lendemain 15, en l'église de Saint-Michel, notre paroisse, par M. Dupuy, vicaire en icelle. Le parrain a été M. l'abbé Péconnet, vicaire de l'église collégiale de Saint-Martial, mon cousin, et la marraine Catherine Benoist, épouse de M. Seigue de la Valette, ma belle-sœur. »

Jean-Baptiste fit ses études à Limoges et alla les terminer à Paris, où il prit ses grades en 1784. De retour dans sa famille, il fut vicaire à Saint-Michel-des-Lions. Les prêtres de cette communauté et paroisse le chargèrent de les représenter à l'assemblée générale du clergé, le 16 mars 1789.

Quand la persécution commença, il refusa le serment schismatique de la constitution civile du clergé et fut obligé de sortir de France. Il se dirigea vers la Suisse et l'Italie. Mais arrivé à Lyon, il tomba assez gravement malade, et fut soigné dans un hospice. Quelque temps après, il put gagner la frontière en entra en Suisse. Il se fixa à Sion, où il passa une partie du temps de son exil avec M. Descombes, d'Azérables.

Revenu en France après le Concordat, il ne voulut pas d'abord entrer dans le ministère ; ce ne fut que le 4 octobre 1808 que M. Du Bourg le nomma vicaire à Saint-Michel, par la lettre suivante : « Je connais votre zèle, mon cher abbé, et j'ai la confiance que vous l'emploierez pour opérer le bien dans la paroisse de Saint-Michel. En conséquence, je vous ai nommé pour en être vicaire. Je ne doute pas que vos talents

·et votre piété n'y produisent le plus grand effet et que par le choix que j'ai fait de vous, je ne remplisse parfaitement mes obligations vis-à-vis de cette partie intéressante du troupeau confié à mes soins. Je suis, mon cher abbé, votre très humble et très obéissant serviteur. -!- M.-J.-Ph., Ev. de Lim. »

Dans le registre de l'administration diocésaine on trouve cette note :

« M. Péconnet a été un modèle de fidélité pendant la tourmente révolutionnaire ; on signale sa piété, son zèle, sa charité ainsi que son talent pour la prédication. »

En 1820, il fut nommé curé-doyen de Saint-Michel, et administra cette paroisse pendant 16 ans. Comme il était assez malade en 1836, Mgr l'Evêque lui donna pour vicaire-régent M. Pierre Chauviniat, chargé de le suppléer dans son ministère.

Il est mort le 11 août 1837. Sa tombe est religieusement entretenue au cimetière de Limoges par les sœurs de la Croix dont il a été le restaurateur dans sa paroisse.

Voir : *Martyrs et Confesseurs de la foi du diocèse de Limoges*, tome III, p. 220.

Alexis Vénassier, né dans le département de la Creuse en 1796, fut nommé curé-doyen de Saint-Michel le 5 septembre 1837 ; il était chanoine honoraire depuis le 10 novembre 1825. Depuis sa promotion au sacerdoce, il ne fut pas de vie de prêtre plus dignement remplie que la sienne, soit dans sa courte carrière de professeur de mathématiques au petit-séminaire du Dorat, soit dans les fonctions de secrétaire général de l'évêché et de vicaire général, soit enfin dans l'exercice du ministère pastoral, en qualité de curé de Saint-Michel. C'est à lui que l'on doit la création de la *Semaine Religieuse de Limoges*, — *Archives Catholiques du Diocèse*, dont le premier numéro parut le 15 février 1863. Pendant vingt-six ans il n'a cessé de se dévouer pour le bien de ses paroissiens. Il est mort le 30 janvier 1864.

Jean-Baptiste-Martin Pinot, né au Dorat en 1813, ordonné prêtre le 2 juillet 1837, fut d'abord vicaire à Saint-Pierre-du-Queyroix. En 1840, professeur au petit-séminaire du Dorat ; en 1850, professeur de rhétorique au petit-séminaire d'Ajain. En 1858, il était nommé doyen et vicaire-régent de Bellegarde. Le 5 janvier 1861, chanoine honoraire de Limoges; en 1862, curé-doyen de Felletin, et le 12 mars 1864, Mgr Fruchaud le nommait curé-doyen de Saint-Michel-des-Lions.

Il n'était qu'au commencement de sa carrière sacerdotale lorsque Mgr Buissas écrivait : « J.-B.-Martin Pinot, professeur au Dorat. Talents au-dessus du commun, caractère et manières aimables. Vertus solides. Aptitudes ordinaires pour le ministère. » Après trente ans de ministère à Saint-Michel, il est mort à Limoges, le 15 mai 1894, âgé de 80 ans et 6 mois ; il a été inhumé dans sa paroisse natale, au Dorat.

Jean-Baptiste Laplagne, né à Limoges, dans la paroisse de Saint-Michel, le 7 juin 1833, a fait ses études au petit-séminaire du Dorat. Il fut professeur à l'école Saint-Martial, à Limoges, en 1854. Ordonné prêtre le 10 octobre 1858, il fut professeur au petit-séminaire du Dorat jusqu'en 1861, et ensuite vicaire à Saint-Michel, de 1861 à 1873. Lorsque Mgr Duquesnay fonda les nouvelles paroisses de Limoges, il choisit le premier vicaire de Saint-Michel, M. Laplagne, pour bâtir l'église de Saint-Joseph et y organiser la vie paroissiale ; c'était le 13 mars 1873. Il a passé vingt ans pour mener à bonne fin cette œuvre si utile pour les habitants de Limoges ; après quoi, le 20 mars 1894, il a été nommé curé-doyen de Saint-Michel. Il est mort, le 12 novembre 1908, à l'âge de 75 ans et 5 mois. Il était chanoine honoraire de Limoges et d'Angoulême, chanoine honoraire et vicaire général de Pamiers. Il avait été un des principaux rédacteurs de la *Semaine Religieuse de Limoges*, dès les premiers jours de sa fondation, et en devint ensuite le directeur.

Ont succédé à M. Laplagne dans la cure de Saint-Michel, en 1908 M. Farne (Léon), né en 1853, et ordonné prêtre en 1877, et M. Bardolle (Maurice), en 1919, ce dernier né en 1859 et ordonné prêtre en 1882.

Les curés de Saint-Michel, revenus dans leur église après le Concordat, recherchèrent avec le plus grand soin les reliques que l'on y vénérait avant la Révolution. Ils furent assez heureux pour en retrouver la plus grande partie, et principalement celles de saint Martial et celles de saint Loup.

Le procès-verbal de vérification du chef de saint Martial, vérification qui eut lieu le 30 juin 1803 (jeudi 11 messidor an XII), existe aux Archives de l'Evêché, nous l'avons publié dans le Bulletin de la Société Archéologique de Limoges (tome LIII, page 807), il renseigne complètement sur le sort de ce précieux chef, pendant la Révolution. Dix-sept témoins ont reconnu son identité et fait connaître sa conservation. On y lit, en particulier, la déposition suivante :

« Le citoyen Guillaume Imbert, dépositaire de la relique de Saint Martial, nous a déclaré, sur son honneur, que, le jour où les châsses ont été ouvertes pour l'extraction des reliques qui y étaient déposées, le citoyen Guillaume Imbert, son frère aîné, décédé, ayant été chargé de contribuer à l'anéantissement de ces reliques, promit de le faire à ceux qui l'avaient chargé de cette commission, mais que ce jour même il apporta dans sa maison le chef de Saint Martial, où il a été religieusement conservé depuis cette époque jusqu'à ce jour, affirmant avec vérité que ce chef de Saint Martial est le même que celui qui a été extrait de la châsse de ce saint, affirmant que sa présente déclaration contient vérité. Et a ledit citoyen Imbert signé la présente déclaration avec nous et notre secrétaire. Signé : Imber. — M. J. Ph., Ev. de Lim. — Brousseaux. »

Il en fut de même pour le chef de saint Loup. Le procès-verbal d'information du 14 juin 1803, prouvant l'identité de cette relique, et l'ordonnance publiée à ce sujet par Mgr du Bourg, le 30 juin suivant, sont aussi reproduits au *Bulletin de la Société archéologique de Limoges* (tome LIII, pages 814 et 815). Dans le premier de ces actes, on lit :

« Aujourd'hui 14 juin 1803 (25 prairial an xi), Nous, Joseph Cramouraud, ancien chanoine de l'église collégiale de Saint-Martial, et actuellement chanoine honoraire de la cathédrale de Limoges, spécialement député par Mgr l'Evêque, par commission datée du 20 dudit mois (de prairial), à l'effet de constater l'authenticité du chef de Saint Loup, soustrait aux profanations du vandalisme, nous nous sommes transporté, avec le sieur Jean-Baptiste Vitrac, curé de Saint-Michel-des-Lions, notre secrétaire, et les témoins plus bas nommés, dans la maison du citoyen Jean-Baptiste Robert, marchand orfèvre, où, étant rendus, avons demandé audit citoyen comment cette précieuse relique était tombée en ses mains. Après avoir prêté serment sur l'Evangile, de dire la vérité, il a dit, qu'étant officier municipal à l'époque où l'on dévastait les églises, il s'empara hâtivement de la cassette qui renfermait le chef de Saint Loup, et plusieurs autres reliques, et qu'elle même était renfermée dans la châsse du saint ; qu'il la fit porter chez lui, par le nommé Barbe, avant, depuis et pour lors, domestique de la municipalité ; qu'il avait suivi le porteur ; qu'il remit entre les mains de son épouse la susdite cassette ; que cette femme pieuse la déposa très religieusement dans une armoire de pierre faite dans un mur ; qu'elle-même briquetta cette armoire ; qu'enfin cette cassette et ce qu'elle contenait y ont demeuré cachés jusqu'aujourd'hui, que Mgr l'Evêque de Limoges est venu chez le déposant et a donné les premiers coups de marteau, pour abattre la maçonnerie, et a assisté à l'extraction du précieux dépôt si heureusement conservé. La lecture faite au citoyen Robert de sa déposition, il a déclaré persister parce qu'elle renfermait l'exacte vérité, et a signé avec nous. — *Signé* : J.-B. Robert. — Cramouraud, prêtre commis. — J.-B. Vitrac, secrétaire. »

Dix témoins viennent ensuite reconnaître cette relique de saint Loup ; leurs dépositions prouvent la certitude des affirmations du sieur Robert.

On transporta ensuite solennellement dans l'église de Saint-Michel les reliques de saint Martial et celles de saint Loup, et, depuis, elles n'ont pas cessé d'y être vénérées par les habitants de Limoges.

Reliques provenant de l'abbaye de Saint-Martial, données à l'église de Saint-Michel, le 25 octobre 1803.

Marie-Jean-Philippe Du Bourg, par la Miséricorde Divine et la grâce du Saint-Siège Apostolique, Evêque de Limoges, à tous les Fidèles de notre diocèse, Salut et Bénédiction en notre Seigneur.

Vu par nous, le procès-verbal d'information et audition de témoins faits par le sieur Bigaud, notre vicaire général, assisté du sieur Chapoulaud, chanoine de notre cathédrale, son secrétaire en cette partie, des 2 brumaire, 11 et 13 pluviose an xii (25 octobre 1803, 1er et 3 février 1804), aux fins d'examiner l'identité de certaines reliques, à nous remises, par des personnes pieuses, qui disent les avoir sauvées du naufrage révolutionnaire, avec celles qui étaient autrefois conservées dans l'ancienne église de Saint-Martial de cette ville, desquels procès-verbaux et des dépositions des témoins, il résulte qu'effectivement les Reliques déposées entre nos mains, comme ci-dessus, sont les mêmes que celles qui existaient avant la révolution, dans ladite église de Saint-Martial, savoir :

1° Une portion de la Vraie Croix de N. S. J. C., d'environ trois pouces et trois lignes de long, sur trois lignes de large et 2 lignes d'épaisseur ;

2° Un ossement du bras de Saint Martial, apôtre d'Aquitaine, d'environ quatre pouces de long ;

3° Deux ossements du bras de Saint Nice, disciple du même saint, d'environ 3 pouces de long chacun ;

4° Une portion de la machoire de Sainte Valérie, vierge et 1re martyre d'Aquitaine ;

5° Enfin une vertèbre du cou de Sainte Agathe, aussi vierge et martyre. Laquelle identité ainsi reconnue, nous avons déposé toutes ces reliques, savoir :

1° Celle de la Vraie Croix, dans une petite croix de vermeil, où elle était anciennement, dont le fond est percé au milieu, en forme d'une petite croix, et le couvercle est aussi percé au milieu, de plusieurs trous en forme de grille ronde ;

2° Celle du bras de Saint Martial, avec une parcelle qui en avait été détachée, et qui y a été remise par un des témoins déposants, dans un reliquaire de bois, en forme de bras, dont la cavité est couverte par une petite porte de fer blanc battu, attachée à une charnière d'argent, et fermant avec une goupille de fer, et auquel on a rapporté deux doigts en étain ;

3° Les deux ossements de Saint Nice, dans un sachet de damas cramoisy, sur le bout duquel on lit cette étiquette : S. NICE, d'une ancienne écriture, et dans lequel ils étaient conservés avant la révolution ;

4° La Relique de Sainte Valérie, dans une petite boîte carrée, en bois, couverte d'écaille et sous verre, sur un lit de coton, et entourée de fleurs artificielles ;

5° Celle de Sainte Agathe, dans une autre boîte plus grande, aussi carrée, en bois, couverte de maroquin noir, et ornée de fleurs artificielles, avec une étiquette en papier, portant ces mots : *Sancta Agatha*. Et ladite déposition ainsi faite, nous les avons scellées dans leurs reliquaires respectifs, et munies de notre scel épiscopal, pour marque d'authenticité. En conséquence, le saint nom de Dieu invoqué, nous avons déclaré et déclarons toutes les susdites reliques authentiques, et dignes d'être exposées de nouveau à la vénération des Fidèles ; avons ordonné, comme par ces présentes, nous ordonnons que la translation solennelle en sera faite le premier jour le plus commode, après la réception de notre présente ordonnance, dans l'église paroissiale de Saint-Michel-des-Lions de cette ville, où les personnes pieuses qui en ont fait la remise désirent qu'elles soient déposées, pour y être conservées à perpétuité, et exposées à la vénération des Fidèles, soit ensemble, soit séparément, aux jours et époques où elles l'étaient autrefois, dans ladite église de Saint-Martial. Voulons que copie collectionnée des présentes soit délivrée au sieur curé de ladite église de Saint-Michel-des-Lions, pour lui servir, et à ses futurs successeurs de titre incontestable, pour l'authenticité des dites Saintes Reliques.

Donné à Limoges, en notre Palais Episcopal, le 13 pluviôse an XII (3 février 1804). — M. J. Ph., Ev. de Lim. Par mandement, etc, Legros, pour le secrétaire.

Parmi les reliquaires que possède encore l'église de Saint-Michel, il en est un fort joli, en argent, du XIIIe siècle : une statue de la Vierge assise, tenant l'Enfant Jésus, repose sur une ampoule ronde en verre, dont la monture légère s'évase dans le bas en forme de galerie circulaire, où nous retrouvons les délicates arcatures cintrées en filigrane qu'on observe sur bien des pièces de cette époque. Des coquilles ornent le dessus de cette galerie. Celle-ci est élevée sur une tige présentant un nœud orné de roses en relief. Le pied offre l'aspect d'un large calice de fleurs renversé et rayonnant, au centre, d'une base ronde qui repose sur des arcades de filigrane semblables à celles de la galerie supérieure. Fin morceau, aux feuillages traités ou repoussés avec beaucoup de délicatesse.

Lors de la distribution des reliques de Grandmont faite aux paroisses du diocèse en 1790, par ordre de Mgr d'Argentré, ce reliquaire fut donné à l'abbé Vitrac, curé de Saint-Martial-de-Montjauvy, ainsi qu'on le voit dans le procès-verbal de cette distribution : « Nous avons donné à M. Vitrac, curé de l'église paroissiale de Montjauvy, de Limoges, pour son église paroissiale, les reliques renfermées dans un reliquaire d'argent d'environ un pied de haut, d'un assez bel ouvrage ancien, surmonté d'un cristal ciselé en forme de pomme, arrêté par trois bandes en quarts de cercle de vermeil en filigrane, dans lequel sont les reliques. Sur le cercle supérieur qui le termine sont gravés ces mots : *Hoc vas dedit Deo et Be Marie Grandim. Petrus de Quinbac.* Les ornements du pied, du nœud et de la tige, sont dorés. Il est terminé par une petite image de la Sainte Vierge, en argent, assise dans une chaire à l'antique, tenant d'une main le saint Enfant Jésus, assis sur son genou de gauche. »

L'église paroissiale de Saint-Martial-de-Montjauvy fut démolie pendant la Révolution. M. Vitrac fut ensuite curé de Saint-Michel-des-Lions, et c'est cette dernière église qui possède aujourd'hui cet intéressant reliquaire. Il a été classé au nombre des monuments historiques, par l'arrêté suivant du Ministre de l'Instruction publique et des Beaux-Arts :

Arrêté :

Le Ministre de l'Instruction publique et des Beaux-Arts,

Vu la loi du 30 mars 1887, pour la conservation des monuments et objets d'art ayant un intérêt historique et artistique ;

Sur la proposition du Directeur des Beaux-Arts, et la Commission des Monuments historiques entendue,

Arrête :

Article premier. — Les objets ci-dessous désignés sont classés parmi les Monuments historiques :

Département de la Haute-Vienne : Eglise Saint-Michel-des-Lions, à Limoges ;

Reliquaire provenant du Trésor de Grandmont, argent doré, xiii\e siècle.

Art. 2. — Le présent arrêté sera notifié au Préfet du département de la Haute-Vienne, au Maire de la commune de Limoges, et au Trésorier du Conseil de Fabrique de l'église, qui seront responsables chacun, en ce qui le concerne, de son exécution.

Paris, le 20 juin 1891.

Signé : Léon Bourgeois.

Le Guide du Pèlerin au Tombeau de saint Martial, publié en 1876, après avoir parlé des reliques de l'Apôtre de l'Aquitaine, donne aussi les renseignements suivants :

Autres Reliques possédées par l'église de Saint-Michel, en 1876

1º La plus ancienne en date, dans l'église de Saint-Michel, est le chef de Saint Loup, confesseur pontife, évêque de Limoges, dont il est parlé précédemment ;

2º Une relique des Rois mages, obtenue, en 1874, de l'archevêque de Cologne, par le R. P. Ronard de Cars, des Frères prêcheurs, désireux d'en enrichir l'église de Saint-Michel, en souvenir de son baptême et de sa première communion ;

3º Une portion du cuir chevelu de Sainte Marie-Madeleine, conservée dans un précieux reliquaire en filigrane, qui fut remis à M. l'abbé Vitrac, de savante mémoire, au moment où furent dispersées les incomparables richesses de Grandmont. L'abbé Vitrac était alors curé de Saint-Martial-de-Montjauvi ; il devint curé de Saint-Michel, et à sa mort, cette église demeura dépositaire de cette relique ;

4º Les chefs de Saint Boniface et de Saint Didier, martyrisés à Rome, en 222. En 1778, ils se trouvaient, le premier, dans l'église des Frères-Mineurs ou Cordeliers, l'autre dans celle des Jacobins ;

5º Une portion du crâne de Sainte Agathe, vierge et martyre. Cette relique se trouvait, en 1778, comme celle de Saint Boniface, dans l'église des Frères-Mineurs ;

6º Une relique considérable de Saint Etienne de Muret, le fondateur de l'Ordre de Grandmont. Cette relique était à Saint-Michel, en 1778 ;

7º Une relique de Saint Nice, disciple de Saint Martial. Elle se trouvait à Saint-Michel, en 1778 ;

8º Une relique de Saint Jean-Baptiste. Elle était à Saint-Michel en 1778;

9º Un fragment de la Vraie Croix, relativement considérable. Tout porte à croire que c'est celui que possédait la basilique de Saint-Martial ;

10º Une relique de Saint-Martin de Tours, le thaumaturge des Gaules.

Lorsque la précieuse relique de saint Martial eut été rendue à l'église de Saint-Michel, on songea à reconstituer la Grande Confrérie de ce saint Apôtre, dont le siège était précédemment à l'abbaye et dans sa basilique. Quelques anciens membres réussirent à grouper autour d'eux un certain nombre d'adhérents, et, une fois de plus, grâce au concours du clergé, de la fabrique de Saint-Michel et des bayles des Ames du Purgatoire, Limoges vit renaître la vieille association. Sa première assemblée se tint le 9 mars 1806, au domicile de M. Pierre Dureysseix, qui avait pris l'initiative de la convocation. Ce jour-là même, la Confrérie élit pour bayles : MM. Gilbert Vacquand, négociant, et Jean Bardinet, chapelier ; MM. François Géanty jeune, Léonard Gérald, huissier,

Léonard Gondaud, tapissier, Jean-Baptiste Gandois, sellier, furent nommés conseillers.

Le *Journal du département de la Haute-Vienne*, en parlant de la fête des Ostensions, que l'on célébrait cette année, signale ainsi le rétablissement de la Grande Confrérie : « Mercredi 12 mars 1806, les anciens membres de la Confrérie de Saint-Martial ou du Sépulcre, rétablie à Limoges par la bulle du Pape Urbain VIII du 18 avril 1644, se rendirent chez M. Dureisseix, huissier à la Cour d'appel, le doyen de leurs bayles, y reçurent un drapeau, qu'ils portèrent bénir à Mgr l'Evêque dans l'église de Saint-Michel. Le lendemain jeudi, mi-carême, choisi de temps immémorial pour la plantation du drapeau : ils le portèrent, en pompe, dans les différentes églises, et l'attachèrent ensuite aux barres du clocher de Saint-Michel-des-Lions, où repose actuellement le chef du saint Apôtre du Limousin. Ce même jour, Mgr l'Evêque fit afficher et distribuer son instruction pastorale sur la solennité de l'Ostension des reliques des saints. Avant la destruction du chapitre de Saint-Martial, cette instruction était publiée par le Chanoine théologal. C'était un droit de sa place, comme son chapitre avait celui de choisir, dans son sein, les chanoines, à qui les bulles des Papes accordaient les pouvoirs de pénitenciers-mineurs de l'Eglise Romaine. Mgr l'Evêque a délégué ces pouvoirs, pendant cette Ostension, à MM. Jean Poncet et Nicolas Delaure, prêtres habitués de l'église susdite de Saint-Michel. »

Il convient de signaler ici, afin de lui rendre hommage, le zèle admirable de plusieurs générations de confrères pour le culte et la gloire du saint patron de notre ville. Les exemples qu'ils ont légués à leurs successeurs ne sont pas oubliés. Les sentiments qui remplissaient leur cœur animent toujours l'Association, qui a dû à leurs efforts persévérants, à leur piété, à leur patriotisme, sa résurrection et sa prospérité. Les membres qui composent aujourd'hui la Grande Confrérie de Saint-Martial, fiers d'appartenir à une des plus anciennes et des plus célèbres fraternités du monde catholique, se font un honneur de marcher sur les traces des hommes de foi qui ont restauré une institution peut-être dix fois séculaire, et ils demeurent, comme leurs devanciers, indissolublement unis dans le même esprit de fidélité à l'Eglise, d'attachement aux meilleures traditions du passé, d'inaltérable confiance en saint Martial, protecteur de la ville et du diocès de Limoges.

Pour remplacer l'ancienne châsse de vermeil, qui avait été brisée en 1793, la Confrérie de Saint-Martial avait décidé qu'elle ferait les frais d'une nouvelle, et elle l'avait commandée à un artiste de Lyon. Le 2 juillet 1809, remise en fut faite à MM. les Curés et Fabriciens de l'église de Saint-Michel, à condition « qu'elle ne sera employée que pour déposer le saint chef et autres reliques du saint Apôtre, et pour être exposée à la vénération publique et processionnellement portée toutes les fois et quand il plaira à Mgr l'Evêque de l'ordonner.

» Cette châsse a, de longueur, un mètre trois cent dix-huit millimètres, sur six cent onze millimètres de large, et un mètre trois cent dix-huit millimètres de hauteur, y compris le dôme ; huit panneaux représentent les différents miracles opérés par saint Martial. Le dedans de ladite châsse est garni d'un damas cramoisi, ainsi que les trois coffres pour contenir le chef et autres reliques de saint Martial. La susdite châsse est en bois de chêne et couverte en cuivre doré, et au bas de laquelle se trouve cette inscription : « *J'appartiens à MM. les Confrères de la Grande Confrérie de Saint-Martial, an 1809.*

L'ancienne Confrérie de Saint-Loup remontait au xiie siècle. Il en est aussi parlé dans un acte de 1294. Après la Révolution, elle fut réorganisée, tout comme celle de Saint-Martial.

On a vu qu'au xve siècle elle possédait une cloche, dite de Saint-Loup, dont l'inscription est ci-devant au chapitre ive.

Au mois de mai 1640, Jean Texandier écrivait, dans son *Livre de Raison :* « Je suis esté nommé bayle de la frérie de Mons. S. Loup, avec les sieurs Peyrat, Beaubreuil et Chastenet. Et avons demeuré quatre ans. »

Quinze ans plus tard, il écrit encore : « Le 22 may 1655, j'ay tenu la frérie de Mons. S. Loup, où je devais balier disner le jour de la feste à tous les confrères, n'ayant pu, à cause de la défense (1) que Mons. François de La Fayette, notre

(1) Cette défense n'était pas nouvelle. Les évêques de Limoges avaient interdits les banquets des confréries, en raison des excès auxquels ils donnaient lieu quelquefois. (Statuts synodaux de 1519, chapitre XXI.) Les armes dont parle ici Jean Téxandier sont *d'azur à la tour d'argent, accompagnée en chef d'une fleur de lis d'or et de trois étoiles de même, posées deux aux flancs et une en pointe.*

évesque, avait faicte, défense portant excommunication de ne point balier le disner auxdicts confrères, j'ay balié pour cet effet en présent en l'église de S.-Michel-des-Lions, notre paroisse, un manteau pluvial de damas blanc garny d'une grande dentelle d'or où sont nos armes, ce pour^e servir à l'esglize. Dieu l'aye reçue en bonne intention et le roi S. Loup ! »

On a vu qu'en 1645 on fit faire une nouvelle châsse pour la relique de saint Loup, et que M. Jean Jabraud, prêtre de l'église de Saint-Michel, avait légué pour cela la somme de 3oo livres aux bayles de la Confrérie.

Pierre Baillot, curé de Saint-Michel, dit, dans son testament du 13 octobre 1713 : « Je donne et lègue à Messieurs les bailes de Saint-Loup de l'église de Saint-Michel, qui seront en charge lors de mon décès, la somme de 200 livre, pour être employée à la décoration de l'autel de Saint-Loup, suivant qu'il sera destiné par mes héritiers bas-nommés, payable, ladite somme, immédiatement après mon décès. »

Le 3o juin 1803, cette Confrérie se reforma dès que Mgr du Bourg eut publié son ordonnance au sujet de la relique de saint Loup.

A l'occasion des Ostensions de 1918, la Confrérie de Saint-Loup a eu l'heureuse inspiration de charger le maître émailleur de Limoges Paul Bonnaud d'enrichir d'émaux le reliquaire de son vénéré patron, œuvre de la maison Valéry et Pastier, de Limoges. Avec la sûreté de goût qui le caractérise, P. Bonnaud a exécuté ce délicat travail ; il a réuni dans la partie supérieure, quatre médaillons du plus haut intérêt artistique, et dont les tonalités nouvelles s'harmonisent délicieusement avec la belle pièce d'orfèvrerie. Ces médaillons représentent saint Loup, saint Martial, saint Aurélien et saint Eloi. Ce sont des émaux flammés, également remarquables, qui ornent et enrichissent la partie inférieure. C'est une belle œuvre de notre émaillerie limousine.

La châsse de saint Loup, chapelle gothique en miniature, a aussi reçu, à la même époque, une série de tableaux peints sur cuivre, qui ressemblent à de véritables émaux. Chacun de ses côtés latéraux porte ainsi quatre panneaux représentant sainte Valérie, saint Martial, saint Loup, saint Aurélien, saint Eloi, saint Michel, saint Alexandre, Jeanne d'Arc. Le tout est complété, sur les deux faces, par le Sacré-Cœur d'une part, et, d'autre part, une *Regina pacis* de belle venue.

Le couvercle a été orné de médaillons peints avec la même finesse et portant, avec les armes des quatre derniers papes, celles de Mgr Renouard, de Mgr Quillet, de la ville de Limoges et du premier bayle de la confrérie de Saint-Loup, M. Alexandre Maupetit.

Dès le rétablissement du culte, l'église de Saint-Michel obtint de Rome quelques faveurs spirituelles, qui sont spécifiées dans deux Brefs dont nous possédons le texte :

Le premier est un Bref du pape Pie VII, donné à Paris le 22 décembre 1804, par son légat le cardinal Caprara. Il accorde à cette église un autel privilégié et en attache les indulgences à l'autel du Très-Saint-Crucifix qui est dans cette église. La concession était faite pour sept ans, mais cette faveur fut renouvelée plusieurs fois par différents indults. M. Vénassier, curé de Saint-Michel, en obtint un du pape Grégoire XVI, le 14 novembre 1843, par lequel le renouvellement de ce privilège lui est accordé à perpétuité.

Le second Bref du pape Pie VII, donné aussi à Paris le 22 décembre 1804, par son légat le cardinal Caprara, accorde une indulgence plénière à tous les fidèles qui, ayant communié, visiteront la chapelle du Très-Saint-Crucifix de cette église le dimanche après la fête de la commémoration des Morts, et cent jours d'indulgences toutes les fois qu'ils assisteront aux anniversaires et autres pieux exercices célébrés dans cette église pour le repos des Ames du Purgatoire. Cette concession était aussi pour sept ans. Mgr de Tournefort en demanda au pape Grégoire XVI le renouvellement, et l'obtint, pour sept ans, le 12 novembre 1836.

Les premiers jours de l'année 1809 furent marqués à Limoges par des événements qui ont laissé de lugubres souvenirs dans la mémoire des habitants. En moins de deux mois, trente et quelques personnes de cette ville moururent victimes de leur charité pour les prisonniers espagnols qu'elles avaient soignés.

L'armée française, pendant la guerre d'Espagne, avait fait un grand nombre de prisonniers que le gouvernement fit interner en France.

Au commencement du mois de janvier 1809, on conduisit à Limoges 1.480 de ces malheureux, qui y portèrent une maladie appelée la *Peste des Espagnols*. A la fin de ce même mois de janvier, 254 d'entre eux y avaient succombé et 300 autres étaient gravement atteints.

Les habitants de Limoges s'empressèrent de leur procurer des vêtements, la nourriture et les soins dont ils avaient un si grand besoin. L'Evêque, Mgr Du Bourg, pour réglementer leur charité et éviter le désordre de distribution d'aumônes faites d'une manière inopportune, adressa, le 10 janvier, à M. Montégut, curé de Saint-Michel, une lettre qu'il le charge de faire connaître à ses paroissiens. Dans cette lettre, il leur explique ce qu'ils peuvent faire et comment il désire qu'il le fassent et leur dit : « Au milieu des motifs de profonde tristesse que j'éprouve à la vue des malheureux que je suis allé visiter, je dois vous faire part de la satisfaction que j'ai éprouvée au sujet des aumônes abondantes que l'on ne cesse de faire de toutes parts. J'ai la douce confiance que le Seigneur aura égard à la disposition charitable de cette ville et qu'il dira à ceux qui font ces bonnes œuvres : « Venez à » moi, les bien-aimés de mon Père, vous mettre en posses- » sion du royaume qui vous a été préparé depuis la création » du monde, car j'ai eu faim, et vous m'avez donné à man- » ger ; j'ai eu soif, et vous m'avez donné à boire... J'étais » nu, et vous m'avez vêtu ; j'étais infirme et vous m'avez vi- » sité ; j'étais prisonnier et vous êtes venus à moi. » (Saint Mathieu, XXV, 34.)

La conduite des habitants de Limoges fut admirable. Beaucoup furent atteints de cette maladie. Voici le nom de ceux qui en moururent :

Pierre Martin, chanoine de la cathédrale, décédé le 23 janvier 1809 ;

Martial Boulaud, chanoine honoraire, mort le 24 janvier 1809 ;

Jean Foureau-Francisquet, vicaire à Sainte-Marie, mort le 26 janvier ;

Marie Constantin, sœur Saint-Martial, religieuse de Saint-Alexis, morte le 26 janvier ;

Marie-Geneviève Pétiniaud, veuve de Jean-Louis Noualhier, morte le 27 janvier ;

Françoise Montet de Laurière, religieuse de la Visitation, morte le 27 janvier ;

Elie Vitrac, ancien curé de la Bregère, mort le 28 janvier;

Marie-Justine Talendier, morte le 28 janvier ;

Léonarde-Marie Plainemaison, morte le 29 janvier ;

Marie-Toinette Laurent, ancienne religieuse de Sainte-Claire de Toulouse, morte le 29 janvier ;

Marguerite-Emilie Pinot, religieuse de Saint-Alexis, morte le 30 janvier ;

Jean-Baptiste Bardy, aumônier de l'hospice, mort le 31 janvier.

Marie-Madeleine Chatenet, sœur Saint-Priest, religieuse de Saint-Alexis, morte le 3 février ;

François Ardant-Marzat, mort le 3 février ;

Catherine Broussaud, religieuse de la Providence, morte le 3 février ;

Jean Cibot, vicaire à Saint-Etienne, mort le 4 février ;

Marie Broussaud, religieuse de Saint-Alexis, morte le 5 février ;

Georges Arnaud, mort le 6 février ;

Marie-Louise-Véronique Ruaud, épouse de Jean-Baptiste Ignace Deroche, morte le 6 février ;

Marie Chabrol, sœur Sainte-Agathe, religieuse de Saint-Alexis, morte le 7 février ;

Joseph Brousse, vicaire à Aixe, mort le 10 février ;

Pierre Bernard, religieux cordelier, mort le 12 février ;

Anne Boutinaud, religieuse des sœurs de la Croix, morte le 16 février ;

François Brigueil, adjoint au maire de Limoges, époux de Marie-Rose Vignes, mort le 17 février ;

Marie Laurent des Combes, ancienne religieuse clairette, morte le 11 mars ;

Catherine-Cécile Lamy de la Chapelle, supérieure de la Visitation, morte le 16 mars.

La Cour Impériale de Limoges fut établie par l'Empereur en 1811. Le palais de justice où elle se réunissait joignait l'église de Saint-Michel, et c'est dans cette église que fut célébrée la messe solennelle, le 31 juillet, jour de son installation. Le procès-verbal dressé à l'occasion de cette cérémonie nous en fait connaître les détails, et nous donne aussi les noms des magistrats qui y furent installés ce jour :

« Aujourd'hui, premier juillet mil huit cent onze, à onze heures du matin, les membres nommés pour composer la Cour Impériale de Limoges, département de la Haute-Vienne, réunis en robes rouges, à la chambre du Conseil, ont fait prévenir officiellement de leur réunion, M. le comte Depère, sénateur, commandant de la Légion d'honneur, commissaire nommé par Sa Majesté impériale et royale pour installer la Cour.

» M. le commissaire de Sa Majesté s'est rendu au palais de justice escorté par la compagnie de réserve de ce département, précédée de la musique de la garde d'honneur ; une partie de cette compagnie et un détachement de la gendarmerie impériale ont pris poste aux diverses avenues du palais.

» M. le commissaire de Sa Majesté a été reçu au bas du grand escalier par une députation, composée du second et troisième présidents, des quatre premiers conseillers, du premier avocat général, et du premier substitut pour le service près les cours d'assises et spéciales et pour celui du parquet ; ils l'ont conduit dans la salle de réunion, d'où, suivi des magistrats qui doivent composer la Cour Impériale et de tous les membres des autorités civiles, militaires et ecclésiastiques, convoqués pour cette auguste cérémonie, il s'est rendu à l'église de Saint-Michel, pour entendre la messe qui a été célébrée solennellement, officiant M. l'abbé d'Humières, grand-vicaire du diocèse de Limoges et recteur de l'Académie de la même ville.

» Après la messe, M. le commissaire de Sa Majesté, suivi du même cortège, s'est rendu dans la salle d'audience, où il a pris place, ayant à sa droite M. le premier président de la Cour impériale, tous les magistrats placés selon leur rang, ainsi que les membres des autorités civiles, militaires et ecclésiastiques. M. le commissaire de Sa Majesté a fait donner publiquement lecture du décret impérial d'organisation de la Cour, donné à Alençon le premier juin mil huit cent onze, et de la lettre d'envoi de ce décret par Son Excellence le grand-juge, ministre de la justice, en date du dix-huit du même mois de juin. Cette lecture faite par le greffier en chef de la Cour, M. le commissaire de Sa Majesté a ordonné qu'il fut fait un appel nominal des membres qui doivent composer la Cour impériale.

» MM. le baron Etienne-Larivière, membre de la Légion d'honneur, premier président ; le chevalier Debeaune, membre de la Légion d'honneur ; de La Fagerdie-Saint-Germain ; le chevalier Grivel, membre de la Légion d'honneur, présidents de chambre ; — Brival, Dulac, Grellet-Beauregard, Soulignac, le chevalier Purat, membre de la Légion d'honneur, David, Bachellerie, Delort, Reculez de Poulouzat, Sartelon, Salviat, Deverdilhac, Pétiniaud, Aubusson de Soubrebost, Fermigier, Martin-Chantagru, Peyronnaux, Navières des Goutes, Périgord, conseillers ; — Deguercy-Périgord, conseiller-auditeur ; — Le baron Roulhac, membre de la Légion d'honneur, procureur général. — Le chevalier Ballet, membre de la Légion d'honneur ; le chevalier Augier, membre de la Légion d'honneur ; Lasnier des Huppes, Lavaud-Condat, substituts pour le service des cours d'assises et spéciales, et pour celui du parquet. — Et Estier, greffier en chef, ont répondu à cet appel.

» M. le commissaire de Sa Majesté a reçu de chacun d'eux individuellement le serment d'obéissance aux Constitutions de l'Empire et de fidélité à l'empereur, prescrit par l'article 56 du Sénatus-Consulte organique du 28 floréal an XII. Cela fait, M. le commissaire de Sa Majesté a déclaré que la Cour était légalement installée. »

Le Commissaire de Sa Majesté, le premier président de la Cour, et le procureur général ont ensuite prononcé des discours, après lesquels la séance a été levée.

L'orgue de l'église de Saint-Michel était placé dans une tribune adossée au clocher, au-dessus de la porte d'entrée. Pendant la Révolution, il avait été fortement endommagé, aussi malgré quelques réparations, bientôt il ne fut plus possible de s'en servir. Les fabriciens en commandèrent alors un autre à Paris. C'est peu après que cette commande eut été faite qu'arriva, le 10 novembre 1810, la chute de la flèche du clocher dont il est parlé plus loin. Non seulement la toiture, sa charpente et la voûte de l'église furent renversées, mais encore l'orgue et la tribune dans laquelle il était placé furent à moitié détruits.

Pendant que l'on travaillait à refaire la voûte démolie, l'orgue commandé à Paris arriva. Malgré ce malheureux contretemps, la fabrique, qui aurait désiré éviter la dépense qu'elle faisait pour cette acquisition, fut obligée de tenir ses engagements envers le facteur d'orgues Dalhery, qui était aussi arrivé à Limoges pour le placer et le mettre en état de servir.

On changea de place la tribune où il devait être monté ; elle fut construite au-dessus de la porte nord de l'église, en face de celle du clocher. On commença à jouer de cet orgue le deuxième dimanche de janvier 1811. Dans les livres de la fabrique, on voit que le sieur Dalhery, facteur d'orgues, a touché, le 10 janvier 1811, la somme de 834 francs, et au 7 février 1814, on lit ces mots : « Soldé l'orgue »

Après avoir servi pendant plus de soixante ans, cet orgue ne répondait plus à ce que l'on désirait, malgré les réparations et les additions faites à plusieurs reprises, sur la demande du clergé et de la Fabrique de Saint-Michel; M. Ghys étudia et établit un devis pour un nouvel orgue plus puissant et plus perfectionné. Ce nouvel instrument, sorti de ses ateliers, fut inauguré à Saint-Michel au mois de juillet 1876. Il compte près de mille tuyaux de toutes dimensions et de toutes formes ; il est pourvu de trois claviers, deux pour les mains et un pour les pieds et on y trouve toutes les perfections désirables. C'est celui qui sert encore aujourd'hui.

Tout le monde sait comment Napoléon Ier fit enlever de Rome et traîner en captivité Sa Sainteté Pie VII, et comment, après sa campagne de Russie, à la veille d'aller expier sur les rochers de l'Ile d'Elbe et de Sainte-Hélène sa coupable conduite envers le chéf de l'Eglise, il fut forcé de relâcher son auguste prisonnier.

C'est lorsqu'on le reconduisit en Italie que le pape Pie VII passa à Limoges, le 28 janvier 1814. Mgr Du Bourg et plusieurs prêtres, qui s'étaient rendus à son avance jusqu'à la Maison-Rouge, dans la paroisse de Bonnat, purent s'entretenir avec lui, mais à Limoges on ne lui permit pas de s'arrêter. Toutes les cloches des quatre paroisses sonnèrent pendant tout le temps qu'il traversa la ville, depuis la route de Paris jusqu'au pont Saint-Martial. Les habitants, agenouillés dans les rues et sur les places, reçurent sa bénédiction à son passage, sans pouvoir autrement approcher de Sa Sainteté.

Les jours suivants, les cardinaux, conduits en différents lieux, passèrent aussi à Limoges, et comme il leur fut permis d'y relayer, plusieurs purent voir l'évêque, Mgr Du Bourg, et les prêtres de la ville. Le 30 janvier, c'étaient les cardinaux Mattei, doyen du Sacré-Collège, et Dugnani. Le cardinal Della-Somaglia, vicaire de Sa Sainteté, passa le Ier février, allant à Draguignan. Son Eminence vint entendre la messe à Sait-Michel et déjeuna chez M. Montégut, le curé de la paroisse, qu'elle chargea de témoigner à Mgr l'Evêque le regret de n'avoir pu le saluer. Notre prélat, accompagné de M. l'abbé Desalle, son aumônier, s'était déjà mis en chemin pour lui témoigner son dévouement. Il arriva un instant après le départ de Son Eminence.

Les autres cardinaux passèrent les jours suivants et purent s'arrêter quelque temps, soit à l'évêché, soit chez les curés des autres paroisses.

Peu après que le Concordat de 1801 eut mis fin à la persécution dont l'Eglise avait souffert pendant tout le temps de la Révolution, les Sœurs de la Croix vinrent établir leur communauté dans la paroisse de Saint-Michel. Depuis le 14 septembre 1678 qu'elles avaient fixé à Limoges la Maison Mère de leur Institut, elles avaient rendu de grands services pour l'instruction chrétienne des jeunes filles. Leur communauté était dans la Cité, et les bâtiments qu'elles occupaient

Le portail Imbert accolé à la Maison de Maledent
(aujourd'hui presbytère de Saint-Michel-des-Lions.)

forment aujourd'hui le monastère de Saint-Joseph de la Providence.

La tourmente révolutionnaire les avait forcées de se séparer, comme toutes les autres religieuses, et il fallut que chacune d'elles pourvût à sa sûreté personnelle, après que la supérieure eut fait, le 3 mai 1791, profession de foi au nom de toute la communauté, entre les mains de M. Pétiniaud, vicaire général.

Fidèles à leur vocation, malgré le malheur des temps, plusieurs des sœurs dispersées continuèrent à donner des soins à l'enfance et à la jeunesse. Elles instruisaient des vérités du salut les personnes de leur sexe, les exhortaient à la fréquentation des sacrements ; observaient, autant qu'il leur était possible, la règle qu'elles avaient embrassée et qu'elles ne cessaient de chérir, conservant toujours l'espoir de voir leur congrégation se rétablir dans des jours plus calmes.

Leur espoir ne fut pas trompé. Trois d'entre elles, avec une postulante, réunies en forme de communauté vers 1809, achetèrent une maison qui fait partie de l'établissement qu'elles ont ensuite formé au Portail-Imbert, et elles commencèrent à y faire la classe aux jeunes filles. Le 2 août 1811, les *Annales de la Haute-Vienne* publiaient l'annonce suivante : « Les Sœurs de la Croix, domiciliées rue Saint-François, Maison Feytiat, ont l'honneur de prévenir le public, qu'elles reçoivent, à un prix très modéré, les jeunes demoiselles en pension. Elles tâchent de donner à leurs élèves une éducation soignée et religieuse. Elles leur apprennent tout ce qui est utile à savoir pour tenir un ménage. Elles leur procurent tous les maîtres nécessaires, même ceux d'agrément, si les parents le désirent. Elles tiennent aussi école pour les jeunes personnes de leur sexe. »

On voit qu'à cette époque elles avaient acheté la maison du Portail-Imbert qui avait appartenu à MM. Maledan de Feytiat, et qu'elles habitèrent pendant près d'un siècle. C'est dans cette maison que le citoyen Tarnaud avait établi un pensionnat qui, l'an XII (1803), comptait 28 pensionnaires et 80 externes ; elle avait ensuite servi de caserne pour la garde départementale, au commencement de l'Empire.

Une de leurs anciennes compagnes était venue se joindre à elle ; toutes les quatres prirent l'habit religieux le 3 mai 1819. Toujours et en tout, elles furent puissamment secondées par M. Péconnet, bachelier de Sorbonne, alors vicaire

de la paroisse de Saint-Michel, dont il devint ensuite curé.
Le 9 juin de la même année, Mgr Du Bourg, évêque de Limoges, présida à l'élection d'une supérieure, et la communauté fut définitivement constituée, pleine de joie et d'espérance. Elle prit un rapide accroissement et comptait déjà
vingt-trois professes, anciennes ou nouvelles, lorsqu'elle obtint, en 1826, l'autorisation du gouvernement.

Le succès des classes et du pensionnat des Sœurs de la
Croix alla toujours en augmentant, et pour répondre au désir des habitants de la ville, en 1885, elles firent construire,
au n° 31 de l'ancienne route d'Aixe, les vastes et beaux bâtiments d'un pensionnat, qui fut bientôt habité par de nombreuses élèves.

Mais bientôt aussi une nouvelle persécution atteignit l'E-
glise et toutes ses œuvres. De même que la première République avait dispersé les sœurs de la Croix et leur avait pris
leur couvent placé dans la Cité à Limoges, de même la troisième République allait les disperser et s'emparer de leur
Maison-Mère, au Portail-Imbert, et de leur nouveau pensionnat récemment construit sur l'ancienne route d'Aixe.
Le tout a été vendu au profit de la République. Les recettes
de cette opération, nous disent les comptes rendus publiés
par les journaux, ont produit la somme de 164.007 francs,
mais pour opérer ces ventes on a fait 55.420 francs de dépenses.

Aujourd'hui, le beau pensionnat de l'ancienne route
d'Aixe est en la possession de la ville de Limoges, qui l'af-
ferme au Directeur de l'Ecole Montalembert, et la maison du
Portail-Imbert, conserve toujours un des lions en pierre
dont il est parlé au chapitre Ier. A l'intérieur, on trouve les
armes de la famille Maleden de Feytiat, *d'azur à trois lions
léopardés d'or, l'un sur l'autre*, unies à celles de la famille
Hardy de Feytiat, *d'azur à l'aigle au vol abaissé d'argent.*
La maison qui était de l'autre côté du portail Imbert était
celle de la famille Lamy, dont les armes sont *d'azur au pigeon d'argent.* Elle était autrefois décorée d'une statue de
Guillaume Lamy, né à Limoges en 1305, qui, après avoir
été évêque de Chartres en 1349, fut nommé, par le pape Clément VI, patriarche de Jérusalem, et mourut en odeur de
sainteté le 9 juin 1360.

Aujourd'hui le portail Imbert et la maison Lamy ont été
démolis, il reste seulement la maison Maleden de Feytiat.

— 171 —

On a vu l'établissement de la Confrérie du Saint-Sacrement dans l'église de Saint-Michel en 1556, et ce qu'elle a fait jusqu'au moment de la Révolution. Comme toutes les autres confréries, elle fut désorganisée pendant la persécution qui affligea les catholiques à cette époque. Mais lorsque la liberté leur fut rendue, les membres qui existaient encore se réunirent de nouveau et engagèrent les plus honorables paroissiens de Saint-Michel à se joindre à eux pour la rétablir telle qu'elle était dans le passé. Ils se donnèrent un règlement, que nous trouvons dans son registre, et dont voici les premières lignes :

« Aujourd'hui, vingt-cinquième jour du mois de septembre, l'an de grâce mil huit cent seize, régnant Louis XVIII le désiré, les Membres de l'ancienne Confrérie du Très-Saint Sacrement, établie dans l'église de Saint-Michel-des-Lions, ville de Limoges, se sont réunis dans la maison de M. Maleden de Feytiat, l'un d'eux, où ils ont invités à se joindre à eux plusieurs habitants de ladite paroisse de Saint-Michel, pour leur faire part de l'intention où ils sont de rétablir ladite Confrérie et les engager à en être membres.

Cette proposition a été adoptée par toutes les personnes présentes, et après une longue discussion et un mûr examen, les articles suivants ont été arrêtés comme principaux et fondamentaux de ladite Confrérie :

« Article premier. — La Confrérie du Très-Saint Sacrement sera rétablie dans l'église de Saint-Michel-des-Lions, sous les auspices de Mgr du Bourg, évêque de Limoges, à qui le présent règlement sera soumis pour obtenir son adhésion et son approbation.

» Article 2°. — Le Tableau des Confrères sera inscrit à la suite des présentes ; il sera formé par rang d'âge, en commençant par le plus ancien ; le nombre en demeurera provisoirement fixé à trente... etc. »

Après avoir arrêté ce règlement, les Confrères ont formé le tableau tel qu'il est ci-après, et ayant reconnu que M. Maleden de Feytiat, était le plus âgé, en cette qualité il a été proclamé Père de la Confrérie,

TABLEAU DE MM. LES MEMBRES DE LA CONFRÉRIE
A L'ÉPOQUE DU 6 MAI 1818

1. — Montégut, né le 24 décembre 1751. Membre honoraire en qualité de curé de Saint-Michel.

2. — Chastagnac, né le 8 février 1738. Père en 1818, nommé membre honoraire le 12 janvier 1820.

3. — Malcden dé Feytiat, né le 28 avril 1738. Père en 1817. M. Duchar naux était bayle. Décédé le 20 janvier 1823.

4. — Dumonteil de Malussen, né le 26 octobre 1747. Bayle en 1818, Père en 1819.

5. — Le Febvre, né le 31 mai 1752. Bayle en 1819, Père en 1820.

6. — Brisset père, né le 26 janvier 1753. Bayle en 1820, Père en 1821.

7. — Talabot, né le 10 mars 1754. Bayle en 1821, Père en 1822.

8. — Talandier, né le 1er juin 1756. Bayle en 1822, mais décédé le 3 juillet de la même année et remplacé, le 3 janvier 1823, par l'un de ses fils.

9. — Bon, né le 20 juin 1756. Bayle en 1822, Père en 1823.

10. — Martin-Gravier, né le 19 janvier 1757. Bayle en 1823.

11. — Decous, né le 7 juin 1762. Nommé Syndic en 1817, réélu en la même qualité le 1er juin 1823, pour trois ans, réélu le 28 mai 1823, pour deux ans.

12. — Peyroche du Reynou, né le 12 novembre 1762.

13. Montégut, né le 26 octobre 1763. Décédé le 13 juillet 1821, remplacé, le 16 du même mois, par son fils aîné.

14. — Etienne La Rivière, né le 3 août 1764.

15. — Charpentier de Belcourt, né le 22 décembre 1765.

16. — Boileau, né le 12 novembre 1767.

17. — De Vaucorbeil, né le 4 juillet 1771.

18. — Péconnet, né le 29 février 1772.

19. — M. Noualhier, né le 19 mars 1772.

20. — Devoyon de la Planche, né le 24 décembre 1772.

21. — Deroche jeune, né le 22 avril 1774.

22. — Dessalles-Beauregard, né le 11 juin 1774.

23. — Vivien, né le 24 mars 1776.

24. — Du Verger, né le 4 avril 1776.

25. — Bramaud-Boucheron, né le 15 juillet 1776.

26. — Bardinet, né le 4 février 1779.

27. — Debrettes, né le 24 juillet 1790. Ce membre et tous les précédents sont les restaurateurs de la Confrérie en 1816.

28. — Rouard de Card, admis le 3 mai 1818, en remplacement de son père, décédé le 11 novembre 1817. (A donné sa démission et a été remplacé par M. Bardinet père.)

29. — Guérin aîné. Admis le 5 mai 1818, en remplacement de M. du Charnaux, décédé le 24 avril 1818.

30. — Dépéret-Muret, admis le 5 mai 1818, pour compléter le nombre des Confrères.

31. — Pétiniaud, admis le 5 mai 1818, pour la même cause.

Nous trouvons aussi dans le même registre copie de la délibération du Conseil de Fabrique répondant à la demande des Confrères du Saint-Sacrement :

« Aujourd'hui, sixième jour du mois de juin mil huit cent dix-sept, le Bureau de la Fabrique, réuni au lieu ordinaire de ses séances, M. le curé a exposé que la Confrérie du Saint-Sacrement, (qui existait anciennement dans l'église de Saint-Michel, et qui n'avait cessé d'être en activité qu'à raison des circonstances, venait de se réorganiser, qu'elle l'avait prié de vouloir en prévenir le Bureau de la Fabrique, pour avoir son agrément, et l'inviter en même temps à lui fixer la place qu'elle devra occuper dans l'église, le jour de la Fête-Dieu, le jour de l'Octave, et les jours où le Saint-Sacrement sera exposé à Saint-Michel.

» Le Bureau de la Fabrique voit, avec la plus grande satisfaction, se rétablir dans son église une Confrérie aussi intéressante que celle du Saint-Sacrement, qui, dans tous les temps, par sa dévotion et sa bonne tenue, a été un modèle d'édification, et de laquelle on a tout lieu d'en attendre la continuation, a invité M. le curé à lui en témoigner toute sa satisfaction.

» Considérant qu'il est convenable que cette Confrérie ait une place distinguée dans l'église les jours de ses cérémonies,

» Arrête : 1° Que le jour de la Fête-Dieu et le jour de l'Octave, MM. les Confrères du Saint-Sacrement seront chargés du cérémonial des offices et placés dans les stalles supérieures du chœur, à droite et à gauche ; que, à ces fins, MM. les

Syndics-Fabriciens et MM. les Amiers seront invités à se placer, ces jours-là, dans leurs bancs respectifs ;

» 2° Que les jours où le Saint-Sacrement sera exposé à Saint-Michel, MM. les Confrères se placeront dans les hautes stalles avec MM. les Syndics-Fabriciens ;

» 3° Qu'une expédition de la présente délibération sera adressée à ladite Confrérie. Le trésorier demeure chargé de son expédition.

« Limoges, lesdits jour, mois et an que dessus. *Signé au registre* : Charpentier, Montégut, curé de Saint-Michel ; Decous. »

Des huit cloches que possédait l'église de Saint-Michel avant la Révolution, une seule avait pu être conservée, c'est celle qui, fondue en 1621, portait l'inscription que nous avons donnée plus haut. Mais, en 1814, elle se fendit, et on fut obligé de la faire refondre. Nous possédons le traité passé pour cela avec les fondeurs, et nous y voyons les conditions auxquelles on pouvait le faire il y a un peu plus d'un siècle. Ces conditions sont arrêtées par « MM. Estienne-Larivière, Martin-Gravier, Montégut et Decoux, agissant en qualité de syndics-fabriciens de l'église paroissiale de Saint-Michel, d'une part. Et Jean-Baptiste du Bois père, agissant tant pour lui que pour Antoine du Bois, son fils, demeurant à Huillecourt, département de la Haute-Marne, et Claude Charton, demeurant à Rofain-sur-Meuse, même département, tous trois fondeurs de cloches et associés ».

Lorsqu'ils eurent descendu du clocher cette cloche, on constata qu'elle pesait 6.450 livres ; elle fut augmentée pendant la fusion et pesa ensuite 7.050 livres. La fabrique paya aux fondeurs le prix convenu, 2.600 francs, et aussi 800 francs pour la fonte qui avait été ajoutée, ce qui porte la dépense totale à 3.400 francs.

Cette cloche, que l'on appelle toujours le *Bourdon de Saint-Michel*, porte l'inscription suivante :

« -!- J'ai été fondue par M. Du Boys, sous le règne de Louis XVIII le Désiré, et baptisée par Mgr Jean-Marie-Philippe du Bourg, évêque de Limoges, assisté de M. J.-B. Montégut, curé de la paroisse de Saint-Michel-des-Lions.

» Le parrain a été M. J.-B.-Hippolyte Estienne-Larivière-Monluc, baron de La Rivière, premier président de la Cour royale de Limoges, chevalier de la Légion d'honneur ; et la marraine dame Marie-Madeleine-Geneviève Gaudrée-Boileau, épouse de M. Charpentier de Belcourt, directeur des contributions du département de la Haute-Vienne.

» Membres de la fabrique en exercice : MM. Estienne de La Rivière, président ; Pierre Martin-Gravier; Charles Decoux; Pierre-Eustache Charpentier de Belcourt; Louis d'Humières, recteur de l'Académie; François-Xavier Boutault de Russy ; Georges Noualhier, négociant ; .... Vivien; Joseph Peyroche du Reynoux. Sous la préfecture de M. Resie, comte de Brosses.

» Prêtres attachés à la paroisse : MM. J.-B. Montégut, curé ; Aucamus, vicaire ; Dufour, vicaire ; Faugeron-Desvergnes, vicaire ; Ganny, vicaire ; Péconnet, vicaire ; Bardinet, prêtre habitué, ancien curé de Janailhac.

» Les Du Bois, père et fils, et Charton, fondeurs. Montée par les Chabrol, fils et petit-fils, tous deux entrepreneurs. »

En 1835, la fabrique de l'église de Saint-Michel acheta, à un fondeur de cloches de Limoges, les trois petites qui sont à l'horloge pour sonner les heures. Elles n'ont, comme inscription, que le nom du fondeur : « J.-B. Causard, fondeur, 1835. »

En 1868, par acte passé à Limoges, le 7 avril, M. Pinot, curé de Saint-Michel, agissant au nom de la Fabrique et de la Confrérie des Ames du Purgatoire, acheta trois cloches, au prix de trois francs soixante le kilogramme, livrables à Limoges dans le délai de trois mois, à M. A. Vauthier, fondeur à Saint-Emilion (Gironde). Ce marché fut parfaitement exécuté à la satisfaction des contractants. Ces trois cloches portent les inscriptions suivantes :

« -!- Maria, sine labe originali concepta, ora pro nobis. — Anno D. MD CCC LXVIII, Pio IX summo pontifice ; DD. Félicé-Petro Fruchaud, Ep. Lem.; M. J.-B.-M. Pinot, ecclesiœ sancti Michaelis a Leonibus rectore decano ; me fudi curaverunt DD, bonorum temporalium administri ; J. Cantillon de la Couture, consilii præses ; A. L. B. Leoncius de Voyon de la Planche, nummorum custos ; Ferd. Pétiniaud ; Félix Ardant du Masjambost ; J.-L. de Veyvialle ; Ernestius de Salles ; Marie-Abel Lemaigre, scriba consilii ; R. de Grave ; L. Dércheilde ; J.-B. Pinot, ecclesiæ rector. — DD. F.-P. Fruchaud, me benedixit. — Nomen vero imposuerunt, F.-C.

Le Sage, præfectus municipalis, vulgo dictus « maire » et
Noémie-Catarina de La Bastide de Salles, a quibus Catharina-Carola vocor. — Cor mundum crea, Deus, in omnibus
qui meam fideles audierunt vocem.— A. Vauthier, à Saint-Emilion (Gironde).

« -!- Anno D. MDCCC LXVIII, DD, F.-P. Fruchaud, ep. L.;
M. J.-B.-M. Pinot, ecclesiæ santi Michaelis a Léonibus rectore decano ; D.-C. Le Sage, majore Lemovicensi, me fudi
curaverunt sodales pro animorum defuctorum requie sociati : J.-B. Flacard, nummorum custos ; J.-A. Debord; J.-P.-B.
Malinvaud ; F. Madoumier ; Denis Degrosjean ; J. Labc-
souille ; C. Fraïsse ; Steph. Galatry. — Patrinum et matrinam habui D. Armandum Noualhier, legatum Vigennœ
superioris ad leges ferendas, vulgo dictum « député au corps
législatif » et Annam-Franciscam de Veyvialle; quorum nominibus vocor Anna-Armanda. — Sancte Michael, archangele, defende nos inprœlio, ut non pereamus in tremendo
judicio. — A. Vauthier, à Saint-Emilion (Gironde). »

« -!- Anno D. MDCCC LXVIII, DD, F.-P. Fruchaud, ep.
Lem. ; M. J.-B.-M. Pinot, ecclesiæ sancti Michaelis a Leonibus rectore decano, nec non et MM. J.-B. Laplagne, J. Torrilhon, J. Cremier, M. Gras, A. Mathiva, ejusdem ecclesiæ
vicariis, et A.-F. Rouffignac, sacrista, me fudi curaverunt
ecclesiœ administri vulgo dicti « fabriciens ». — Patrinum
et matrinam habui D. A.-L.-D. Leoncium de Voyon de la
Planche et Annam-Paulinam Pétiniaud ; unde vocor Anna-
Leòntina. — Martialis, Christi apostolus, precibus sanctis
obtineat ut um ipso landemus Deum in œternum. — A. Vauthier, à Saint-Emilion (Gironde). »

Plusieurs fois, comme on l'a vu précédemment, en 1604,
le clocher de Saint-Michel fut frappé par la foudre. Deux
fois encore, pendant le XIXe siècle, le même accident arriva;
mais avec des effets différents. Le premier eut lieu le mercredi 12 mars 1806. Ce jour, à dix heures du soir, un coup
de tonnerre éclata et couvrit de feu l'horizon de Limoges.
Plusieurs personnes assurèrent alors avoir vu à ce moment
la foudre suivre le clocher de l'église du haut en bas, et se
perdre en serpenteau du côté des Lions, placés au-devant du
petit cimetière qui sert d'avenue à l'église, sans néanmoins
faire aucun dégât.

Église de Saint-Michel-des-Lions
Vue intérieure

Il n'en fut pas de même la seconde fois. Le samedi 10 novembre 1810, à sept heures du soir, un coup de foudre des plus violents qu'on ait entendus de mémoire d'homme à Limoges, atteignit le clocher dont il endommagea la flèche, la lézarda d'un bout à l'autre, fit plusieurs crevasses au massif du clocher, emporta fort loin la Boule, la Croix, le Coq et la Girouette qui terminaient la flèche. Les pierres, en tombant, écrasèrent une travée de la voûte de l'église, où la foudre entra aussi, et fit du dégât dans plusieurs endroits, surtout dans la chapelle de N.-D. du Mont-Carmel, et dans les armoires de la sacristie qui était derrière cette chapelle.

Les fabriciens de l'église s'empressèrent immédiatement de mettre tout en œuvre pour réparer ce désastre. L'église surtout, dont la travée la plus proche du clocher n'avait plus de voûte, ne pouvait rester longtemps dans cet état. Le sieur Pestour fut chargé de faire le devis estimatif de cette réparation et le 1er décembre on en donna l'adjudication. Les travaux furent adjugés au sieur Marc Fougères, qui, pour le prix de 6.336 francs, s'engagea à refaire la voûte, la charpente et la toiture de l'église, et à descendre, du haut du clocher les pierres et autres matériaux désagrégés qui menaçaient de tomber.

Cette première réparation fut exécutée assez rapidement pendant l'année 1811 ; mais il restait la partie supérieure du clocher à refaire ; c'était un travail bien plus difficile, plus dangereux, et aussi plus dispendieux. Pour se procurer les ressources nécessaires, et pendant plusieurs années, les fabriciens ne cessèrent de solliciter des secours de la municipalité de Limoges, du conseil général du département, des ministres du culte et des beaux-arts, et même de toutes les confréries qui avaient leur siège dans l'église de Saint-Michel.

Enfin, après dix ans d'efforts, on put donner une nouvelle adjudication qui comprenait la démolition du reste de la flèche et sa reconstruction entière.

Le projet et le devis estimatif de ces nouveaux travaux furent dressés par le sieur Breistroff, capitaine de génie en garnison à Limoges, qui conduisait alors les travaux de la caserne de cavalerie à l'ancien grand séminaire. L'adjudication fut donnée le lundi 16 septembre 1822, dans une salle de l'Hôtel de Ville. Le procès-verbal nous apprend que « Le sieur Raynaud (Jean-Baptiste), menuisier, a couvert la dernière offre des entrepreneurs par un rabais de 10 fr., et a promis de se charger de l'entreprise dont s'agit, moyennant la somme de 19.112 francs cinquante centimes, à compte de laquelle il prendra les matériaux restants, pour 842 francs 89 centimes, et se charge de payer les honoraires de l'architecte, fixés à 830 francs.

» Personne n'ayant offert de conditions plus avantageuses, et le sieur Raynaud étant muni des certificats de solvabilité et de capacité, ce dernier a été déclaré adjudicataire...

» En foi de quoi, le présent procès-verbal a été rédigé de suite, et signé par mesdits sieurs de Vaucourbeil, de Beauregard, de La Bastide, Breistroff, Raynaud, Durieux et Pouyat. »

La reconstruction de la flèche a demandé deux ans. Lorsqu'elle fut terminée, le lundi 6 septembre 1824, une cérémonie eut lieu dans l'église de Saint-Michel pour la bénédiction d'une croix qui devait être placée sur l'église du côté de l'Orient, et du globe destiné à surmonter la nouvelle flèche. Ce dernier a « dix-huit pieds ou dix mètres de circonférence, et pèse six cents kilogrammes ou douze quintaux », dit le procès-verbal rendant compte de ce qui se passa ce jour. L'assistance à cette cérémonie fut considérable ; l'église ne put pas contenir la foule des habitants de la ville, auxquels s'étaient joints les habitants des environs. Après avoir promené ce globe dans les rues de la ville, les ouvriers travaillèrent, à 70 mètres de hauteur, pour le fixer à la pointe de la flèche. Il n'y eut aucun accident dans cette opération, qui n'était pas sans difficultés.

Tout n'est pas à louer dans le plan du sieur Breistroff, car il a placé sur la nouvelle flèche une énorme sphère, sans proportion avec elle, ce qui est contraire aux règles de l'art, de l'esthétique et aux lois de l'harmonie. Il a ainsi déformé un clocher que les constructeurs de 1383 nous avaient légué comme un modèle irréprochable. Tout le monde ne partageait pas l'admiration de quelques-uns pour cette énorme boule, même avant qu'elle fût fixée au bout de la flèche. Le baron de Wismes, préfet de la Haute-Vienne, écrivant au président de la Fabrique de Saint-Michel, le 7 août 1824, lui disait : « Je ne peux croire, d'ailleurs, qu'un globe aussi considérable que celui déjà confectionné soit d'un très bon effet d'architecture. » Tous les architectes pensent de même, et la Société archéologique du Limousin, dans sa séance du 29

avril 1913, émettait le vœu « que la restauration de cette flèche ait lieu dans les conditions et le style du clocher primitif ». A cette date, on reconstruisait les petits clochetons,
qui menaçaient ruine ; puis, pour réparer le sommet de la
flèche, le 9 avril 1914, jour du Jeudi saint, on a descendu le
globe en question.

La Commission des Beaux-Arts, pour répondre au désir
des paroissiens, proposa à la Fabrique de Saint-Michel de
mettre à la place de cette ridicule sphère une statue de l'archange Saint Michel, le patron de la paroisse, si elle voulait
en faire les frais. Cette proposition fut acceptée, et M. le
curé annonça à ses paroissiens l'ouverture d'une souscription pour cet objet. Une certaine somme était déjà souscrite,
et tout annonçait son succès, lorsqu'il s'est trouvé des hommes, qu'il est inutile de nommer, pour demander et obtenir
de la préfecture qu'on s'opposât à ce changement. C'est
pourquoi on a placé au sommet de ce clocher une sphère dif-
férant seulement de la première en ce qu'elle est à jour, afin
de diminuer la pression que les vents exercent sur sa masse.

En 1824, l'inscription suivante avait été placée au sommet
de la flèche du clocher, dans une des pierres qui supportent
la boule :

« *D. O. M. Gloria. — Honos Michaeli Archangelo.*

» L'an 1823 de la naissance de N. S. J.-C. La 29ᵉ du règne
de Louis XVIII. Mgr Jean-Paul-Gaston de Pins, évêque de Limoges. M. le baron de Wismes, préfet de la Haute-Vienne.
M. le baron de La Bastide, chevalier de la Légion d'honneur,
maire de la ville de Limoges (Hippolyte). Curé de Saint-Michel-des-Lions : M. Jean-Baptiste Péconnet. Vicaires : MM.
Gauny (Martial). Aucomus (Jacques). Dufour (J.-B.). Fau-
gerons-Desvergnes (Guillaume-Antoine).

» Syndics-Fabriciens : MM. Dumonteil de Malussein, chevalier de Saint-Louis (Jean-Romain). Theurey, directeur de
l'enregistrement (Abel-Jean-Baptiste). Decoux (Charles-Jeai-
ne), Peyroche du Reynoux (Joseph). Vaucourbeil de Bachele-
rie, chevalier de Saint-Louis (François). Noualhier (Georges). Dinematin-des-Salles, président du tribunal de commerce (Pierre). Vivien des Fressines (Pierre-Marie-Michel-
Siméon). Bramaud du Boucheron (Jean-Baptiste).

» Confrérie du Saint-Sacrement : MM. Martin du Gravier,

Père de la Confrérie (Pierre-Sébastien). Le Febvre, secrétaire (Elie-Joseph).

» Bayles des Ames du Purgatoire : MM. Deschamps (Jean-Baptiste). Thomas (Michel). Lenoble (Joseph). Pestours (François). Bricaille (Guillaume), syndics.

» Frérie de Saint-Martial : MM. Betoulle (Guillaume), 1ᵉʳ Bayle. Gondaud (Louis, 2ᵉ Bayle. »

Le procès-verbal rédigé par les membres de la Fabrique ajoute à cette inscription :

« D'après les plans et dessins de M. Breistrof, capitaine du génie militaire à Limoges, fut reconstruite. par les soins du sieur Reynaud, entrepreneur, cette flèche renversée par la foudre le 10 novembre 1810. Elle fut couronnée de ce globe de cuivre doré, dont le poids, y compris la charpente en fer, est de six cents kilogrammes. Le plan de ce globe et du paratonnerre a été dirigé par M. Claude Bonnin, métallurgiste. Pour cette dépense, qui s'élève à trente mille francs, la Fabrique obtint des secours du gouvernement, du conseil général, du département, et principalement de la mairie.

» *Sit nomen Domini benedictum.* »

Le 1ᵉʳ mars 1826, MM. Péconnet, curé de Saint-Michel ; Disnematin-Dessales, Georges Nouailher et Decoux, formant le bureau de la Fabrique, firent un traité avec les sieurs Cohade père et fils, sculpteurs, demeurant à Limoges, pour des travaux de réparations à exécuter au grand autel et à celui de la chapelle de Notre-Dame des Agonisants.

Pour le grand autel, « ils s'engagent à dorer en or double et en plein la gloire, les draperies, les moulures, les quatre urnes, l'astragale, les quatre chapiteaux, les groupes d'anges qui surmontent les trophées, la guirlande de lauriers qui est au-dessus du tableau et le tabernacle ». Ils s'obligent aussi « à sculpter deux anges adorateurs, de la hauteur de quatre pieds et demi, les nuages compris, et les dorer en plein en or double, et les placer sur la grande corniche, etc... »

Ces deux anges adorateurs sont placés aujourd'hui au-dessus de la porte du midi, avec le Christ porté dans la belle procession de 1828.

Mgr Prosper de Tournefort fit donner à Limoges, pendant le Carême de 1828, une mission par les Missionnaires de France, les Pères de Rozan, Carbois, etc. Elle fut ouverte le 16 mars, quatrième dimanche de Carême, et commença le matin, en présence d'un nombreux concours de fidèles assemblés à la Cathédrale. Le soir, le sermon d'ouverture de la mission fut prononcé dans les quatre églises paroissiales de la ville. A Saint-Michel, comme dans les autres églises, une foule empressée s'y était rendue longtemps d'avance pour entendre les nouveaux prédicateurs. L'attention soutenue, la piété, la tenue édifiante que l'on observa à ce premier exercice, firent concevoir pour l'avenir les plus heureuses espérances. Dès le lendemain, les chœurs de cantiques furent partout formés. Cet empressement ne s'est pas démenti dans la suite, et souvent les églises ont eu peine à contenir les fidèles qui s'y rendaient en foule.

La retraite des hommes, terminée par la rénovation des promesses du baptême, a été remarquable par le recueillement des auditeurs, avides d'entendre les instructions que donnait, avec une grande force de raisonnement, le supérieur de la mission. Bien des illusions ont été dissipées et bien des préjugés détruits.

Le dimanche du Bon Pasteur fut fixé pour la communion générale. Plus de 4.000 personnes s'approchèrent de la Sainte-Table. Mgr l'Evêque voulut distribuer lui-même la sainte communion dans son église cathédrale.

Rien ne saurait être comparé à la procession solennelle pour la plantation de la croix. Cette cénémonie eut lieu le dimanche 27 avril. Une foule immense était accourue des petites villes voisines pour en être témoin. Mgr l'Evêque d'Angoulême fut invité à bénir le Christ. La procession était formée d'un grand nombre de fidèles, hommes et femmes, portant des oriflammes à la main. Puis venaient les chœurs de cantiques , la musique du 9ᵉ régiment de dragons, un nombreux clergé. La croix était portée successivement par six divisions d'hommes de bonne volonté. Immédiatement après elle marchait le Chapitre, suivi des deux prélats en ornements pontificaux. Des membres de la Cour, des autorités civiles et militaires, fermaient la marche.

On parcourut ainsi les principales rues de la ville. Le chant des cantiques, la musique militaire, les cris de *Vive la Croix !* répétés avec enthousiasme, ajoutaient encore à cette imposante cérémonie. On se ferait difficilement une idée de l'impression que produisait sur tous les cœurs le

Christ s'avançant lentement et d'un mouvement uniforme, balancé majestueusement entre le ciel et la terre, les bras étendus, comme pour appeler sur son cœur justes et pécheurs, amis et ennemis.

La procession s'étant arrêtée sur la place d'Aine, un des missionnaires a parlé des mérites de la Croix et des espérances que nous y trouvons. Plusieurs fois il a été interrompu par les cris de *Vive la Croix !* Après lui, Mgr l'Evêque a adressé à son peuple une énergique exhortation, dans laquelle il a recommandé l'obéissance à Dieu et aux lois de son Eglise.

La procession se rendit ensuite à Saint-Michel, et la Croix y fut plantée près de la porte du clocher. Des dames pieuses de la paroisse la firent entourer d'une grille en fer. Mais, en 183o, au mois de septembre, on fut obligé d'entrer cette croix dans l'église, afin de la soustraire aux profanations des hommes de désordre qui menaçaient de l'abattre.

Le Christ qui était attaché sur cette croix a été placé, en 1916, à l'intérieur de l'église, au-dessus de la porte du midi ; il a 3 mètres 3o centimètres de hauteur, et on a placé à ses côtés les deux anges adorateurs sculptés en 1826, qui étaient précédemment au maître-autel, avant la construction du monument de Saint Martial.

En 1820, l'évêque et la municipalité de Limoges s'étaient occupés d'un projet qui consistait à établir une nouvelle paroisse ayant pour église la chapelle agrandie du cimetière de Louyat, et dont la partie rurale des paroisses de Saint-Michel et de Saint-Pierre formerait le territoire. On voulait, par ce moyen, faciliter les habitants de la campagne, qui étaient fort éloignés des églises de la ville. Ce projet n'eut pas de suite.

Plus tard, en 1852, et pour la même raison, Mgr Buissas créa une nouvelle paroisse aux dépens de celle de Saint-Michel-des-Lions, et sous le vocable de Saint Martial, Apôtre d'Aquitaine. Sa circonscription, prise entièrement dans la partie rurale, comprenait 1.6oo habitants, pendant que celle de Sant-Michel en avait 17.000. Une lettre pastorale du 21 novembre 1852 annonça cette érection, et un décret impérial du 15 avril 1854 l'érigea en succursale.

Lors de la bénédiction de la première pierre de cette nouvelle église, au village dit la Croix-de-Landouge, on y mit une plaque en cuivre sur laquelle était gravée l'inscription suivante : « L'an de grâce 1853, et le 3 juillet, solennité de Saint Martial, Napoléon III étant empereur des Français, M. le baron Petit de Lafosse étant préfet de la Haute-Vienne, M. Louis Ardant maire de Limoges, la 9ᵉ année de l'épiscopat de Mgr Bernard Buissas, 93ᵉ successeur de Saint Martial, a été posée la première pierre de cette église, élevée par ce préfet, sous l'invocation de Saint Martial, Apôtre d'Aquitaine et premier évêque de Limoges. — Les fonds nécessaires ont été recueillis par une commission présidée par Mgr Buissas, avec le concours de la municipalité et de l'Etat. — *Basilica sancti salvatoris ubi per sœcula Martialis apostolus Christi requievit, anno Domini MDCCXC vendita est et postea destructa, templi hujus ecclesia nova nec amplitudinem tenet nec locum, sit tamen charitatis et pietatis Lemovicensium monumentum perpetuum. — S. M. O. P. N..* » (*Sancte Martialis ora pro nobis.*)

Les architectes de cette église furent MM. Vauginot et Narjoux. Achevée dans le cours de l'année 1857, elle fut inaugurée et bénite par M. Vénassier, curé de Saint-Michel, le 6 décembre de cette année. Elle fut ensuite solennellement consacrée le 26 septembre 1856. Quatre évêques assistèrent à cette cérémonie : nos Seigneurs de Poitiers, d'Angoulême, de Tulle et de Limoges. M. Bernard Gérard fut nommé curé de cette nouvelle paroisse de Saint-Martial en 1856. M. Jean Malaband en 1880, et M. Auguste Grand en 1885.

En 1854, le Souverain Pontife Pie IX promulgua la bulle *Ineffabilis*, qui proclame le dogme de l'Immaculée Conception de la Très Sainte Vierge. A cette occasion, de grandes fêtes religieuses eurent lieu dans tout l'univers catholique. Dans notre diocèse, bien des paroisses se distinguèrent par des manifestations éclatantes. A Limoges, où les habitants se sont toujours honorés de proclamer Marie Vierge Immaculée, dans les quatre paroisses, et dans celle de Saint-Michel en particulier, ces fêtes furent vraiment magnifiques. Voici le récit qu'en a fait un témoin oculaire :

« Le 28 janvier 1855, la ville tout entière était un oratoire consacré à Marie. Mgr Bernard Buissas, dans son mandement particulier pour la publication de la bulle sur l'Immaculée Conception, avait fait appel à la piété de ses fidèles diocésains. Sa voix a été entendue. Le matin, la retraite de l'Archiconfrérie réunissait à la cathédrale une assistance aussi nombreuse que fervente, qui était venue recevoir la Sainte Communion des mains du premier pasteur. Aux offices du soir, toutes les églises de la ville étaient littéralement remplies. La cathédrale ne vit jamais une solennité plus belle : la foule, profondément recueillie, remplissait la vaste basilique et débordait au dehors. Lorsque la nuit commença à descendre, Monseigneur voulut bien allumer lui-même un feu de joie sur la place de la Cathédrale, au milieu des *vivats* de la foule, qui se pressait respectueusement autour de lui, sollicitant ses paternelles bénédictions. Un jour nouveau se fit alors. Au sommet des clochers, dans toutes les rues, aux fenêtres des plus humbles demeures, brillèrent les feux de l'illumination la plus complète qui ait jamais frappé le regard. Les églises et les communautés religieuse étaient resplendissantes, et cependant c'est à peine si leur magnificence tranchait sur les démonstrations de l'allégresse publique. A Saint-Pierre, le portail s'ouvrait pour laisser voir le sanctuaire tout resplendissant de lumière. Le clocher de Saint-Michel était en feu. Le grand séminaire, placé comme une sentinelle avancée sur l'extrémité du plateau qui domine la belle vallée de la Vienne, montrait au loin, dans un édifice de feux colorés, l'image de la Sainte Vierge et ses chiffres éclatants. La cathédrale dessinait en traits de lumière sa belle tour couronnée par des feux de Bengale aux couleurs ravissantes, et ses grandes lignes architecturales. Au portail, une brillante inscription disait le glorieux privilège de Marie. Le palais épiscopal, éclatant de lumières, complétait ce magnifique ensemble. Nos magistrats s'étaient empressés de donner leur concours sympathique à cette fête de famille. De toutes les places s'élevaient des feux colorés qui sillonnaient les airs ; les édifices publics étaient illuminés avec splendeur. L'Hôtel de Ville ressemblait à un temple de feu, sur lequel rayonnait une image colossale de la Sainte-Vierge, et à la Préfecture, au-dessus de la décoration d'un portail de flamme, brillait en gigantesques lettres ce mot si heureusement choisi pour la fête : CREDO.

» Les devises les plus ingénieuses saluaient de tous les côtés Marie des noms les plus doux. Le faubourg Manigne se faisait surtout remarquer par deux arcs de triomphe qui s'ouvraient aux deux extrémités et par l'ensemble harmonieux de sa resplendissante décoration,

Le clocher de Saint-Michel des-Lions
pendant les réparations de 1912 à 1916

» Une foule immense, émue, attendrie, remplissait les rues, les places, et circulait avec un calme qui ressemblait à du recueillement. Le ciel a favorisé cette fête de la reine des anges et des hommes.

» Nous n'avons plus rien à ajouter ; le spectacle dont nous venons d'être témoin est plus éloquent que toutes les paroles. Quel discours vaudrait cet élan d'une grande ville se levant comme un seul homme à la voix de son Pontife pour proclamer en traits de feu que *Marie a été conçue sans péché ?* »

La fête septennale de l'Ostension des reliques des saints fut magnifiquement célébrée en 1862. L'évêque de Limoges, Mgr Fruchaud, y fit, cette année, une innovation dont on a gardé avec reconnaissance le souvenir. Il décréta que toutes les reliques des saints conservées dans les églises de la ville seraient triomphalement portées sur le parcours de la procession générale de la Fête-Dieu. Les rues et les places où cette procession devait passer furent splendidement décorées de tentures et de fleurs. Quatre arcs de triomphe furent élevés sur les boulevards. La municipalité de Limoges avait le sien. Il était grave et simple dans ses lignes architecturales ; les couleurs de la nation, drapées en faisceau, terminaient bien au sommet de l'ogive le fier écusson de la ville. Ce jour-là, une même pensée d'amour avait uni leur gloire.

La solennelle ouverture de ces fêtes fut présidée par Mgr Desprez, archevêque de Toulouse, ancien évêque de Limoges, assisté des évêques de Limoges, de Tulle et d'Angoulême. L'église de Saint-Michel était fort bien décorée, ainsi qu'on le voit sur une photographie prise ce jour même. L'archevêque de Toulouse célébra la messe et Mgr Cousseau, évêque d'Angoulême, prononça une homélie remarquable, dans laquelle il retraça la vie de saint Martial et son apostolat.

La procession fut magnifique, et on n'évalue pas à moins de quatre mille le nombre des personnes qui la composaient ou la suivaient. L'église avait déployé toutes ses pompes, et c'était vraiment un spectacle splendide que cette foule immense, au-dessus de laquelle ondulaient les étendards des écoles, les bannières des confréries, et brillait l'or et l'argent des châsses, remplissant la place d'Aine et s'inclinant sous la main des évêques, qui la bénissaient du haut d'un élégant reposoir préparé à cet effet devant le grand escalier du Palais de justice.

Pendant tout le temps que les reliques sont restées exposées, l'église de Saint-Michel a reçu de très nombreux pèlerins, venus au tombeau de saint Martial, venus de tout le diocèse et même d'autres villes plus éloignées. La clôture de ces fêtes de l'*Ostension*, qui eut lieu le dimanche de la Trinité, fit voir une seconde fois combien est grande la vénération des habitants de nôtre province pour saint Martial, son apôtre.

A différentes reprises, pendant le xix° siècle, des réparations ont été faites à l'intérieur de l'église de Saint-Michel. Ainsi nous trouvons, à la date du 20 novembre 1855, le « détail estimatif des grosses réparations à faire à l'intérieur de l'église », dressé par l'architecte Regnault. Ces réparations comprennent deux parties : la première est « l'émoussage, le lavage et le rejointement des voûtes et parements intérieurs de l'église » ; et la dépense prévue pour ce travail est de 12.061 francs ; la seconde partie se rapporte à « l'établissement d'auvents dans les baies des fenêtres du clocher », qui occasionnera une dépense de 4.353 francs.

C'est aussi à cette époque que la municipalité fit changer de place une fontaine, avec réservoir d'eau, qui était adossée au chevet de l'église, sur la place Fontaine-Saint-Michel, et qui y entretenait beaucoup d'humidité.

La chapelle dite de Notre-Dame-des-Aides, qui était un hors d'œuvre à l'angle nord-est de l'église, et dont il a déjà été parlé au chapitre précédent, fut aussi démolie pendant qu'on exécutait ces réparations. En échange de cette chapelle, la municipalité de Limoges acquit, le 23 novembre 1857, et donna à la fabrique de Saint-Michel la maison Monneron, où sont maintenant les salles de catéchisme et l'habitation du sacristain.

Quant à la statue qui y était vénérée, après avoir été plusieurs fois changée de place dans l'intérieur de l'église, on la voit aujourd'hui dans la chapelle de Sainte-Anne, accompagnée d'un cadre portant l'inscription suivante :

« Cette statue de la bienheureuse Vierge Marie est celle dont la tête fut coupée sur le pilori de la ville, au mois de juillet 1560, par les protestants.

» Elle était placée au coin de l'église, à l'extérieur, sur la place dite aujourd'hui de la Préfecture, et portait de là le nom de Notre-Dame-de-la-Place.

» Elle prit le nom de Notre-Dame-des-Aides, après que, par les soins du chanoine Jean Champsat, elle eût été reportée en grande pompe et placée dans la chapelle aujourd'hui disparue, bâtie par le pieux chanoine, à l'angle de cette église, et que nos pères nommaient, au commencement de ce siècle, la chapelle des Pénitents bleus.

« Le curé-doyen : Pinot. »

Le 15 août 1864, pendant que les habitants de Limoges assistaient, au Champ de Juillet, au feu d'artifice tiré à l'occasion de la fête de l'Empereur, un incendie éclatait dans la paroisse de Saint-Michel, au bout de la rue des Arènes. Les secours ne purent être organisés immédiatement, parce que tous les habitants du quartier s'étaient rendus au Champ de Juillet. Cependant, la compagnie des pompiers, arrivant peu après, se mit rapidement à l'œuvre, et, après quelques heures d'efforts, commençait à être maîtresse du feu. Mais l'eau vint à manquer. L'incendie prit alors une marche plus rapide et envahit les rues avoisinantes.

De deux à trois heures du matin, le fléau, arrivé à son maximum d'intensité, était maître partout, et notre malheureuse ville présentait un spectacle dont aucune parole humaine ne saurait donner l'idée. Quatre-vingts maisons de la paroisse de Saint-Michel brûlaient à la fois. Une lumière intense noyait la ville dans ses sinistres clartés. Le feu semblait être sous nos pieds et sur nos têtes, car l'incendie, par l'effet de la réverbération, formait au-dessus de la ville comme une coupole de feu. Exposé dans les airs aux chaleurs de l'incendie, le clocher de Saint-Michel, avec sa flèche hardie, ressemblait à une immense pyramide lumineuse. Les flammes jaillissaient et ruisselaient de toutes parts ; on voyait des maisons entières s'incliner, puis s'abîmer dans le brasier comme dans un gouffre.

Après trois heures, les autorités de la ville délibèrent qu'il était urgent d'expédier des dépêches télégraphiques aux villes situées sur la ligne de fer pour demander des secours.

La religieuse population catholique de la ville eut recours à la prière. De temps immémorial, dans les calamités publiques, il était d'usage, à Limoges, d'exposer à la vénération des fidèles les reliques de Saint Martial, le patron de la ville.

Au milieu des désolations de cette nuit funeste, une multitude de voix s'élevaient pour demander, cette fois encore, que les saintes reliques fussent exposées à la vénération de tous.

Le pasteur accéda aux sollicitations ; il s'y associa et les bénit. Par son ordre, la grille derrière laquelle repose la châsse de Saint Martial fut ouverte vers trois heures du matin. A la pointe du jour, devant cette même grille, dans l'église de Saint-Michel-des-Lions, le pontife célébrait, pour son peuple, alors si malheureux, le saint sacrifice de la messe. Vers six heures, cédant aux instances réitérées et de plus en plus pressantes des fidèles, Sa Grandeur faisait sonner les cloches pour la procession.

L'église était comble. Des femmes de tout âge et de toute condition se pressaient sous la voûte sainte. Des hommes s y trouvaient aussi : leurs traits pâles, leurs vêtements fatigués et couverts des poussières de l'incendie, les signalaient à l'intérêt de la foule. Entouré du peuple, accompagné de son clergé, Monseigneur se tenait à genoux sur les marches nues de l'autel. Le chœur entonna le *Miserere*, entrecoupé, après chaque verset, du *Parce Domine*. A ce moment, il se passa, dans la foule, quelque chose qui ne se peut décrire : c'était l'émotion, c'était la foi ; c'étaient des milliers de cœurs dans un douleur commune, élevant leur commune prière vers Celui qui dispose souverainement de l'homme et de ses maisons et de ses chaumières, et de ses palais.

La châsse de Saint Martial fut descendue, et la procession sortit entre sept et huit heures du matin, pendant que l'incendie continuait toujours ses ravages. Le cortège, composé d'une multitude immense, ressemblait à une foule devant qui s'ouvrirait avec respect une autre foule. Quand la procession déboucha par la rue des Clairettes et le faubourg des Arènes, devant le Palais de Justice, la place d'Aine offrait alors une effroyable scène de tumulte, de deuil et de confusion. L'apparition du signe sacré de la Rédemption sur le théâtre de l'incendie fut un événement. La vue de la croix produisit dans les âmes une émotion que beaucoup d'entre nous affirment s'être traduite par des larmes. Les activités diverses se sentirent un instant ralenties et comme suspendues. La sainte liturgie porta à Dieu le sanglot de la prière, puis elle se tut. Alors, les mains vers le ciel, le pontife fit, avec les reliques, le signe de la croix sur les multitudes agenouillées et aussi sur les feux, qui se dressaient menaçants à tous les points de l'horizon.

La procession rentra dans l'église de Saint-Michel, où les dernières et sublimes notes du *Parce Domine*, répétées par des milliers de voix, remplirent encore une fois les voûtes du temple.

« Voilà ce que, en plein dix-neuvième siècle, une grande cité a fait pour Dieu : Voici ce que Dieu *a permis* en faveur de la cité :

» Dieu *a permis* que la Boucherie, de tous les quartiers le plus exposé au feu, ait été presque miraculeusement préservée.

Dieu *a permis* que la décroissance de l'incendie ait coïncidé avec les premières prières, et que ce jour-là, par une exception très remarquée, l'atmosphère se soit calmée à l'heure précisément où paraissaient les saintes reliques.

» Dieu *a permis* que, dans un désastre qui a menacé la vie de tant de personnes, aucune personne, cependant, n'ait perdu la vie.

» Enfin, Dieu *a permis* que, par des dispositions demeurées incompréhensibles, même pour nous, les secours soient venus à nos pauvres incendiés avec une spontanéité et un empressement dont les annales de la charité ne présentent peut-être pas d'autre exemple.

» Voilà ce qui s'est passé sous nos yeux : nous l'avons vu, et nous l'affirmons. » (P. Laforest. — Relation de l'incendie de Limoges de 1864, 2ᵉ édition.)

La ville de Limoges, depuis quelques années, avait pris une grande extension, et le service religieux y devenait de plus en plus difficile. Mgr Duquesnay, pour y porter remède, créa quatre nouvelles paroisses, dont deux furent entièrement prises sur la paroisse de Saint-Michel. Ce sont :

La paroisse de Saint-Joseph, qui a eu son église bénite le 26 octobre 1877, et comprend 22.284 habitants. Son premier curé a été M. Jean-Baptiste Laplagne, auquel a succédé, en 1894, M. Elie Courteix.

. La paroisse du Sacré-Cœur, dont l'église provisoire fut bénite le 21 décembre 1873 ; elle a 15.955 habitants. Son premier curé a été M. René Maublanc, auquel a succédé, en 1903, M. Louis Marévéry.

La troisième, celle de Sainte-Valérie, a été établie dans

le territoire de celles de Saint-Etienne et de Sainte-Marie, sur la rive gauche de la Vienne, et la quatrième celle de Saint-Paul-Saint-Louis, dans le territoire de celle de Saint-Pierre.

Dix-sept vitraux ornent aujourd'hui l'église de Saint-Michel. Les plus anciens sont aux fenêtres de style gothique rayonnant du chevet de l'église ; ils sont du xve et xvie siècles, et ils ont été signalés plus haut. Tous les autres sont modernes.

M. Vénassier, curé de Saint-Michel, décédé en 1864, en a fait placer dans les deux chapelles de la nef, les plus près du chœur. Ils sortent des ateliers de M. Thevenot, de Clermont-Ferrand. Celui de la chapelle de Sainte-Anne fut placé en 1845 ; il représente cette sainte et saint Joachim dans des niches gothiques, au fond desquelles sont tendues des étoffes bleues damassées. Le style de cette verrière était imposé par la date de la partie de l'édifice qu'elle décore, et dont il faut rapporter la construction au xve siècle. Les figures sont entourées d'une riche architecture en style gothique fleuri, et les personnages sont revêtus des splendides vêtements que la peinture sur verre rend avec tant de bonheur.

Celui de la chapelle de Saint-Joseph, au midi, en face de la précédente, a été placé en 1850. C'est l'œuvre du même peintre. Il représente Marie et Joseph : Marie tenant l'Enfant Jésus dans ses bras, et Joseph ayant un lis à la main.

Un peu plus bas, et près de la porte nord de l'église, se trouve le vitrail des Rois Mages, sorti des ateliers de M. Villiers, de Bordeaux. Il demeure caché derrière la nouvelle tribune des orgues, en attendant qu'il soit possible de l'établir ailleurs.

A la suite, et toujours dans le côté nord de la nef, est la chapelle de Notre-Dame de l'Assomption, chapelle bâtie autrefois et ornée par M. de Jouvion, abbé de Saint-Martial (probablement Jacques de Jouvion, abbé de 1433 à 1488). La verrière qu'on y voit montre les âmes dans les flammes du Purgatoire ; immédiatement au-dessus, un saint offrant le sacrifice de la messe. Dans le plan plus haut, c'est la Sainte Vierge présentant au monde son fils, et, tout à fait en haut, Jésus, portant aux mains, aux pieds et au côté, les stigmates de la Passion. Ce sont les âmes du Purgatoire, délivrées des flammes par le sacrifice de la messe et l'intercession de la Sainte Vierge.

Cette chapelle est celle de la Confrérie de Notre-Dame-de-l'Assomption, pour le soulagement des âmes du Purgatoire, érigée canoniquement, à Limoges, dans l'église de Saint-Michel, en vertu de l'autorisation épiscopale du 29 septembre 1862. Elle est agrégée à l'Archiconfrérie du même nom, établie à Rome, dans l'église Sainte-Marie-in-Montorio. Cette Confrérie, toujours fort estimée à Limoges, a pour but d'obtenir de Dieu, par l'intercession de la Sainte Vierge et la célébration de la sainte messe, la délivrance des âmes du Purgatoire. Sa fête principale est celle de l'Assomption. En 1880, M. Pinot, curé de Saint-Michel, directeur de cette Confrérie, a publié une nouvelle édition de son règlement.

En 1875, on garnit de brillantes verrières les grandes fenêtres en style gothique flamboyant qui sont au bas de la nef, au-dessus de la porte, du côté couchant. On ignore quels sujets y étaient représentés avant la Révolution, mais on sait comment ces anciens vitraux furent détruits par les jacobins du club de Limoges. M. Dubédat, dans sa biographie de l'oratorien Tabaraud, rappelle « le festin patriotique, fait en pleine Terreur à Saint-Michel-des-Lions, où Foucaud brisa la belle verrière du Christ crucifié, au bruit des blasphèmes, de la Carmagnole et des chants républicains. »

Au rétablissement du culte, ces trois grandes fenêtres furent garnies de verre blanc, elles sont restées dans cet état pendant les trois quarts du XIXᵉ siècle. On voit aujourd'hui dans la fenêtre éclairant la nef centrale, et comme sujet principal, la célébration des fêtes de la grande Ostension du chef de Saint Martial, qui eurent lieu en 1363, à l'occasion de la visite du prince de Galles, duc d'Aquitaine. Dans le plan au-dessous sont représentés : 1° le Pape Clément V, vénérant le chef de Saint Martial ; 2° Edouard, roi d'Angleterre, venu au tombeau de Saint Martial, en 1274 ; 3° Philippe le Hardi, roi de France, aussi au tombeau de notre Apôtre, etc.

Dans la fenêtre de droite, le plan supérieur est occupé tout entier par l'empereur Louis le Débonnaire et sa suite. L'Empereur, en habit de pèlerin et de pénitent, est agenouillé devant le tombeau ; des évêques, des rois, des chevaliers, des moines, sont debout aux deux côtés. Trois groupes occupent le plan inférieur : 1° Louis VIII, roi de France, reçu dans la basilique de l'Apôtre par l'évêque de Limoges ; 2° le pèlerinage d'Eléonore de Guienne ; 3° le pèlerinage de la femme d'Edouard, roi d'Angleterre, en 1273, etc.

Dans la fenêtre de gauche, le plan supérieur est tout entier occupé par la grande scène de la Consécration de la basilique de Saint Martial par le pape Urbain II. On voit au-dessous : 1° Saint Louis, roi de France, accompagné de sa mère,
Blanche de Castille ; 2° Simon, archevêque de Bourges, agenouillé sur un prie-Dieu ; 3° des religieux, des chevaliers,
des pèlerins, des mères, des enfants, des malades, venus ou
conduits au tombeau de Saint Martial. C'est un souvenir
du Miracle des Ardents, etc.

Les trois grandes verrières reproduisent, avec beaucoup
de détails, l'histoire du culte de Saint Martial à Limoges.

Il y a encore d'autres vitraux modernes dans les fenêtres,
du côté du midi.

Depuis longtemps l'on parlait, à Limoges, d'une restauration de l'autel de Saint-Martial dans l'église de Saint-Michel,
mais les circonstances n'avaient pas encore permis de mettre ce projet à exécution. Au mois de décembre 1868, M.
l'abbé Laplagne, premier vicaire de Saint-Michel, fit un appel, publié dans la *Semaine Religieuse de Limoges*, non seulement aux habitants de la ville, mais aussi à tout le diocèse.
La Grande Confrérie de Saint-Martial s'en occupa d'une
manière particulière, tout en faisant exécuter, entièrement
à ses frais, la magnifique coupe qui contient aujourd'hui le
chef du Saint Apôtre.

Rien de considérable ne put être fait pour célébrer les fêtes septennales de l'Ostension en 1869, mais le projet de restauration avait été parfaitement accueilli par tout le monde,
et tout faisait espérer qu'il se réaliserait bientôt.

En 1870, quelques travaux de restauration pratiqués au
chevet de l'église de Saint-Michel amenèrent la découverte
de trois arceaux voûtés et un peu profonds, dominant de
quelques mètres le sol intérieur de l'église. Ces trois arceaux
semblaient être de véritables cryptes s'ouvrant dans l'axe
même des trois nefs actuelles. Peut-être ornaient-ils le chevet de l'église qui avait précédé celle qui existe. On s'occupa
alors d'étudier un projet qui consista à construire trois
chapelles en forme de cryptes, pour y placer les reliques de
Saint Martial, de Saint Loup et autres que possède la paroisse. Ce premier projet, dont l'exécution fut commencée,
ne fut pas mené à bonne fin, et il a fallu attendre encore

Eglise de Saint-Michel-des-Lions
Monument de Saint-Martial

quelques années avant d'en venir à l'érection du monument qu'on voulait dédier à Saint Martial.

Mgr Blanger, évêque de Limoges, voulut faire de l'érection de ce monument l'œuvre préférée de son épiscopat. Il trouva, dans le clergé de Saint-Michel et dans la Grande Confrérie de Saint-Martial, des auxiliaires disposés à se consacrer avec un absolu dévouement à la tâche qu'allait imposer cette entreprise.

Une seconde souscription fut ouverte et une lettre pastorale du 3o juin 1886 adressa un chaleureux et pressant appel à la dévotion, à la piété filiale, à la reconnaissance, au patriotisme des ecclésiastiques et des populations du diocèse de Limoges et des diocèses évangélisés par Saint Martial. Un comité, présidé par M. Dissande de Bogenet, vicaire général et doyen du chapitre, fut chargé de provoquer, de recueillir et de centraliser les offrandes.

Fidèle aux traditions d'amour et de zèle pour le culte de Saint Martial, qui l'ont toujours animée, la Confrérie ne voulut pas attendre le succès de l'appel adressé à la générosité des fidèles pour voir se réaliser les desseins de son bien-aimé pasteur : Elle adopta cette œuvre avec enthousiasme et n'hésita pas à en assumer la charge et à donner sa garantie aux entrepreneurs. Elle passa, avec MM. Gardien et Cherprenait, sculpteurs à Limoges, un marché pour l'exécution du beau projet présenté par M. Vergez, architecte, qui avait rallié tous les suffrages.

La mort vint priver Mgr Blanger de voir cette œuvre achevée ; mais Mgr Renouard, son successeur sur le siège de Saint Martial, ne montra pas moins de zèle pour l'entreprise.

La dépense pour l'érection de ce monument à Saint Martial avait été fixée, par devis, à 65.ooo francs ; par suite de quelques changements apportés en cours d'exécution et des frais accessoires, elle s'éleva à 73.ooo francs. Grâce à la libéralité des fidèles, cinq ans n'étaient pas écoulés depuis l'ouverture de la souscription que tout était soldé.

L'inauguration solennelle de ce monument eut lieu le 1o juin 1889. La consécration de l'autel de Saint-Martial et de celui de Saint-Loup a été faite par Mgr Renouard ; celle de l'autel Sainte-Valérie par Mgr Rougerie, évêque de Pamiers; celle du grand-autel de Saint-Michel (qu'on avait dû démolir et reconstruire en avant de son ancien emplacement) par Mgr Denéchau, évêque de Tulle. Voici une description sommaire de ce monument ; la gravure qui l'accompagne est la reproduction d'un cliché pris par M. Sauvadet, l'habile photographe de Limoges :

« Sur une estrade élevée de plusieurs marches se dresse un autel-tombeau décoré d'ogives et de colonnettes sobrement orné, au-dessous, la statue de Saint Martial couché ; au-dessus du rétable, un édicule forme une sorte de baldaquin supportant la châsse de l'Apôtre d'Aquitaine, qui, au moyen d'un système de contrepoids, aussi simple qu'ingénieux, peut être élevée dans la niche où elle repose d'habitude, ou descendue derrière la table de l'autel. Au centre de la riche ornementation du rétable, se détache l'écusson aux armes de l'Hôtel de Ville de Limoges. De chaque côté de la châsse, les statues des deux compagnons de l'apostolat de notre premier évêque : Saint Alpinien et Saint Autriclinien, semblent veiller sur les restes de leur maître. Au-dessus se dresse, dans un élégant pinacle, la statue du patron de notre ville, debout, revêtu de ses habits épiscopaux, et dominant tout le monument ; elle apparaît sous un dais que couronne un gracieux clocheton. A droite et à gauche, des faisceaux de colonnettes, surmontées de flèches ajourées, et entre lesquelles s'encadrent des bas-reliefs retraçant les principales scènes de la vie de Saint Martial. Cette décoration occupe toute la largeur du chœur.

» Deux autels latéraux, ornés de sculpture, décorés des statues de Sainte Valérie, Saint Aurélien, Saint Loup et Saint Éloi, et des armoiries des principales villes évangélisées par l'Apôtre d'Aquitaine, font face aux nefs de droite et de gauche et complètent cet ensemble architectural d'un style fleuri très pur, très sobre, et qui s'harmonise de la façon la plus satisfaisante avec le style de l'édifice lui-même dans lequel il est placé. »

Au mois de novembre 1894, de magnifiques fêtes ont eu lieu à Limoges pour célébrer le neuvième centenaire du Miracle des Ardents, et c'est dans l'église de Saint-Michel-des-Lions, auprès du tombeau de Saint Martial, qu'on a vu les principales cérémonies. Chaque année, le diocèse de Limoges célèbre, le 12 novembre, la fête de Saint-Martial et du Miracle des Ardents, mais jamais elle ne l'avait été avec de si grandes solennités, avec autant d'enthousiasme et de piété, qu'à l'occasion de ce centenaire.

On connaît l'origine de cette fête. C'était en 994, sous l'é-
piscopat de l'évêque de Limoges Alduin ou Hilduin ; les habitants de l'Aquitaine s'étaient souillés de toute sorte de crimes. Le Seigneur voulut les frapper d'un châtiment terrible, afin de les éclairer, par la gravité de la punition, sur l'énormité de leurs fautes, et les ramener, par les sentiers de la pénitence, dans le chemin du devoir. Ils furent atteints d'une peste, d'un feu sous-cutané, qui dévorait leurs membres et allumait en eux une douleur si cuisante que la mort leur paraissait préférable aux atteintes de ce cruel fléau.

L'on eut d'abord recours aux remèdes humains, mais on comprit bientôt leur impuissance, pendant que la contagion faisait de jour en jour de nouveaux progrès. C'est alors que, d'un commun accord, on résolut d'implorer le secours du ciel. Par le conseil du duc Guillaume, l'évêque de Limoges, et l'abbé de Saint Martial, son frère, firent assembler les reliques de tous les corps saints de la province, et les firent porter, à la suite de celles de Saint Martial, sur une hauteur dominant la ville. Là se rendirent en procession, avec la foule des habitants, les archevêques de Bourges et de Bordeaux, les évêques de Saintes, Clermont, Le Puy, Périgueux, Angoulême, et celui de Limoges. Pendant trois jours, ce furent des jeûnes, des prières, auxquelles tout le peuple prenait part avec la plus grande dévotion, et le troisième jour ce feu cessa miraculeusement. C'est alors que l'on donna à ce lieu le nom de *Mons Gaudii*, Mont de la joie, aujourd'hui Montjauvy. Par reconnaissance pour une si grande grâce, et pour conserver le souvenir d'un tel bienfait, les habitants firent construire, sur cette hauteur, une église, qui a gardé son titre d'église paroissiale jusqu'à la Révolution, pendant laquelle elle a été démolie. Son dernier curé a été Jean-Baptiste Vitrat, qui devint ensuite curé de Saint-Michel en 1803.

Pour célébrer dignement le neuvième centenaire d'un si grand miracle obtenu par l'invocation de Saint Martial, Mgr Renouard, évêque de Limoges, par son mandement du 17 septembre 1894, appela auprès du tombeau de notre Saint Apôtre les habitants de la contrée. On répondit admirablement à sa convocation. Ces solennités durèrent toute une semaine, avec une pompe et un éclat inouï. Chaque jour de la semaine, une des paroisses de la ville se rendait à Saint-Michel pour y vénérer les reliques de Saint Martial et y célébrer la messe, pendant laquelle on exécutait les plus beaux chants de la liturgie et où les sermons étaient prêchés par deux célèbres orateurs, les RR. PP. Van den Brule et Pon, de la Compagnie de Jésus. Non seulement les paroisses de la ville, mais encore toutes les confréries et associations, s'y rendaient aussi, de sorte que la foule des fidèles remplissait continuellement l'église.

Mgr l'Evêque de Limoges, profondément ému du mouvement catholique qu'excitaient, dans la ville et dans le diocèse, ces solennités en l'honneur de l'Apôtre Saint Martial, demanda à Sa Sainteté Léon XIII la faveur d'une bénédiction apostolique pour clôturer dignement ces grandes fêtes séculaires. En réponse à cette pieuse requête, Sa Sainteté daigna autoriser Son Eminence le Cardinal Bourret à donner, le dimanche 18 novembre, à la fin de la messe pontificale, la Bénédiction papale avec indulgence pléniaire.

Plusieurs villes suivirent l'exemple des paroisses de Limoges et envoyèrent des processions de pèlerins au tombeau de Saint Martial. Voici l'ordre dans lequel elles y sont venues : Paroisses de Peyrilhac, d'Aixe-sur-Vienne, de Saint-Léonard, de Pierrebuffière, de Veyrac, de Chaptelat, de Solignac, de Saint-Yrieix, de Nexon, de Saint-Victurnien, de Cognac, d'Eymoutiers, du Dorat, de Boisseuil, de Saint-Martin de Montmorillon, diocèse de Poitiers, et de Compreignac.

Pendant cette semaine du 10 au 19 novembre, plusieurs cérémonies eurent lieu à la cathédrale, entre autres l'exposition générale des reliques et les grandes processions, où elles furent portées en triomphe. Le dimanche 18 novembre, les fêtes de clôture y furent présidées par Son Eminence le Cardinal Bourret, évêque de Rodez et de Vabres. A cette solennité assistèrent aussi, avec Mgr l'Evêque de Limoges, comme aux autres cérémonies qui avaient eu lieu pendant la semaine, : Mgr Boyer, archevêque de Bourges, Primat des Aquitaines, notre métropolitain ; Mgr Labouré, archevêque de Rennes ; Mgr Catteau, évêque de Luçon ; Mgr Fraysse, évêque titulaire d'Abila, vicaire apostolique de la Nouvelle-Calédonie ; Mgr Rougerie, évêque de Pamiers ; Mgr Lamouroux évêque de Saint-Flour ; Mgr Belmont, évêque de Clermont ; Mgr Guillois, évêque du Puy ; Mgr Gilbert, évêque du Mans ; Mgr Bardel, évêque titulaire de Parium, auxiliaire de Mgr l'Archevêque de Bourges.

Après cette Ostension des reliques de nos saints pour commémorer le neuvième centenaire du Miracle des Ardents, on a pu écrire avec raison, dans la *Semaine Religieuse de Limoges*, les lignes suivantes :

« Nos grandes fêtes de Saint-Martial resteront dans le souvenir de tous comme un de ces faits glorieux, dont la mémoire, transmise de génération en génération, ne saurait se perdre ; ceux qui viendront après nous, ceux qui, dans cent ans, seront appelés à célébrer le millième anniversaire du Miracle des Ardents, ne pourront que s'édifier au souvenir des belles fêtes de 1894, et, sans nul doute, le magnifique spectacle que, durant dix jours, la vieille cité des Lemovices a offert au ciel et à la terre, inspirera leur piété, guidera leur zèle, et, certes, le programme de ces fêtes à venir leur paraîtra tout trouvé : ils n'auront qu'à copier celui qui, pieusement conçu, a été si admirablement réalisé.

» A elle seule, croyons-nous, la date du 10-20 novembre suffirait à honorer et à glorifier un épiscopat. Le vénérable Prélat qui préside aux destinées du diocèse de Limoges avait tout prévu, tout ordonné, pour que ces fêtes revêtissent un éclat et une splendeur dignes de celui que la reconnaissance du peuple chrétien était appelé à honorer. Le peuple a répondu à l'appel de son évêque avec un élan et une générosité qui l'honorent.

» En même temps, la vieille Aquitaine a tressailli, au seul nom de Martial, comme au souvenir de la protection manifeste dont elle fut gratifiée par le Saint Apôtre en l'an 994 ; les évêques des antiques églises fondées ou visitées et évangélisées par Saint Martial sont accourus et lui ont formé une couronne d'honneur au pied de son tombeau. Les populations se sont émues comme leurs pasteurs, prêtres et fidèles se sont pressés, pendant dix jours, autour des restes sacrés de Martial : c'était comme une résurrection de ces âges heureux et déjà lointains ou toutes les voies qui conduisaient à la vieille cité étaient sillonnées par d'interminables pèlerinages.

» Ne restera-t-il rien de ces grandes fêtes ? Ceux qui ont vu de leurs yeux le consolant spectacle qu'offraient ces foules remplissant l'église où repose le chef vénéré de l'Apôtre, de cinq heures du matin à dix heures du soir, ceux qui ont vu les mains des Pontifes se fatiguer, pendant des heures entières, à distribuer le pain eucharistique aux pèlerins de la ville et de l'extérieur, tous ceux qui ont entendu, chaque soir, tomber de la chaire des paroles d'une belle éloquence, tous ceux-là se contenteront-ils de garder dans leur âme un souvenir purement platonique de ces mémorables journées ?

» Plaise à Dieu qu'il n'en soit pas ainsi, mais qu'au contraire la piété publique puise dans ce souvenir lui-même de quoi se nourrir, se fortifier et s'accroître, en restant inébranlablement fidèle au culte de Saint Martial. »

Pendant tout le XIXe siècle, les fêtes septennales de l'Ostension des reliques ont été célébrées à Limoges exactement comme par le passé. Elles ont cependant différé en un point de celles des siècles précédents, car, jadis, les principales cérémonies avaient lieu dans la basilique de Saint-Martial, où étaient vénérés les restes de ce Saint Apôtre, et, depuis le commencement du siècle, c'est dans l'église de Saint-Michel, gardienne de ces reliques, qu'elles sont célébrées.

En 1806, après qu'on eût retrouvé le chef de Saint Martial et les reliques des autres saints, l'Ostension fut célébrée avec toute la pompe possible ; elle répandit une vive joie parmi les fidèles. Grâce au zèle des membres de la Grande Confrérie de Saint-Martial, qui s'était reconstituée, toutes les périodes septennales ont ensuite été solennisées suivant l'antique cérémonial.

Le jeudi de la mi-carême a lieu l'annonce joyeuse et bruyante de l'Ostension, avec la bénédiction du drapeau dans l'église de Saint-Michel, drapeau qui est ensuite attaché au haut du clocher de cette église. Le jour de Quasimodo l'Evêque de Limoges vient faire l'ouverture de la châsse contenant le chef de Saint Martial, lequel restera exposé à la vénération des fidèles jusqu'au dimanche de la Trinité. Enfin, deux grandes processions, partant aussi de Saint-Michel, ont lieu, l'une à l'Ouverture, l'autre à la Clôture, de ces fêtes, et réunissent toutes les paroisses de la ville.

On avait jadis l'habitude de représenter dans ces processions quelques scènes de la vie de Notre Seigneur ou des Saints ; Mgr de Tournefort interdit ces représentations à l'Ostension de 1827, parce qu'elles avaient été l'occasion de quelques désordres.

L'Ostension de 1862 fut célébrée avec une pompe inusitée. Pour rehausser l'éclat de ces cérémonies déjà si touchantes, Mgr Fruchaud, évêque de Limoges, invita plusieurs Archevêques et Evêques, qui assistèrent à la procession d'ouverture, où furent portées toutes les reliques de la ville épiscopale. Un élan général se répandit dans toute la ville, qui fut pavoisée et décorée avec le meilleur goût. La fête fut vraiment splendide.

En 1869, les habitants de Limoges déployèrent de nouvelles magnificences pour l'Ostension septennale. La splendeur de l'Ostension précédente fut non seulement égalée, mais encore surpassée. Malgré le temps un peu rigoureux, la procession fut très belle : la ville se montra fidèle à ses anciennes traditions. Rien ne lui coûte quand il s'agit de Saint Martial.

Au moment des fêtes de l'Ostension de 1876, les démocrates municipaux de Limoges interdirent aux membres des Confréries de Saint-Martial, de Saint-Aurélien et de Saint-Loup « toute décharge, soit de mousqueterie, soit de toutes autres armes à feu, toute explosion de pétards, de fusées, etc. ». L'interdiction de ces innocentes réjouissances était le commencement de la persécution religieuse, qu'ils continuèrent en interdisant plus tard les processions religieuses.

Les cérémonies, cette année, furent, cependant, fort belles, tant dans l'église de Saint-Michel, que dans les autres paroisses. Avec Mgr l'Evêque de Limoges, y prirent part Mgr de la Tour-d'Auvergne, archevêque de Bourges ; Mgr Berteaud, évêque de Tulle, et Mgr Sebeaux, évêque d'Angoulême.

Le jour de l'Ouverture de ces fêtes, après la procession générale des reliques, eut lieu une autre cérémonie fort intéressante pour les habitants de Limoges. Ce jour fut posée et bénite la première pierre des travaux d'achèvement de la cathédrale.

L'année 1890 ramena les fêtes de l'Ostension des reliques à Limoges, mais elles furent attristées par un arrêté de la municipalité qui défendait les processions dans toute la ville. Les demandes, les pétitions, les protestations, de la grande masse des habitants, ne purent rien obtenir contre cet arrêté injuste. Sous ce qu'on appelle le règne de la liberté, on refuse aux catholiques la jouissance des droits qu'on n'interdit qu'à eux seuls.

Depuis ce jour, la fête des Ostensions septennales a toujours été célébrée avec beaucoup d'éclat, tant à Saint-Michel, au tombeau de Saint Martial, que dans les autres églises. Mais ces églises sont insuffisantes pour recevoir la foule des fidèles, et les grandes processions, si aimées des habitants de Limoges, ne peuvent plus en sortir.

En 1029, un autel avait été érigé à l'Apôtre Saint Martial, dans la basilique de Saint-Pierre de Rome, par le pape Jean XIX ; aucun honneur plus grand ne pouvait être rendu sur terre à l'Apôtre d'Aquitaine. Cette dédicace fut maintenue lorsque la Renaissance eût substitué, à l'antique église des Apôtres, le merveilleux monument élevé à la gloire de Dieu et du lieutenant de Jésus-Christ, et ce nouvel autel, dédié à Saint Martial, fut consacré en 1655. Néanmoins, vers 1824, le tableau d'un peintre italien du dix-septième siècle, (Sparadino), représentant Sainte Valérie décollée, apportant sa tête à Saint Martial, qui ornait cette chapelle, fut remplacé par une représentation des Stigmates de Saint François.

L'église de Limoges protesta contre cette usurpation, mais ses réclamations restèrent longtemps sans effet. Les démarches de nos évêques finirent pourtant par obtenir satisfaction, et le corps des chanoines de Saint-Pierre se rendit aux vœux du diocèse. Sa Sainteté Léon XIII ordonna, le 21 juin 1892, que l'autel serait rendu à Saint Martial, à qui, du reste, il n'avait jamais cessé d'appartenir en droit, et que le tableau de Sparadino serait reproduit en mosaïque, pour orner l'autel, ainsi soustrait, pour jamais, à toute compétition. A son voyage *ad limina*, Mgr Renouard obtint que le Souverain Pontife confirmât cette décision. Une souscription fut ouverte pour faire reproduire ce tableau en mosaïque, comme le sont tous ceux de la basilique : il s'agissait d'une dépense qui n'était pas inférieure à 25.000 francs. Mgr l'Evêque de Limoges annonça l'intention de conduire lui-même un pèlerinage limousin à Rome pour l'inauguration de la mosaïque. A cette occasion, le chef du Chapitre de Saint-Pierre de Rome, qui avait accordé la plus gracieuse protection à la cause de Saint Martial, manifesta le désir de voir le trésor de la basilique enrichi d'une relique de Saint Martial, et Mgr Renouard promit d'accéder à ce vœu.

Lorsque Mgr Renouard, à la clôture des belles fêtes anniversaires du Miracle des Ardents, fit connaître son intention de prendre une des dents de Saint Martial pour l'envoyer au trésor des reliques de la basilique de Saint-Pierre de Rome, il éprouva une forte opposition de la part des membres de la Grande Confrérie, qui sont les gardiens de ces reliques. Mais, enfin, ils cédèrent à son désir, ainsi qu'on le voit par la délibération suivante que l'on trouve dans leur registre :

« La Grande Confrérie de Saint-Martial, réunie en assemblée générale extraordinaire,

» Considérant que le désir exprimé par le Souverain Pontife, ou en son nom par Mgr l'Evêque de Limoges, d'obtenir une relique de Saint Martial pour la basilique de Saint-Pierre de Rome, cathédrale du monde catholique, est un hommage inestimable rendu à l'Apôtre d'Aquitaine, en même temps qu'un très grand honneur pour l'église de Limoges ; que la distraction d'une dent du chef du patron de la ville, pour cette destination, constituera un fait tout exceptionnel, qui ne pourra en aucune façon être invoqué comme un précédent dans l'avenir ;

» Espérant que les sentiments si vifs d'attachement et d'amour pour les restes de notre père dans la foi, manifestés à l'occasion de cette demande par la Grande Confrérie et par la population de la ville, dont elle a été la fidèle interprète, seront de nature à écarter toute idée de distraction nouvelle d'une partie quelconque du chef de Saint Martial,

» Déclare consentir, en ce qui la concerne et en tant qu'il est en son pouvoir, à ce qu'une dent soit distraite du chef de Saint Martial, toutes précautions prises, et remise à Mgr l'Evêque de Limoges, pour être, par la voie la plus sûre, envoyée au Souverain Pontife et donnée à la basilique de Saint-Pierre. »

Le samedi 5 janvier 1895, à deux heures de l'après-midi, le clergé de Saint-Michel, le conseil de Fabrique et la Confrérie de Saint-Martial, se réunirent dans la sacristie de l'église, à laquelle se trouve confiée la relique de Saint Martial. Mgr Renouard rappela la demande exprimée par le Chapitre de Saint-Pierre de Rome, et témoigna le désir qu'il y fut donné satisfaction. Avec l'assentiment de toute l'assemblée, une dent fut détachée de la mâchoire inférieure et remise au prélat. Celui-ci déclara que, pour toute autre destination, il eût tenu la demande pour inadmissible, ajoutant que l'intégrité de la relique lui était aussi chère qu'à ses autres gardiens.

Pour fêter la restitution à Saint Martial de son autel dans la basilique de Saint-Pierre, et à l'occasion de l'inauguration de la mosaïque destinée à décorer cette chapelle, Mgr Renouard organisa un pèlerinage spécial de son diocèse à Rome. Ce pèlerinage, que le prélat dirigea lui-même, s'effectua dans les plus heureuses conditions, du 7 au 29 avril 1896. La Grande Confrérie était représentée dans les rangs des pèlerins qui eurent la joie d'apporter à Léon XIII l'expression de la reconnaissance des fidèles du diocèse de Limoges et celle de leur inaltérable dévouement à l'Eglise, et de rapporter à leurs concitoyens et à leurs familles la bénédiction de celui que nos pères appelaient « l'Apôtre de Rome ». La dent de Saint Martial, remise à Mgr Renouard le 5 janvier 1895, fut donnée au Chapitre de Saint-Pierre, renfermée dans un élégant reliquaire, œuvre d'un membre de la Grande Confrérie, M. Charles Désiré.

CHAPITRE Xᵉ

LA PERSÉCUTION AU XXᵉ SIÈCLE ET LA SPOLIATION DE L'ÉGLISE

Dans les dernières années du XIXᵉ siècle, la persécution religieuse commença à se faire sentir par l'exécution des lois nouvellement promulguées contre les catholiques, leur liberté, leurs droits et leurs possessions. Déjà le maire de Limoges, par un arrêté du 7 mai 1880, avait interdit les processions dans la ville. La procession des Châsses ne pouvant plus sortir de Saint-Michel, on avait vu alors les bouchers, pour conserver la place traditionnelle de Saint Aurélien, leur patron, à côté de Saint Martial, faire monter en voiture leur aumônier, portant le buste reliquaire du Saint, et accompagné des bailes de leur corporation. Cette voiture fut escortée par toute la Boucherie, hommes, femmes et enfants, qui vinrent prendre part à la procession, bien à l'étroit dans l'église de Saint-Michel.

Le mercredi 30 juin de la même année, en vertu d'un décret du 7 mars, le commisaire central, accompagné de plusieurs agents, expulsait violemment les Pères Jésuites de leur domicile, rue des Clairettes, après avoir crocheté la porte de leur maison.

Le jeudi 5 novembre 1880, les religieux Franciscains et les Oblats étaient de même expulsés de leur couvent, après le crochetage que le commissaire et ses agents y pratiquèrent.

Un arrêté du maire du 15 juin 1882, visé par le préfet de la Haute-Vienne, le 23 du même mois, interdit toute manifestation du culte sur la voie publique à l'occasion de l'administration des secours religieux aux malades.

Toutes les écoles chrétiennes, où l'on apprenait aux enfants à connaître Dieu, furent fermées, et les religieux et les religieuses qui les tenaient furent obligés de passer à l'étranger et sortir de leur patrie pour pouvoir vivre.

Les députés, le 29 mai 1901, et les sénateurs, le 29 juin suivant, votèrent une loi qui proscrivait, comme illicites, tous les ordres monastiques existant en France, et ordonnait l'expulsion des religieux, la confiscation de leurs biens, la clôture de leurs couvents, de leurs chapelles, de leurs écoles, et édictait les peines les plus sévères contre les citoyens qui oseraient leur donner asile.

Enfin, en décembre 1905, fut promulguée la loi de séparation de l'Eglise et de l'Etat, en vertu de laquelle le gouvernement de la République s'empara de tout ce que possédaient les catholiques : églises, presbytères, évêché, séminaires, couvents, et aussi de tout ce que possédaient les fabriques des églises, et même des fondations de messes, faites par les familles pour leurs morts, etc., etc.

Dans les églises de Limoges, l'inventaire de ce qu'elles possédaient s'est fait le samedi 17 février 1906, à sept heures du matin. L'église de Saint-Michel, comme toutes les autres églises, était cernée, ce jour, par les troupes dès cinq heures du matin ; très peu de fidèles ont pu y pénétrer. Voici le texte de la protestation lue par M. Laplagne, curé-doyen :

Monsieur l'Inspecteur,

Avant que vous procédiez à l'inventaire des biens et des meubles de notre église, nous, fabriciens et curé de cette paroisse, nous tenons à protester contre commencement de main-mise sur des objets et biens qui, tous, sont la propriété des catholiques de la paroisse de Saint-Michel, représentés ici par nous fabriciens, gardiens officieux et légaux, vrais conservateurs de ces biens.

Ces biens que vous allez inventorier, sont le produit des aumônes, des dons et largesses des fidèles, comme aussi de la générosité des vénérables prêtres qui se sont succédé depuis cent ans, en qualité de curés dans cette église.

Quand, en 1802, le vaillant prêtre, curé de Saint-Michel depuis 1772, revint de l'exil où l'avait jeté la tourmente révolutionnaire, que trouva-t-il dans sa chère église ?

Des ruines, rien que des ruines.

Tout avait été dévasté, profané, vendu.

L'Etat, qui venait de rouvrir les églises, reconstitua les anciennes fabriques. Ce furent les nouveaux fabriciens qui, héritiers du zèle des anciens, se mirent à la disposition des curés pour restaurer l'église et y faire refleurir le culte.

Mais avec quelles ressources ?

Celles que fournirent exclusivement la piété et la générosité des fidèles.

Oui, ce sont nos grands-pères et nos grand'mères, et après eux, leurs enfants, nos pères et nos mères, qui, confiants dans l'intégrité et le dévouement de nos honorables fabriciens, ont, par leurs dons et leurs aumônes, rendu à notre église quelque chose des splendeurs d'autrefois.

Tous les biens de cette église sont donc la propriété des fidèles qui forment la communauté paroissiale de la vieille église.

Aussi bien, soumis d'avance aux décisions du Souverain Pontife, au jugement qu'il portera sur la loi de Séparation, sur la dévolution des biens, sur les Associations cultuelles, nous déclarons ici ne pouvoir assister à cet inventaire que comme des spectateurs passifs et profondément attristés.

Nous faisons donc toutes réserves de droit sur les conséquences qui pourraient résulter de cet inventaire, au détriment de nos droits les plus sacrés.

Et nous demandons à M. l'Inspecteur d'annexer au procès-verbal cette protestation qui, bien entendu, n'a rien de personnel contre lui.

Le *Journal Officiel* a publié, le 21 février 1909, la « Liste des biens soustraits au diocèse de Limoges », et la *Semaine Religieuse* l'a reproduite, le 2 avril 1909. Ce document nous révèle, mieux que tous les discours, l'étendue de l'iniquité dont les catholiques ont été victimes ; elle aura l'avantage de permettre aux intéressés de formuler leurs revendications en temps utile. On y lit :

« Fabrique de l'église de Saint-Michel-des-Lions, Limoges : Meubles et objets mobiliers garnissant l'église. Notamment : 1° trois blocs de granit représentant des ébauches de lions, XIIIe siècle ; 2° un reliquaire pédiculé argent doré et cristal, XIIIe siècle (tous objets classés), provenant de l'abbaye de Grandmont ; rentes sur l'Etat de 100 francs (legs de Mme Demathieu-Daurieras, épouse Drouet) ; 25 francs (legs Dimematin de Salles) ; une somme de 13.356 fr. 75 (legs de M. Pinaud, réparations extérieures de l'église) »

Mgr Renouard, évêque de Limoges, en vertu de la même loi, fut aussi expulsé de l'évêché, qui avait été bâti par ses prédécesseurs ; il se réfugia sur la paroisse de Saint-Michel, dans un logement que lui offrit M. Tarnaud, rue Mirabeau, n° 3. C'est là où il est mort, le 30 novembre 1913.

A ce moment M. Laplagne, curé de Saint-Michel, était mort depuis le 12 novembre 1908, et avait pour successeur dans cette paroisse M. Léon-Jean-Baptiste Farne, ancien curé-doyen de Chambon, né en 1853, ordonné prêtre en 1877, et installé curé-doyen de Saint-Michel le 20 décembre 1908. Ce dernier, mort le 15 avril 1919, est remplacé, dans la cure de Saint-Michel, par M. Maurice Bardolle, né en 1859, et ordonné prêtre en 1882.

TABLE DES MATIÈRES

Limoges. — Imp. R. GUILLEMOT et L. DE LAMOTHE

www.ingramcontent.com/pod-product-compliance
Lightning Source LLC
LaVergne TN
LVHW020521060726
842525LV00004B/1023